研究阐释党的二十大精神国家社科基金重大项目
"完善基层直接民主制度体系和工作体系研究"（23ZDA069）
阶段性成果

华中师范大学政治学　｜　基层治理研究丛书
一流学科建设成果文库

城乡社区治理创新

新时代的探索与观察

韩瑞波　著

Grassroots
Governance
Studies Series

中国社会科学出版社

图书在版编目（CIP）数据

城乡社区治理创新：新时代的探索与观察 / 韩瑞波著. -- 北京：中国社会科学出版社，2025. 7. -- （基层治理研究丛书）. -- ISBN 978-7-5227-4826-9

Ⅰ. D669.3

中国国家版本馆 CIP 数据核字第 2025RB7390 号

出 版 人	季为民
责任编辑	李　立
责任校对	谢　静
责任印制	李寡寡

出　　版	中国社会科学出版社
社　　址	北京鼓楼西大街甲 158 号
邮　　编	100720
网　　址	http://www.csspw.cn
发 行 部	010 - 84083685
门 市 部	010 - 84029450
经　　销	新华书店及其他书店
印　　刷	北京明恒达印务有限公司
装　　订	廊坊市广阳区广增装订厂
版　　次	2025 年 7 月第 1 版
印　　次	2025 年 7 月第 1 次印刷
开　　本	710×1000　1/16
印　　张	17.5
字　　数	295 千字
定　　价	89.00 元

凡购买中国社会科学出版社图书，如有质量问题请与本社营销中心联系调换
电话：010 - 84083683
版权所有　侵权必究

华中师范大学政治学一流学科建设成果文库总编委会

总编委会负责人： 徐　勇　陈军亚

总编委会成员（以姓氏笔画为序）：

丁　文　韦　红　文　杰　田先红

江　畅　江立华　牟成文　闫丽莉

刘筱红　张大维　张立荣　张星久

陆汉文　陈军亚　冷向明　郑　宁

袁方成　唐　鸣　徐　勇　徐晓林

徐增阳　符　平　雷振扬

序

关于"治理"这个概念以及治理理论，说实话，我是后知后觉的，尽管"治理"概念在1997年左右引入中国时我还是《武汉大学学报》"政治学"栏目的责任编辑，本应有足够的理论嗅觉。那时尽管也关注到徐勇、俞可平等学者对"治理"概念及理论的引介，但直到"治理"二字毫无征兆地、铺天盖地地成为学术热词，我才踩着学术潮流的尾巴，大概从2002年开始，跟着编发了一些标题中包含"治理"二字的政治学、公共管理学类稿件。那时，"治理"已经从一种纯粹的概念和理论，变成了一种广泛适用的分析工具，与传统的概念或分析范畴相结合，如政府治理、公共治理、全球治理、社区治理、地方治理、风险治理、危机治理、合作治理等，各种搭配似乎都很妥帖。就这样，"治理"成为政治学、公共管理学等领域至今兴旺不衰的研究宠儿。

即使如此，我本人也并没有介入与"治理"相关的研究，或者说没有找到一个切入"治理"研究的点，直到2016年，基层治理、乡村治理研究已经如日中天之时，我突然被自己指导的学生牵引着进入了治理研究领域。那年，我指导的硕士研究生韩瑞波毕业后获得继续攻读博士学位的机会，硕士期间一直专注于政治学基础理论研究的他，突然转向，开始关注起"治理"问题，尤其是城市社区治理。他将自己的博士学位论文选题定为社区治理，这并非我擅长的领域，甚至我本人都没有资源和团队帮助他进入基层调研。但出于对学生放养的培养习惯，我只能硬着头皮赞同韩瑞波的学位论文选题，并支持他自己想办法完成论文写作所需要的系列调研。2019年，韩瑞波如期毕业，其博士学位论文《城市社区治理的吸纳式合作》尽管没有期待中的那么优秀，但他在城市社区治理研究方面的学术积累与专业训练，帮助他毕业后如愿到华中师范大学政治与国际关系学院工作，而那里正是国内政治学领域基层治理研究的重镇。

　　博士毕业后,韩瑞波如虎添翼,借助于华中师范大学政治与国际关系学院在基层治理研究方面良好的工作氛围、紧密的团队合作、深厚的学术积淀、丰富的资源平台、畅通的关系渠道,每年都在稳定地产出新的成果,发表了十几篇高质量的期刊论文。今天呈现在大家面前的这部著作《城乡社区治理创新:新时代的探索与观察》,正是基于这些期刊论文而形成的关于新时代城乡社区治理研究的一些最新结论与反思。

　　从内容上看,《城乡社区治理创新:新时代的探索与观察》共包括三个板块,即"上篇:城乡社区治理创新的总体研判""中篇:社区治理创新的城市之维""下篇:社区治理创新的农村之维"。其中,"城乡社区治理创新的总体研判"板块涉及作者这些年关于社区治理研究相关理论和方法的总结与反思。而"社区治理创新的城市之维"板块专注于城市社区治理研究,涉及作者这些年关于城市社区治理的主要研究成果。如关于国家治理现代化目标对城市社区治理创新的要求及影响,作者分别从党建引领、去内卷化、吸纳式合作、智能治理或者智慧治理等多个角度,研究了当前我国城市社区治理实践呈现的一些新特征、面临的新挑战及可能出现的创新悖论。作者更多的成果集中在"社区治理创新的农村之维"板块,涉及乡村治理的底层逻辑、管理体制、实现方式、运作机制等多个方面,其中关于乡村数字治理与技术治理的研究,作者不仅分析了"乡村如何更好治理"这一传统问题,更是基于国家与社会关系的大框架,提出了由技术治理带来的乡村治理领域的几种新型关系,如技术与治理的关系、行政与自治的关系、政府与民众的关系,使得其研究更具有理论价值;如关于农村基层协商民主的研究,作者不仅对农村基层的协商民主实践进行了类型学划分,更关注到了我国农村基层协商民主的独有特色,比如精英化、党的领导等,从而更加突出农村基层协商民主中的"中国智慧"。

　　可以说,"中国智慧"是对当前我们国家治理实践与理论建构提出的共同要求。在经历了"取经""效仿""自觉"三个递进发展阶段后,我们国家的政治学研究(包括所有的哲学社会科学研究)从"以现代化(西方化)为纲"向"以中国化为纲"转变,这不仅是大势所趋,也正当其时。中国国家治理实践中出现的新现象、新经验、新问题,指引着我们进行符合中国逻辑的理论解释。

而在这些治理实践与治理研究中，城乡基层治理的与时俱进和本土化反思，其意义更加非凡。这是由中国基层治理的自身特性所决定的。在治理层级上，基层政权和城乡社区是中国国家治理结构中的基础单元，处于国家与社会相连接的结合点上，代表着国家政权组织体系与人民群众紧密相连。基层治理构成国家治理的基石。而在治理内容上，一方面是中国独特的城乡关系与传统的二元分立格局，另一方面是城乡一体化战略的推行，两种相向而行的发展战略，使得城乡基层治理在政策设计、运转机制、行动取向等方面既存在显著差异，也有可能融合互通，由此塑造了具有中国特色的治理样态。因此，以基层治理研究带动中国政治学以及其他哲学社会科学的理论创新，不仅必要，而且可行。

当前，中国基层治理研究领域不乏优秀作品。其中，无论规范研究还是实证研究，质性研究还是定量研究，都显示出卓越的学术想象力和创造力。而在这众多优秀的作品中，韩瑞波的这本《城乡社区治理创新：新时代的探索与观察》能够有幸列入，作为曾经指导过他的老师，我为其感到高兴与自豪。我也深知，韩瑞波在学术研究上要走的路还很长很长，需要学习的东西还很多。仅就这部著作而言，也还有精进的空间。比如，如果能够再多些理论提炼，如果更加关注研究方法的选择与使用，可能这些成果的分量要更重一些。当然，瑕不掩瑜，他能够取得这些成绩，已经实属难得。唯愿他能够不忘初心，坚定学术志业，继续稳扎稳打，早日再创佳绩。

是为序。

2024 年 2 月

前　言

《中共中央 国务院关于加强基层治理体系和治理能力现代化建设的意见》强调，"基层治理是国家治理的基石，统筹推进乡镇（街道）和城乡社区治理，是实现国家治理体系和治理能力现代化的基础工程"。没有基层治理现代化，国家治理现代化也就无从谈起。进入中国特色社会主义新时代，随着城乡基层治理实践探索的深入推进，亟须对其中涌现的新观点、新问题、新现象进行全方位审视。本书聚焦于"城乡社区治理创新"这一核心主题，既关注理论前沿，又探究经验事实，从不同层次（研究现状和实践进展）、多元视角（内卷化、组织吸纳、技术治理、韧性治理、政经分离、自治单元、政策试点等）对城乡社区治理创新的多维面向（基层政权建设、乡镇管理体制、项目制运作、数字乡村建设、基层数字治理、村民自治有效实现形式、社区服务供需匹配、基层协商民主等）进行系统研究，在理论探讨和实证分析的基础上有效回应"如何实现基层治理现代化"的时代之问。

感谢华中师范大学政治学部的出版资助。

感谢中国社会科学出版社编辑的辛勤工作。

谨以此书献给我亲爱的家人！

目 录

上篇　城乡社区治理创新的总体研判

第一章　城乡社区治理创新的理论自觉 …… 3
 第一节　话语体系建构：理解理论自觉的观察视角 …… 4
 第二节　共词分析：一种话语分析工具 …… 6
 第三节　社区治理创新研究的话语建构 …… 10

第二章　城乡社区治理创新的实践审视 …… 21
 第一节　城乡社区治理创新的既有研究回溯 …… 21
 第二节　案例文本和研究方法 …… 23
 第三节　城乡社区治理创新案例文本的主题建模 …… 25
 第四节　城乡社区治理创新的主题划分 …… 27
 第五节　城乡社区治理创新的实践机理 …… 35

中篇　社区治理创新的城市之维

第三章　技术赋能、项目制运作与社区治理"去内卷化" …… 41
 第一节　社区治理"去内卷化"何以可能 …… 41
 第二节　技术赋能：社区治理创新的一种解释机制 …… 44
 第三节　居民自治项目运作：L社区的案例分析 …… 46
 第四节　技术赋能与社区治理"去内卷化"的逻辑审视 …… 50

第四章　情境创设、规则导入与党建引领基层治理创新 …… 56
　第一节　党建引领基层治理研究：从关系结构分析到
　　　　　组织机制分析 …… 56
　第二节　组织机制分析中的情境与规则 …… 58
　第三节　党建引领基层治理创新的情境创设机制 …… 61
　第四节　党建引领基层治理创新的规则导入机制 …… 65

第五章　吸纳式合作机制在城市社区治理中为何失效 …… 70
　第一节　一个业委会缺位的商品房小区 …… 71
　第二节　吸纳式合作：居委会与物业公司的合作机制 …… 72
　第三节　吸纳式合作在 H 小区治理实践中的失效 …… 79

第六章　基层智慧治理的运作机制与关系解构 …… 84
　第一节　基层智慧治理的有效性及其原因 …… 84
　第二节　基层智慧治理的运作机制 …… 88
　第三节　基层智慧治理的关系解构 …… 92

第七章　基层社会治理智能化的潜在风险与化解防范 …… 98
　第一节　如何化解智能化治理的潜在风险 …… 98
　第二节　基层社会治理智能化语境下的韧性治理 …… 101
　第三节　基层社会治理智能化建设中的技术理性嵌入 …… 103
　第四节　基层社会治理智能化建设中的公共价值重塑 …… 106

下篇　社区治理创新的农村之维

第八章　组织韧性视域下的乡镇管理体制改革及其逻辑解析 …… 115
　第一节　乡镇管理体制改革动因研究与组织韧性理论 …… 115
　第二节　乡镇管理体制改革的认知环节 …… 118
　第三节　乡镇管理体制改革的行动环节 …… 123
　第四节　组织韧性视域下的乡镇管理体制改革逻辑 …… 127

第九章　集体理性、"政经分离"与乡村治理有效 ……………… 131
　　第一节　乡村治理如何有效 ……………………………………… 131
　　第二节　以集体理性为导向的乡村治理行为选择 ……………… 135
　　第三节　"政经分离"与乡村治理转型 ………………………… 142

第十章　政策试点与村民自治的有效实现形式 …………………… 151
　　第一节　解读村民自治有效实现形式 …………………………… 152
　　第二节　政策试点：一种基于地方经验的政策试验模式 ……… 154
　　第三节　村民自治政策试点的过程解析 ………………………… 155

第十一章　"片区自治"：村民自治有效实现形式的新探索 …… 164
　　第一节　认识"片区自治" ……………………………………… 165
　　第二节　"片区自治"的生成逻辑 ……………………………… 167
　　第三节　"片区自治"的运转机制 ……………………………… 172
　　第四节　"片区自治"的限度及其优化路径 …………………… 177

第十二章　敏捷治理驱动的乡村数字治理 ………………………… 182
　　第一节　何为敏捷治理 …………………………………………… 183
　　第二节　敏捷治理驱动的"数字乡村一张图"平台建设 ……… 185
　　第三节　敏捷治理驱动下的乡村数字治理实践取向 …………… 190

第十三章　技术治理驱动的数字乡村建设及其有效性分析 ……… 196
　　第一节　国家与社会之间的技术治理 …………………………… 197
　　第二节　动因与策略：技术治理驱动的数字乡村建设 ………… 200
　　第三节　数字乡村建设的有效性分析 …………………………… 204
　　第四节　推进数字乡村建设的实践省思 ………………………… 207

第十四章　引领动员与规则生产：农村基层协商民主建设的内在
　　　　　　　逻辑 ………………………………………………………… 210
　　第一节　问题提出 ………………………………………………… 212
　　第二节　协商系统理论与分析维度 ……………………………… 213

第三节 研究方法与案例选择 ………………………………………… 216
第四节 变量选择与赋值 ……………………………………………… 219
第五节 结果分析 ……………………………………………………… 224
第六节 农村基层协商民主发展的内在逻辑 ………………………… 229

参考文献 ……………………………………………………………… 236

上 篇
城乡社区治理创新的总体研判

第一章
城乡社区治理创新的理论自觉*

2016年5月17日，习近平总书记在哲学社会科学工作座谈会上发表重要讲话，高度强调了推动理论创新对于发展中国哲学社会科学的重要意义，"这是一个需要理论而且一定能够产生理论的时代，这是一个需要思想而且一定能够产生思想的时代"，"只有以我国实际为研究起点，提出具有主体性、原创性的理论观点，构建具有自身特质的学科体系、学术体系、话语体系，我国哲学社会科学才能形成自己的特色和优势"。中国哲学社会科学的理论创新，要求"提炼出有学理性的新理论，概括出有规律性的新实践"，这既是理论自觉的过程，也是理论自觉的表现。

对于政治学学科发展而言，理论自觉尤为重要。作为政治学研究中的重要组成部分，社区治理创新研究始终面临如何增强理论自觉的问题。然而，学术界关于这一问题的专门性探讨较少，研究者多从社会科学研究的本土化视角，将社区治理创新研究置于社区治理研究的范畴之内加以解读。这种本土化视角主要体现在研究者立足于中国社区治理的问题、实践和经验，系统分析社区治理研究的发展动态与导向，抑或是观照和对比国外社区治理研究成果并从中进行参考借鉴。有研究者指出，改革开放四十多年来中国社区治理的体制机制变迁和治理方式的改革与创新，为社区治理研究带来发展的条件和机会。社区治理研究应充分考察地方性实践探索，进而提出具有中国特

---

* 本章以《社区治理创新研究何以体现理论自觉》为题，发表于《华中科技大学学报》（社会科学版）2023年第1期。

色的社区治理理论与方法①。也有研究者提出，社区治理研究应适度借鉴国外相关研究成果，适时跟进理论前沿，并加强深层次的差异化研究以及与中国实际相符的本土化研究，深刻认识具体情境中的治理要素和治理条件，形成结构化、过程化的研究范式，以此增强社区治理研究的解释力②。现有研究者普遍关注和强调了社区治理研究本土化的重要性，但尚未聚焦于社区治理创新研究的本土化并进行深入阐释，也未系统分析和论证社区治理创新研究如何体现理论自觉的问题。为改变这一研究状况，本章基于话语体系与理论自觉的内在关联，以"话语"为研究切口，运用共词分析方法，对当前国内社区治理创新研究进行系统审视。

第一节　话语体系建构：理解理论自觉的观察视角

理论是源于实践的具有相对完整形态的理性认识，理论自觉则是理论主体的一种自我反思，即主体反诸自身、以自身为对象或客体的认识和评价；是理论主体对自身"是什么"的定位，即"清醒地认识自身质的规定性，把自己与他者区分开来"③。中国哲学社会科学的发展要求增强理论自觉，"根据中国社会发展和社会转型的实际，结合中国社会历史悠久的丰富传统学术资源，进行原创性的或有原创意义的理论创新"④；其途径之一便是打破西方的"学术话语"垄断权，创造自己的理论、自己的概念、自己的术语。在"百年未有之大变局"的新时代，理论自觉要求当代中国学者必须掌握自己的学术话语权，将中国哲学社会科学研究推向一个新的理论高度；要求以本土化的学术话语体系，对中国社会发展中的重大理论问题和现实问题作出正确的分析与回答⑤。

---

① 参见李强《社区治理研究在我国社会学学科建设上的创新意义》，《社会发展研究》2021年第4期。

② 参见吴晓林、郝丽娜《"社区复兴运动"以来国外社区治理研究的理论考察》，《政治学研究》2015年第1期。

③ 田心铭：《论马克思主义的理论自觉和理论自信》，《马克思主义研究》2012年第10期。

④ 郑杭生：《促进中国社会学的"理论自觉"——我们需要什么样的中国社会学?》，《江苏社会科学》2009年第5期。

⑤ 参见杨健民《理论自觉视域下中国哲学社会科学学术体系构建》，《南昌大学学报》（人文社会科学版）2021年第1期。

"话语体系是主体通过系统的语言符号并按照一定的内在逻辑来表达和建构的结构完整、内容完备的言语体系。"① "学术话语体系是思想理论体系的构成元素和知识体系的外在表达形式，包括概念、范畴、命题、判断、术语、语言等关键内容。"② 近代以来的现代化进程不可避免地使中国学术研究陷入对于西方学术研究的"学徒状态"之中，而一种学术的真正发展和成熟，意味着它在特定时期能够摆脱这种状态，开始获得"自我主张"。构建中国特色学术话语体系的过程意味着开启一种为获得"自我主张"的理论自觉，因为这实际上是提出了一种"自律性要求"，逐渐摆脱从属于西方学术话语体系的"学徒状态"，立足于我们特有的"社会现实"以及"由社会现实所规定的问题领域"③。习近平总书记指出，"在解读中国实践、构建中国理论上，我们应该最有发言权"。每个研究领域都应构建体系化的理论和概念，着力打造能够映射中国特色社会主义伟大实践和理论创新、易于为国际社会所理解和接受，并与主流理论范式进行对话的话语体系，做到中国话语、世界表达。

对于中国政治学研究的本土化发展而言，政治学要建设好具有中国特色的学术话语体系，一方面要以马克思主义为指导，创造性地转化和创新性地发展中国优秀的传统政治智慧，科学研判本土化的意识形态、经济基础、制度条件、文化传统和价值取向④；另一方面要回归中国实践和中国经验研究，从中提出问题、构建理论、再回到实践中加以验证。这种社会科学研究的规范路径，与马克思主义辩证唯物论有关认识与实践二者关系的理论要求相契合。依循该路径，政治学研究可以概括、抽象、提炼原创性的概念范畴，"建构科学严肃的解释框架和理论命题，逐步建立起中国特色政治学学科体系、学术体系和话语体系"⑤。这也是培育学科自主性的必然要求。所谓自主性，"就是要有自己的学科对象、研究领域、核心问题、基本概念、分析路径、研

---

① 郭湛、桑明旭：《话语体系的本质属性、发展趋势与内在张力——兼论哲学社会科学话语体系建设的立场和原则》，《中国高校社会科学》2016年第3期。
② 谢伏瞻：《加快构建中国特色哲学社会科学学科体系、学术体系、话语体系》，《中国社会科学》2019年第5期。
③ 吴晓明：《论当代中国学术话语体系的自主建构》，《中国社会科学》2011年第2期。
④ 参见王浦劬、臧雷振《中国社会科学研究的本土化与国际化探讨——兼论中国政治学的建设和发展》，《行政论坛》2021年第6期。
⑤ 贺雪峰：《本土化与主体性：中国社会科学研究的方向——兼与谢宇教授商榷》，《探索与争鸣》2020年第1期。

究方法以及一套能够将这些因素系统表达、有效传播的话语体系"[1]。构建具有中国特色的政治学学术话语体系是实现中国政治学理论自觉的基础，是与西方政治学进行对话的前提。

第二节　共词分析：一种话语分析工具

政治学话语散布于政治学学科中的各个研究方向，当然包括社区治理创新研究。从话语体系建构的视域来考察社区治理创新研究，应回归于既有学术研究成果。为此，本章援引共词分析方法，对社区治理创新研究成果进行文本挖掘，以求深入解读该研究领域的话语逻辑。共词分析法（Co-word Analysis）作为文本内容分析的基本方法，属于一种数据挖掘技术，它主要基于文献计量学的引文耦合与共被引概念，对能够表达某一学科领域研究主题或研究方向的专业术语共同出现在一篇文献中的现象进行分析，在此基础上揭示特定学科和主题的结构变化。本章在研究过程中具体使用了 SATI 和 UCINET 两种共词分析工具。为确保文献样本的代表性和可靠性，本章以"中文社会科学引文索引"（Chinese Social Sciences Citation Index，CSSCI）数据库为数据来源。在文献检索环节，以"社区治理创新"为主题进行检索，共获取文献 312 篇，经人工剔除和筛检部分无效文献后，最终得到样本文献共计 305 篇。

借助 SATI 软件，可统计得出样本文献中的关键词词频。经统计，305 篇文献中累计共有 708 个关键词。为便于较为科学地提炼社区治理创新研究的热点主题，本章依据关键词频次，由高到低抽取出排在前 80 位的高频关键词。这些高频关键词是该研究领域热点议题的缩影。从表 1-1 中可以看出，社区治理创新研究内容十分广泛，涉及社区治理创新的理念、主体、客体、要素、机制、问题、路径等各个方面。基于高频关键词的内涵和相关性，对其进行科学的梳理和归纳，是理解社区治理创新话语体系建构的基础性工作。

---

[1] 杨雪冬：《建构、互通与自主：当代中国政治学的话语体系建设》，《浙江社会科学》2017 年第 7 期。

表 1-1　　　　　　　社区治理创新研究高频关键词统计

关键词	频次	关键词	频次	关键词	频次	关键词	频次
社会治理创新	15	社区社会组织	6	农村	3	清单制	2
社区治理创新	14	大数据	6	社区基金会	3	内生动力	2
基层治理	14	社区服务	5	本土化	3	智慧社区	2
社会组织	13	协商民主	5	供给侧改革	3	"互联网+"	2
创新	13	基层党组织	5	社区居民	3	业主委员会	2
治理创新	11	社区教育	5	社区协商	3	治理体制	2
党建引领	11	治理现代化	5	协商治理	3	公共参与	2
社区	11	新时代	5	社会工作者	3	行动者	2
社会资本	11	基层党建	5	社区工作者	3	社会主要矛盾	2
社会工作	10	网格化	4	政府主导	3	治理机制	2
农村社区	9	微治理	4	参与式治理	3	边缘社区	2
社区建设	9	老旧社区	4	治理单元	3	新发展理念	2
基层社会治理	9	社区居委会	4	再组织化	3	共同体困境	2
协同治理	8	创新路径	4	公共服务	3	自主治理	2
城乡社区	8	制度创新	4	精细化治理	2	整体性治理	2
共建共治共享	8	政社互动	4	转型社区	2	合作治理	2
"三社联动"	7	多元共治	4	区域化党建	2	绩效	2
治理模式	6	居民自治	4	政策执行	2	技术治理	2
社区营造	6	一核多元	3	治理转型	2	内卷化	2
社区自治	6	共同体	3	多中心治理	2	社区公共性	2

表格来源：作者自制。

在识别高频关键词之后，在 SATI 软件中，运用 Equivalence 系数对高频关键词矩阵进行转换和处理，可得到高频关键词相异矩阵[1]（见表 1-2）；将这一相异矩阵导入社会网络分析工具 UCINET 中，最终得到社区治理创新研究

---

[1] 由于篇幅限制，本章只列出频次排在前 10 位的高频关键词的相异矩阵数据。

高频关键词的社会网络分析图谱（见图1-1）。社会网络通常借由整体网络密度和中心度①等维度进行描述。整体网络密度是衡量关键词节点之间紧密程度的重要指标。网络密度值取值区间为[0,1]，它是各节点之间实际连线数和可能的最大连线数之比。该值越接近于1，则表明节点之间的关系越紧密。对社区治理创新研究整体网络密度进行测算，结果是0.0031，说明社区治理创新研究整体网络密度较低。从图1-1不难发现，处于中间位置的关键词节点之间的连线较为密集，但这类关键词数量较少，绝大多数关键词散布在社会网络分析图谱的周围。即便如此，我们还是能够比较容易地识别出这一网络图谱中的核心关键词，如"社会治理创新""社区治理创新""基层治理创新""社区组织""党建引领""三社联动"等。

表1-2　　社区治理创新研究高频关键词的相异矩阵（前10位）

	社会治理创新	社区治理创新	基层治理	社会组织	创新	治理创新	党建引领	社区	社会资本	社会工作
社会治理创新	1	0	0	0.0051	0	0	0	0	0	0.0067
社区治理创新	0	1	0	0.0055	0	0	0.0065	0	0.0065	0
基层治理	0	0	1	0.0055	0	0	0	0	0.0065	0.0286
社会组织	0.0051	0.0055	0.0055	1	0	0	0	0.1748	0.028	0.0308
创新	0	0	0	0	1	0	0	0	0	0
治理创新	0	0	0	0	0	1	0	0	0	0
党建引领	0	0.0065	0	0	0	0	1	0	0	0
社区	0	0	0	0.1748	0	0	0	1	0	0.0818

---

① 中心度是社会网络分析中的一个重要概念，一般是指各个节点在社会网络关系中的重要性或所处的地位。社会网络分析研究者是基于"关系"视域来测量节点的重要程度的，并且赋予这种重要程度以多种形式化的定义，也就是各种中心度和中心势指数。节点连线数量和节点的大小是中心度的可视化呈现。中心度具体包括点度中心度、中间中心度、接近中心度等形式。点度中心度用以描述社会网络中某个节点与另一个节点连线的数量，反映了二者的相互关系。关键词节点所指代的主题越重要，则意味着有越多的关键词节点与之相连，其相应的点度中心度也就越高。

续表

	社会治理创新	社区治理创新	基层治理	社会组织	创新	治理创新	党建引领	社区	社会资本	社会工作
社会资本	0	0.0065	0.0065	0.028	0	0	0	0	1	0
社会工作	0.0067	0	0.0286	0.0308	0	0	0	0.0818	0	1

表格来源：作者自制。

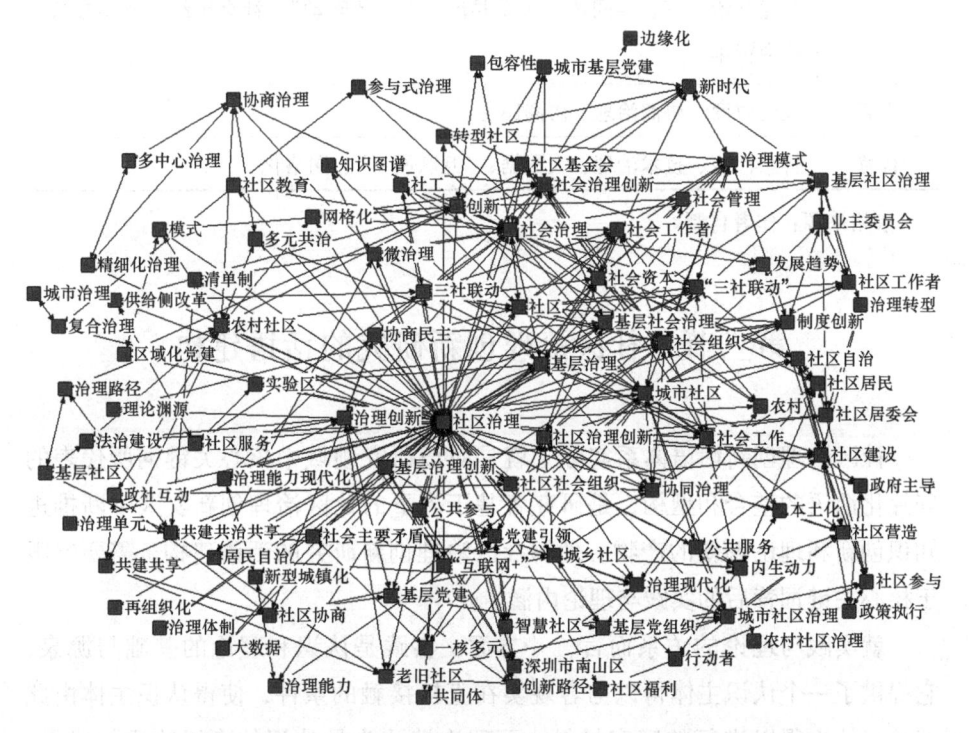

图1-1 社区治理创新研究高频关键词的社会网络分析图谱

图片来源：作者自制。

通过社区治理创新研究社会网络密度和中心度的分析，我们可以提取该研究领域的核心关键词，为我们深入解读社区治理创新研究话语体系提供参照。社会网络的点度中心度包括绝对中心度和标准中心度两大指标。由UCI-NET6 软件测算得出，社区治理创新研究整个社会网络的绝对中心度指数和标准中心度指数的平均值分别为 0.305 和 1.079。在此基础上，不难找出绝对中心度指数和标准中心度指数都超过平均值的核心关键词。这些核心关键词在很大程度上代表了这一研究领域的主流话语。依据核心关键词的内涵表示，本章对社区治理创新研究领域的研究主题作出以下归类（见表1-3）。

表1-3　　　　　　　　社区治理创新研究的主题归类

研究主题	主要关键词
党建	党建引领、基层党组织、基层党建、区域化党建、一核多元
共治	共建共治共享、共同体、多元共治、"三社联动"、社会组织、公共参与、社会资本
协商	社区协商、协商治理、协商民主
智慧	智慧社区、技术治理、大数据、"互联网+"、网络化

表格来源：作者自制。

第三节　社区治理创新研究的话语建构

社区治理创新话语体系实际上就是对该研究领域中核心关键词所代表的碎片化话语的整合和型构，是研究者基于当下的社区治理创新实践不断推进知识创新和理论创新的产物。理解社区治理创新研究的话语建构，需要着眼于核心关键词背后的实践与理论内涵。

就实践与理论的关系而言，一方面，实践是认识和理论的基础与源泉，它提供了一个认识主体得以与客观实在直接接触的条件，使得认识主体由此能获得认识得以进行的感官材料，而理论被认为是认识的高级阶段的成果；另一方面，理论活动是对实践的抽象，反映的是人的意识中的抽象能力，这就使得"匹配于理论活动的理论语言与匹配于实践活动的日常语言"有所区别。[1] 由此，我们可基于实践话语和理论话语的标准来划分社区治理创新研究领域中的话语。社区治理创新的实践话语指涉的是在描述和表达相关政策设计和实践探索等经验现象的基础上所形成的话语。社区治理创新的理论话语则是指涉在对经验现象进行抽象性的逻辑反思和理论探讨的基础上所形成的

---

[1] 参见王南湜《理论与实践关系问题的再思考》，《浙江学刊》2005年第6期。

话语。

一 以解决问题为导向的实践话语

解决社区治理的机制缺位、自治异化、效能低下、服务低效等诸多问题，构成治理创新的主要动因。社区治理创新是围绕社区治理中存在的实际问题而展开的探索性实践，也是话语建构的源泉。"话语是动态的、意向的、具体的，其真实含义必须结合具体的语境方可获得。"[1] 因此，研究者立足于社区治理创新实践的现实语境和经验事实，科学探究研究对象的本质，进而生成具有强烈问题导向性的实践话语。

（一）以"党建引领"为代表的政党话语

对于社区治理创新而言，其创新绩效主要取决于治理主体在充分发挥自身能动性的基础上如何构建具体的运行机制，以有效回应地方性治理实践中遭遇的困惑。社区治理创新是一种为回应变化中的社区治理需求而持续探索社区治理有效模式的过程。基层治理主体需要对由现代社会利益主体分化、权利意识觉醒、流动性加速、异质性凸显的社会结构而衍生出的多元治理需求作出直接而积极的回应。在社会回应性任务约束下，治理主体运用多种治理要素，以弥补治理体系中的机制缺位。在此背景下，以"党建引领"为代表的政党话语应运而生，并日益流行。区别于传统的政党话语，党建引领不只强调党的政治、思想、组织、作风建设，还强调将党的组织和制度优势转化为基层治理效能，要求党的组织网络和领导功能有效嵌入基层社会[2]。

关于党建引领社区治理的研究聚焦于社区治理体系中的党建运行机制和制度条件，针对政党如何"引领社会"[3]"组织社会"[4]"链接社会"[5]"激活

---

[1] 吕源、彭长桂：《话语分析：开拓管理研究新视野》，《管理世界》2012年第10期。
[2] 参见邱晓星、黎爽《基层党建与基层治理的双重变奏——党建引领基层治理创新研究综述》，《中共天津市委党校学报》2021年第1期。
[3] 田先红：《政党如何引领社会？——后单位时代的基层党组织与社会之间关系分析》，《开放时代》2020年第2期。
[4] 叶敏：《政党组织社会：中国式社会治理创新之道》，《探索》2018年第4期。
[5] 吴晓林：《党如何链接社会：城市社区党建的主体补位与社会建构》，《学术月刊》2020年第5期。

社会"① 进行发问，以佐证党建引领在社区治理创新中的强大功能。研究者从不同角度阐释了党建引领的具体功能表现：依托党的组织覆盖，使党组织从整体上统筹协调和有效引导社区治理工作，进而解决基层党组织在社区治理中"悬浮化""无根化"和"不在场"的问题；依靠党建工作体系不断强化党的服务功能，寓管理于服务之中，逐步提升社区治理和服务绩效；借助基层党组织的权威塑造机制，完善社区治理的一体化运作，发挥基层党员的感召和示范作用，强化党组织与社区居民的血肉联系②；以党组织领导力界定主体规范、进行资源整合、构建价值共识，达成协作性的合作网络，实现社区公共价值的生产③。

（二）以"共建共治共享"为代表的共同体话语

党的十九届四中全会提出"建设人人有责、人人尽责、人人享有的社会治理共同体"；党的二十大报告强调"健全共建共治共享的社会治理制度，提升社会治理效能"。"共建共治共享"和"社会治理共同体"都是极具中国特色的概念，是党在社会治理领域的原创性理论贡献，为我国基层社会治理提供了本土化的理论体系与实践准则④。二者的价值追求不谋而合，都强调重塑政府、市场、社会组织和居民等多元主体之间的治理结构，理顺其功能角色、权责边界与互动关系，共同打造公共平台、处理公共事务、生产公共产品和提供公共服务，并根据共享原则进行利益分配，实现社会利益的最大化⑤。在"共建共治共享"的价值驱动下，新时代社区治理共同体的建构旨在解决人人有责的意识问题、人人尽责的行动问题和人人享有的结果问题，促成社区公共事务治理中不同主体之间的相互依赖与协同共生，提升社区社会资本存量，使社区治理共同体衍生为一个有机互动的系统⑥。

---

① 张紧跟、颜梦瑶：《激活社会：党组织引领社区治理的新逻辑》，《郑州大学学报》（哲学社会科学版）2021 年第 1 期。
② 参见王浦劬、汤彬《基层党组织治理权威塑造机制研究——基于 T 市 B 区社区党组织治理经验的分析》，《管理世界》2020 年第 6 期。
③ 参见容志、孙蒙《党建引领社区公共价值生产的机制与路径：基于上海"红色物业"的实证研究》，《理论与改革》2020 年第 2 期。
④ 参见张文显《新时代中国社会治理的理论、制度和实践创新》，《法商研究》2020 年第 2 期。
⑤ 参见陈晓春、肖雪《共建共治共享：中国城乡社区治理的理论逻辑与创新路径》，《湖湘论坛》2018 年第 6 期。
⑥ 参见方亚琴、夏建中《社区治理中的社会资本培育》，《中国社会科学》2019 年第 7 期。

"共建共治共享""共同体""多元共治""三社联动""社会组织""参与式治理""公共参与""社会资本"等相关语词构成了社区治理创新的共同体话语体系。与传统治理话语相比，共同体话语不只是简单地止步于对科层官僚制与行政管控的回应，也不仅限于对特定治理类型、结构和功能的表达（如元治理、合作治理、协同治理、参与式治理、多中心治理等），而是更加强调共建共治共享社会治理格局的合作性、公共性，以及基于平等协商、多元参与、协同合作而形成的社会团结，避免陷入"国家中心主义"或"社会中心主义"的误区。共同体话语预设并明确了国家与社会之间的合作共生关系，国家可以通过"弱干预"的方式来激发社区成员的交往动机，保证个体收获"最大利益"和"自由选择权"，进而"助推社会成长"[①]；也可以通过机制构建和创造社会伙伴的方式协调和整合国家偏好与社会偏好，以实现"国家创制社会"[②]的目的。

（三）以"社区协商"为代表的民主话语

以克服社区自治异化、深化基层群众自治为导向的基层协商民主实践是社区治理创新的重要面向。2015年，中办、国办印发的《关于加强城乡社区协商的意见》指出，"加强城乡社区协商，有利于解决群众的实际困难和问题，化解矛盾纠纷，维护社会和谐稳定；有利于在基层群众中宣传党和政府的方针政策，努力形成共识，汇聚力量，推动各项政策落实；有利于找到群众意愿和要求的最大公约数，促进基层民主健康发展"，要求"开展形式多样的基层协商，推进城乡社区协商制度化、规范化和程序化"。当前的基层协商民主实践一方面着力于构建以基层党组织为核心，包括城乡基层党政机关、社区组织、社区居民及其他利益相关者在内的"协商于民、协商为民"的议事协商机制；动员社区居民自主发现和解决社区复杂治理难题，并将其转化和提炼为公共性议题；完善协商民主流程，使基层协商更为规范、便捷和高效。另一方面以制度化的方式厘清协商参与者的权责边界，凭借程序和规则的导入，规范和设计民主协商的细节，打造递进而闭环的协商流程，并借助激励性措施构建社

---

① 熊易寒：《国家助推与社会成长：现代熟人社区建构的案例研究》，《中国行政管理》2020年第5期。

② 吴晓林、谢伊云：《国家主导下的社会创制：城市基层治理转型的"凭借机制"——以成都市武侯区社区治理改革为例》，《中国行政管理》2020年第5期。

区治理创新的激励机制，激活多元主体的能动参与。总之，基层协商民主正朝着越发制度化的方向迈进。在此过程中，社区参与的行动框架渐趋固定下来。这一行动框架聚合着社区内的社会资本存量，驱动参与者在给定的规则范畴内参与社区的民主协商活动，由此塑造了社区协商治理模式。

随着治理实践与学术研究的推进，"社区协商""协商治理""协商民主"成为社区治理创新研究领域中的民主话语叙事。协商民主理念倡导"运用公共理性以最大程度地满足利益相关者的愿望"[1]，本质上是"以公共利益为价值取向，鼓励不同的利益表达，在决策酝酿和实施过程中进行广泛讨论与理性对话，在政治互动中达成共识"[2]。为践行这一理念，中国基层协商民主涌现出多样化的实践样态，其中之一便是社区协商。社区协商回应的是多元组织协同、社区弱参与、社区冲突和自治式微等问题[3]。协商平台的打造旨在将社区治理落脚于社区居民需求，促成不同主体的协同配合和互动参与，从而重构社区公共性[4]。也有研究表明，社会组织对于社区协商机制的有效嵌入，有助于以对话商谈的方式消解社区冲突，建构社区价值和共识，激活多重治理要素的互动互联[5]；而社会组织的类型单一、运行不规范、经费不足、发育迟缓，则会影响社区协商治理的效果[6]。专家学者基于专业知识，可有效找到社区治理的"痛点""难点"，推动形成容纳多方利益相关者的社区协商[7]。可见，社会组织和专家群体在社区协商中扮演着关键角色。

（四）以"智慧社区"为代表的技术话语

近年来，"智慧社区""大数据""互联网+"等新颖语词频繁出现于社区治理创新研究领域。这种话语演进根源于社会治理模式数字化、网络化、

---

[1] 吴晓霞：《基层治理现代化中的协商民主》，《科学社会主义》2018年第2期。
[2] 郎友兴、万莼：《基层协商民主的系统构建与有效运行——小古城村"众人的事由众人商量"的经验与扩散》，《探索》2019年第4期。
[3] 参见闵学勤《社区协商：让基层治理运转起来》，《南京社会科学》2015年第6期。
[4] 参见蔡禾、黄晓星《城市社区二重性及其治理》，《山东社会科学》2020年第4期。
[5] 参见徐珣《社会组织嵌入社区治理的协商联动机制研究——以杭州市上城区社区"金点子"行动为契机的观察》，《公共管理学报》2018年第1期。
[6] 参见张立伟《我国农村社区协商治理的现状、困境及发展对策——基于全国7个农村社区治理实验区的分析》，《行政论坛》2019年第3期。
[7] 参见唐亚林、钱坤《"找回居民"：专家介入与城市基层治理模式创新的内生动力再造》，《学术月刊》2020年第1期。

智能化的转型升级。在现代社会，信息技术革命催生出社会治理的技术情境，公共服务供给方式也随之发生改变。社区公共服务高质量发展的关键在于政府、市场、社会组织等专业生产者充分调动资源、降低交易成本，确保公共服务的高效产出[1]。需要强调的是，除社区公共服务的专业生产者之外，居民作为社区公共服务的共同生产者，其参与水平直接关系到公共服务的质量。借助这种共同生产，居民不仅可以参与到社区公共决策的议程之中，而且能够切实地为公共服务的质量提升贡献资源、知识、技能，进而实现公共服务与居民需求的有效对接。共同生产不仅是一种需要被促进的活动，还是公共服务中必不可少的环节，因为一切公共服务最终都需要公众的参与，在接受服务时与服务提供者互动，并创造出使用价值。为实现社区公共服务的共同生产，需利用先进的技术手段来健全社区服务体系并打造多元主体共同参与的综合化社区服务平台。

智慧社区建设强调现代信息技术和社区公共服务的深度融合，尤其注重对数字化、信息化、虚拟化、移动化、物联化等多项技术方法的综合运用，依托多样的信息收集、传感、处理等终端设备，创建实时信息传递与分析的大数据处理系统，进而提高社区治理和服务效能[2]。智慧社区建设实现了公共服务、志愿服务、党建服务、便民利民服务等社区服务信息资源集成，形成集网络、数据、应用于一体的智慧社区体系[3]。然而，学界也不乏对智慧社区建设的质疑。有研究指出，智慧社区建设存在"反治理行为"和"设计脱离群众"的隐患。一方面，智慧社区的发展往往延续原有的管理逻辑，仍在极大程度上受制于政府主导，社区工作者、社区居民与其他治理主体处于被动接受的境地，缺少表达意愿和主动参与的渠道。另一方面，智慧社区的设计者没有深入了解社区工作和居民生活的实际情况（包括社区禀赋、人口基数、硬件条件、流动性、内部资源复杂性等因素），设计想法脱离居民生活的实际需求[4]。有鉴

---

[1] 参见容志、张云翔《从专业生产到共同生产：城市社区公共服务供给的范式转型》，《甘肃行政学院学报》2020年第6期。

[2] 参见姜晓萍、张璇《智慧社区的关键问题：内涵、维度与质量标准》，《上海行政学院学报》2017年第6期。

[3] 参见陈荣卓、刘亚楠《城市社区治理信息化的技术偏好与适应性变革——基于"第三批全国社区治理与服务创新实验区"的多案例分析》，《社会主义研究》2019年第4期。

[4] 参见王迪《智慧社区发展的未来趋势：从设计本位到生活本位》，《福建论坛》（人文社会科学版）2020年第8期。

于此，智慧社区的长足发展要突破管理主义的"路径依赖"，在广泛动员多元主体参与的同时，真切照顾到社区差异化的实际需求。

二　以逻辑剖析为导向的理论话语

对于社区治理创新这一本土化实践的逻辑剖析，使得深层次的理论话语得以形塑和生产。社区治理创新实践本身是多重制度逻辑综合作用的产物，这种多重逻辑主要体现在党建统合、去行政化和再组织化等方面。在对社区治理创新实践逻辑的剖析过程中，研究者的理论自觉与学术自主性驱使其与"国家和社会"理论、科层制理论、组织行动理论等经典理论范式进行对话，去探讨政党在社区治理创新中的功能属性，或是考察社区治理创新中的行政与自治张力以及组织行动策略。

（一）社区治理创新研究中的"党建统合"话语

社区治理创新中的党建引领，重在组织层面的全覆盖，实现基层党建的"最后一公里"，解决党组织基础薄弱的问题，为政党能力的彰显夯实组织基础。社区治理创新中的政党能力不仅植根于自身庞大而严密的组织体系，而且依托具备"新型举国体制"[①]特质的支撑架构，即政党、政府、社会等多元主体间彼此互动与协同合作的共治格局。党的政治优势、组织优势以及资源优势所彰显出的强大势能，与集中力量办大事的制度优势相互融合，使中国共产党充分具备了高效统一领导力、强劲组织动员力以及全面资源统筹力。换言之，充分发挥中国共产党"总揽全局、协调各方"的坚强领导核心作用，有效协同多元治理主体，科学统筹各类资源，在社区治理创新实践中具有无可替代的显著优势，其中蕴含了一种强烈的党建统合（或"政党统合"）话语逻辑。

"党建统合"话语是国家与社会理论话语的延伸。在理论基础方面，它将政党视为一种相对独立于国家的分析单位和当代中国政治中最为重要的分析变量，依循的是"政党—政府—社会"的理论范式。相比于传统的国家与社会二分理论，这种理论范式"更适合于分析党国体制条件下的国家与社会关系，有助于我们更好地认识和把握中国政治现象的复杂性和特

---

① 陈劲、阳镇、朱子钦：《新型举国体制的理论逻辑、落地模式与应用场景》，《改革》2021年第5期。

殊性"①。在内容构成方面,"党建统合"主要是指"通过党建方式推动党组织融入治理过程,以党组织能力的强化来统合松散的基层社会,营造高效协同的治理网络"②。其逻辑支点是党组织在党建引领社区治理创新实践中的组织动员力。作为中国特色社会主义事业的领导核心,中国共产党毫无疑问是"中国之治"的引领者、组织者与推动者。在领导全国人民开创中国特色社会主义事业过程中形成的强劲动员力、高效执行力以及有效组织力,使整个社会凝聚出坚不可摧的强大合力。

(二) 社区治理创新研究中的"去行政化"话语

社区行政化问题一直备受学界关注。社区行政化主要是指居委会的行政化,居委会在实际运作、功能作用和利益代表等方面越来越偏离其法定的基层群众性自治组织属性,呈现出一系列"类科层组织"的行政性特征,致使居委会因具有行政与自治的双重属性而始终处于张力之中。研究者为居委会行政化的生成机理提供了不同解释。一种解释是居委会的"被动行政化"。例如,孙柏瑛指出,权威主义行政体制是居委会行政化的根源,行政体制的惯性以及"总体性社会"下民间资源的缺乏,决定了社区空间行政化和社区居委会的命运③。另一种解释是居委会的"主动行政化"。例如,侯利文等指出,居委会自身可能存在极强的"主动行政化"动机,表现为作为主体的居委会主动适用一系列行为策略和组织逻辑,诸如型构类行政关系、嵌入党政资源、吸纳社会力量等,使其在实际运作和功能作用等方面的行政化取向得以强化④。

无论是何种解读,如果社区始终被行政化所裹挟,那么居民自治仅会停留于理念或是理想层面,社区治理创新也将沦为一种"以行政构建自治"⑤的"伪创新",而非"实质创新"。抑制和警惕社区治理"伪创新",需要真

---

① 景跃进:《将政党带进来——国家与社会关系范畴的反思与重构》,《探索与争鸣》2019年第8期。

② 何艳玲、王铮:《统合治理:党建引领社会治理及其对网络治理的再定义》,《管理世界》2022年第5期。

③ 参见孙柏瑛《城市社区居委会"去行政化"何以可能?》,《南京社会科学》2016年第7期。

④ 参见侯利文、文军《科层为体、自治为用:居委会主动行政化的内生逻辑——以苏南地区宜街为例》,《社会学研究》2022年第1期。

⑤ 苗延义:《能力取向的"行政化":基层行政性与自治性关系再认识》,《社会主义研究》2020年第1期。

正落实社区"去行政化",使社区回归自治本位。于是,研究者将目光纷纷转向社区去行政化的模式选择。例如,陈鹏总结了社区"去行政化"的四种模式,即着力于组织功能分割的"居站分设",着力于权力结构重组的"撤街强社",着力于建立权力清单制度的"行政准入",着力于组织赋权增能的"三社联动"。① 这些模式选择和实践探索从根本上都是为了释放社区长期被行政化所压制的社会性,重拾社区基层治理单元和基层群众自治的社会属性,协调政府与社区的权力关系,调动多元社会力量参与社区治理,培育社区共建共治共享的共同体精神。在"去行政化"的话语逻辑下,社区治理创新越发注重治理结构的多中心和扁平化,以及对多元治理主体的赋权增能,以便获得充足的权力、空间与多元的渠道去参与社区公共事务。

(三) 社区治理创新研究中的"再组织化"话语

社区治理创新的核心制度机制在于通过党的统一领导,确立社区治理的政治原则和政策方向,持续优化社区治理职能,强化基层组织建设和治理能力建设,引导并动员社会各方力量实现共建共治共享。社区治理创新所要打造的"社会治理共同体",是多元主体在既有组织网络基础上,为实现社会治理目标而形成的一种"再组织化"网络结构②。在这种网络结构中,社区治理的主体构成、角色功能、行为取向与运行原则进一步得到理顺,社区成员高质量的合作与参与以"再组织化"的方式得以落成。"再组织化"意味着构建社区合作的有效机制,"自组织或被组织起来的利益相关者,出于利益考量而采取行动,共同商议和平等参与社区的公共活动或公共事务的决策、运作与管理,以及社区公共产品和公共服务的供给,并建构一种横向协作机制和相互信赖的合作体系"③。由共同利益所助推的社区有组织的集体行为,催生了相互依赖的信任感与彼此协作的行为认知。这是社区重拾自治属性的必要载体,直接关系到社区成员诉求表达和利益凝聚的效果,也直接关系到社区治理的有效性。

"再组织化"的话语逻辑除了强调对社区治理结构的形塑之外,也尤其重

---

① 参见陈鹏《社区去行政化:主要模式及其运作逻辑——基于全国的经验观察与分析》,《学习与实践》2018年第2期。

② 参见王诗宗、胡冲《社会治理共同体建设路径:多重网络的再组织——基于舟山市"东海渔嫂"案例的研究》,《治理研究》2021年第6期。

③ 韩瑞波、唐鸣:《社区治理去内卷化的创新路径与逻辑审视》,《改革》2021年第7期。

视秩序和规则对于社区治理创新的意义。质言之,"再组织化"为社区治理带来新型组织方式,同时也注入了新的组织规则,形成促进社会整合的社会资本积累机制①。建构共识性规则是积累社会资本的重要方式。之所以会出现社区成员的无序参与状态以及合作行动的流产,原因之一便是社区公共规则的缺位以及由此产生的信任危机②。社区成员持续而健康的互动,呼吁其在一种规范化和制度化的框架内参与社区活动,这就需要公共规则的有效产出。公共规则对各主体行为具有一定程度的普遍引导力和约束力。规则制定和生效的过程也是创造或生产公共性、不断累积共同利益和价值共识、实现最大公约数的过程。社区公共性本质上是一种价值重塑机制,公共规则为这种机制的构建提供了技术化工具,也使社区成员之间的互动更为稳定和规范。

本章以社区治理创新研究中的"话语"为切入点,着眼于话语体系与理论自觉之间的关联性,集中探讨了社区治理创新研究何以体现理论自觉的问题。为准确研判社区治理创新研究的话语构成,本章援引共词分析方法,运用 SATI 和 UCINET 软件分析工具挖掘相关 CSSCI 论文中的文本内容,生成相异矩阵并绘制社区治理创新研究社会网络图谱,在此基础上对这一社会网络图谱进行密度和中心度分析,精准提炼出该研究领域内的核心关键词,进而深入解读该研究领域的话语体系。研究发现,社区治理创新研究领域已形成两种话语体系,即以解决问题为导向的实践话语和以逻辑解析为导向的理论话语。前者基于对政策设计和实践探索的经验描述,表现为以"党建引领"为代表的政党话语、以"共建共治共享"为代表的共同体话语、以"社区协商"为代表的民主话语、以"智慧社区"为代表的技术话语;后者基于对经验现象的抽象性反思和深层次探讨,表现为"党建统合""去行政化""再组织化"等理论话语形式。

社区治理创新的理论话语建构深刻体现了研究者不断增强理论自觉的努力。一方面,社区治理创新研究的理论自觉体现于以中国城乡社区治理实际问题为研究对象的话语建构,而不是脱离现实去想象和制造垃圾概念。与实

---

① 参见赵琼、徐建牛《再组织化:社会治理与国家治理的联结与互动——基于对浙江省社区社会组织调研的思考》,《学术研究》2022 年第 3 期。

② 参见张兰、刘建军《能人政治与公共规则:业主自治何以迈向两个极端?——以上海市 Y 小区和 S 小区的比较研究为例》,《甘肃行政学院学报》2021 年第 6 期。

际问题和经验事实相脱节的话语建构,只会使垃圾概念"充斥于各种学术期刊和书籍,而它们的创造者也只能通过似是而非的复杂语言来掩盖演绎能力的缺乏,以及经验感知和想象力的缺乏"①。因此,以话语建构为表征的理论自觉必须是务实的,是坚持问题导向的,是要通过理论叙事和话语言说来回应、解释和解决现实问题的。另一方面,社区治理创新研究的理论自觉还体现于用自己的语言和逻辑理论思维激发学术话语表达,而不是完全借用或照搬西方理论范式和解释性概念,进而逐步摆脱西方学术话语应用于中国研究的路径依赖。

为此,我们必须继续着眼于中国社区治理创新的鲜活实践和真实运作,将经验事实作为研究基点,客观呈现社区治理创新在实践领域表现出的新问题、新动向和新形态,形成本土化的问题意识,并对既有理论范式的解释力进行质疑和反思,创新话语内容和话语形式,提炼话语逻辑,在此基础上打造规范的问题域和系统的概念群,以科学有效的原创性理论深化中国社区治理创新研究,使其成为中国本土社会科学的理论发源地。

---

① 赵鼎新:《社会科学研究的困境:从与自然科学的区别谈起》,《社会学评论》2015年第4期。

第二章
城乡社区治理创新的实践审视*

城乡社区是国家治理体系的基本单元和居民生活共同体的构成空间。"推动社会治理重心向基层下移,把更多资源、服务、管理放到社区"多次出现于十九大以来党中央的政策文件和习近平总书记的重要论述之中。2017年7月,《中共中央 国务院关于加强和完善城乡社区治理的意见》强调要坚持改革创新,"积极推进城乡社区治理理论创新、实践创新、制度创新";2021年7月《中共中央 国务院关于加强基层治理体系和治理能力现代化建设的意见》指出,"基层治理是国家治理的基石,统筹推进乡镇(街道)和城乡社区治理,是实现国家治理体系和治理能力现代化的基础工程"。统筹推进城乡社区治理,要求以社区治理创新为抓手,不断升级社区治理模式,着力克服治理碎片化和内卷化的问题,提升社区治理绩效和服务质量。随着社区治理创新探索在全国各地如火如荼地展开,如何系统而准确地进行经验梳理,科学地把握实践动态和逻辑,对于促进城乡社区治理体系和治理能力现代化具有重要意义。

第一节 城乡社区治理创新的既有研究回溯

一些研究者基于实地调研和案例分析,描述了社区治理创新的实践形态,提炼出影响城乡社区治理效能的重点问题或发展进路。例如,王江伟基于民政部于

---

* 本章以《城乡社区治理创新的主题划分与实践机理——基于280个案例文本的主题建模分析》为题,发表于《湖北民族大学学报》(哲学社会科学版)2022年第5期。

2013年至2015年组织评选出的三届"中国社区治理创新成果"的案例，解读了中国社区治理创新的实践特征与动因，将社区治理创新领域概括为治理体制创新、公众参与创新和公共服务创新三个方面，将社区治理创新方式概括为探索性创新、累积性创新和学习性创新三种形态。[1] 张平等以42个城市社区治理和服务创新实验区案例作为分析样本，运用模糊集定性比较法探究了城市社区治理创新的影响因素以及组合形式，在此基础上归纳出中国城市社区治理创新的类型样态。[2] 张勤等通过对江苏省、上海市、重庆市等地城乡社区的调研发现，社区治理创新面临的主要困境在于社区自治能力创新发展不足、治理资源要素的法治保障缺位、治理异质性和碎片化并存、多元主体参与意识不够和积极性缺失等，提出以创新、协调、绿色、开放、共享的新发展理念引领社区治理创新。[3]

也有研究者聚焦于当前社区治理创新实践的典型案例和经验做法，对实践背后的深层逻辑加以解析。例如，社区治理创新中的党建引领，实质上是政党重塑、衔接、引领社会的过程，强调"政党统合"[4] 或"党建统合"[5] 功能。曹海军指出，党组织作为社区治理和服务的主心骨，在社区治理中发挥着"一核多元"与"一核多能"的治理核心作用和多重服务功能。[6] 吴晓林认为，社区党建具有"政治建设"与"社会构建"的二重性，这既是保持党的"先锋队"作用、发挥"密切联系群众政治优势"的政党属性使然，也是弥补多主体缺位、达成集体行动的现实选择。[7] 孙柏瑛等的研究发现，党建引领在精准扶贫过程中展现出强大的再组织化功能。基层党组织作为乡村社会组织化建设的核心，在精准扶贫中将自上而下的政策目标和自下而上的村庄需求衔接起来，发挥着政治保障、精英吸纳与组织建设等多重功能，借助项

---

[1] 参见王江伟《中国社区治理创新的特征、动因与绩效——基于"中国社区治理创新成果"的多案例分析》，《求实》2017年第12期。

[2] 参见张平、吴子靖、侯德媛《中国城市社区治理创新：动力因素与类型阐释——基于42个实验区案例的模糊集定性比较分析》，《社会主义研究》2020年第2期。

[3] 参见张勤、宋青励《以新发展理念引领社区治理创新》，《中国行政管理》2021年第8期。

[4] 李朔严、王名：《政党统合与基层治理中的国家—社会关系》，《经济社会体制比较》2021年第2期。

[5] 郑永君、吴春来：《基层党建统合与乡村治理创新——都江堰市"党引民治"实践案例分析》，《南京农业大学学报》（社会科学版）2020年第5期。

[6] 参见曹海军《党建引领下的社区治理和服务创新》，《政治学研究》2018年第1期。

[7] 参见吴晓林《党如何链接社会：城市社区党建的主体补位与社会建构》，《学术月刊》2020年第5期。

目化运作重建了村民与村集体之间的联结，完成了对乡村多元主体的整合。[①]

再如，针对基层自治组织行政性凸显的问题，探寻城乡社区回归自治性和实现政社协同与社会共治的有效举措，其背后蕴含了一种"去行政化"[②]的逻辑。有研究者质疑以往的社区"去行政化"改革，指出社区居委会的"去行政化"改革与其行政性的不断强化抑或再生产高度相关。[③] 当前，以社区协商、单元下沉、减负增效、共建共治、智慧治理为主题的社区治理创新实践正是社区"去行政化"的积极尝试，其目的往往都是通过社区赋权赋能和有效减负，合理配置基层权责，解决权责分立、权责不等的治理难题，协调行政组织和自治组织之间的权力关系，改变单中心的权力格局，以让渡公共权力的方式调动多方社会力量参与社区治理，在各主体之间形成合作、互动、协同、开放的关系结构。这些探索是实现社区"去行政化"的必由之路，也是推行社区治理创新的关键突破口。

上述研究不乏对城乡社区治理创新的经验梳理和系统分析，在一定程度上有力阐释了城乡社区治理创新的实践动态与逻辑机理。但囿于案例文本的有限，既有研究无法清晰地呈现当前城乡社区治理创新的全貌，亦难以科学地归纳该领域的实践主题，进而造成观察与研究的局限性，并抑制了对实践逻辑和趋势的准确研判。因而，全方位地归纳和解读城乡社区治理创新的实践主题就显得十分必要。本章试图对城乡社区治理创新的案例文本展开聚类分析和主题建模，以期整体性地把握这一特定领域的主题与逻辑。

第二节 案例文本和研究方法

一 案例文本来源

2021年6月15日，民政部发布《关于征集基层治理创新典型案例的通

[①] 参见孙柏瑛、胡盼《党建引领的精准扶贫与乡村社会的再组织》，《南京大学学报》（哲学·人文科学·社会科学）2021年第3期。

[②] 陈鹏：《社区去行政化：主要模式及其运作逻辑——基于全国的经验观察与分析》，《学习与实践》2018年第2期。

[③] 参见侯利文《去行政化的悖论：被困的居委会及其解困的路径》，《社会主义研究》2018年第2期。

知》，目的在于总结推广各地基层治理实践创新经验做法，宣传展示各地加强基层治理的进展成效，营造全面推进基层治理体系和治理能力现代化建设的良好氛围。截至2021年9月30日，民政部基层政权建设和社区治理司共征集到280个城乡社区治理创新典型案例。这些案例为我们系统、全面、客观地把握当前城乡社区治理创新的现状、经验和逻辑提供了很好的分析样本。

从征集程序来看，城乡社区治理创新案例由县级民政部门汇总，形成申报材料报地市级民政部门审核，再由地市级民政部门择优推荐至省级民政部门；省级民政部门综合考虑区域分布、工作基础、经验成效、选题均衡性等因素，基于优中选优原则遴选优秀案例，报送民政部基层政权建设和社区治理司。案例材料具备以下三个方面的内容：一是案例背景，即当地基层治理所面临的新形势、新情况和新任务；二是主要做法，即当地推动基层治理的经验做法；三是工作成效，即当地基层治理创新取得的进展成效。申报单位需依据特定的申报条件和标准化格式，提供案例的基本信息和实施状况。这些材料必须是对城乡社区治理创新的真实描述，具备真实性和可信度。与此同时，这些案例在报送过程中需经过地方政府的审核和筛选，一般是获得地方政府认可并择优推荐的典型经验做法，体现了当前我国基层治理体系和治理能力建设在城乡社区层面的最新实践进展，具有较强的典型性和前瞻性。

二　研究方法呈现

主题是文本中语义信息的载体。挖掘文本信息中的主题可使研究者清晰准确地掌握文本中的语义信息。主题模型可为各个主题集合生成主题描述，完成特定领域的主题挖掘。本章从文本挖掘视角对民政部社区治理创新案例进行内容分析，利用非负矩阵分解（Non-Negative Matrix Factorization，NMF）主题模型解析非结构化文本数据，探究社区治理创新的主题。NMF本身具有聚类特性，是多元分析和线性代数中的一组算法，被广泛应用在文本聚类、计算机视觉、天文学、生物信息学等领域。它是一种基于矩阵分解的数据降维手段，是大数据处理和模式识别中数据近似表述的有效方法。具体而言，NMF将文档—特征词矩阵分解为文档—主题、主题—特征词两个非负矩阵的乘积，可以实现对原始矩阵的降维，从而减少存储空间。

本研究采用Scikit-Learn工具包求解NMF，NMF模型初始化方法为NNDS-VD，该算法能有效处理稀疏矩阵，利用Gensim训练词向量，维度设置为

1000，具体操作主要分为四个步骤。第一，对案例文本进行预处理，分词并去掉停用词。第二，利用 tf-idf 特征①构建"文档—特征词"模型，以便呈现该特征向量模式下的主题分布和效果。第三，设置 NMF 主题数范围为 [3—15]，分别记录每个主题数下的主题一致性（topiccoherence）。主题一致性是用于评价主题模型的指标，主题一致性越大，说明主题模型效果越好。此处采用基于词向量的 TC-W2V 计算主题分类下前 K 个词语的语义相似度的平均值进行测算。第四，根据主题一致性评价结果选择主题个数，对社区治理创新案例文本进行主题聚类，将结果可视化处理。

第三节　城乡社区治理创新案例文本的主题建模

文本的主题建模借助算法"SKLearn—tf-idf—NMF—主题"，可得出 NMF 主题范围为 [3—15] 时的不同主题一致性：

K = 03：Coherence = 0.3840

K = 04：Coherence = 0.3869

K = 05：Coherence = 0.3745

K = 06：Coherence = 0.3578

K = 07：Coherence = 0.3334

K = 08：Coherence = 0.3198

K = 09：Coherence = 0.3482

K = 10：Coherence = 0.3526

K = 11：Coherence = 0.3376

K = 12：Coherence = 0.3349

K = 13：Coherence = 0.3371

K = 14：Coherence = 0.3240

---

① tf-idf 可以衡量某个词在所有文档中的信息量。其中 tf（Term Frequency）是指一个特征项在文档中出现的次数，反映了该特征对文档的重要性；idf 即逆向文档频率（Inverse Document Frequency），是指一个特征项在其他文档中的重要程度，一般通过文档总数/包含该词汇的文档数，再取对数得到的值。

K=15；Coherence=0.3359

可见，当 K=04 时，主题一致性最高，主题模型效果最好。依据这一结果，本章将主题个数确定为 4 个，在此基础上对城乡社区治理创新文本进行主题聚类，分别抽取出 4 个主题下的关键主题词（见表 2-1），并对聚类结果进行可视化分析（见图 2-1）。

表 2-1　　　　　　　城乡社区治理创新案例文本关键主题词

主题 1	社区｜居民｜服务｜治理｜工作｜社会｜组织｜需求｜社区服务｜活动｜资源｜参与｜开展｜党员｜辖区
主题 2	村民｜乡村｜群众｜治理｜农村｜村级｜振兴｜建设｜发展｜村规民约｜文明｜产业｜积分｜全村｜村"两委"
主题 3	网格｜服务｜治理｜群众｜基层｜工作｜党建｜社会｜管理｜网格化｜平台｜党员｜社区｜信息｜实现
主题 4	小区｜居民｜协商｜物业｜业委会｜议事｜业主｜治理｜物业管理｜问题｜议事会｜自治｜红色｜物业公司｜改造

表格来源：作者自制。

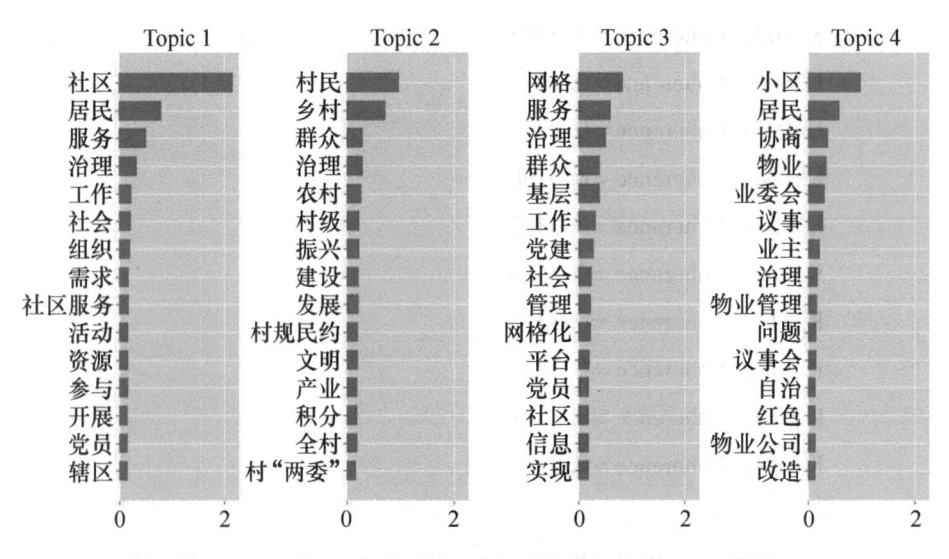

图 2-1　NMF 模型下的城乡社区治理创新案例文本主题可视化分析

图片来源：作者自制。

整体上看，这种主题挖掘结果是比较粗糙的。各类主题下的高频关键词分布较为分散，需对其进行聚类分析的再加工，即根据高频关键词之间的亲疏关系、相似关系和相异关系，将同质性更强的高频关键词有机地整合到一起，以实现对高频关键词的更优分类，从而挖掘出高频关键词之间的内在联系，使后续对案例文本的主题划分更为明确。由图2-1可知，4个主题中频次较高的关键词有着较多的重合，如"治理""服务""居民""村民"等，这表明各主题之间的差别相对较小，联系较强，也从侧面反映出聚类效果较为理想，因为各类主题的实践探索最终都应落脚于社区治理和服务的优化升级以及回应村居民的实际需求。

各主题的内涵和外延差异性取决于其所涵盖的不同关键词的含义。主题1中较能体现该主题特性的关键词包括"社会""组织""需求""社区服务""活动""资源""参与"等，这些关键词反映的主要内容聚焦社区组织网络和资源、以需求为导向的社区活动；主题2中较能体现该主题特性的关键词包括"乡村""振兴""村规民约""文明""积分"等，这些关键词反映的主要内容聚焦服务于乡村振兴的创新举措、村规民约的制定以及以积分制为代表的农村社区工作机制的创新和改进；主题3中较能体现该主题特性的关键词包括"基层""党建""网格化""平台""党员""信息"等，这些关键词反映的主要内容聚焦于社区治理中的党建引领与网格化党建平台和智能平台的打造；主题4中较能体现该主题特性的关键词包括"协商""物业""业委会""议事""业主""物业管理""议事会"等，这些关键词反映的主要内容聚焦于社区治理的"三方联动"和议事协商。这种主题呈现为接下来对城乡社区治理创新主题的进一步划分提供了依据。

第四节　城乡社区治理创新的主题划分

基于主题建模和聚类分析结果，通过反复斟酌和综合考虑高频关键词的含义及其差异性，结合实践层面的经验做法，本研究将当前城乡社区治理创新主题归纳为6个方面，即加强党建引领、推行社区"微治理"、订立社区公约、打造智慧平台、开展议事协商、改进工作机制。

一　加强党建引领，搭建组织网络

党建引领社区治理能否发挥作用，关键在于实现机制的构建。不断完善党建引领社区治理的实现机制，提升基层党组织的组织动员能力和资源整合能力，是当前社区治理创新的主要着力点。党建引领社区治理注重"党建"和"自治"的有机结合，力求纠正两种错误偏向：一是简单笼统强调党建，忽略甚至否定自治，导致党建悬浮无根；二是片面推崇民主，以西方标准夸大自治，变相弱化党的领导。[①] 这也规定了党建引领的实践内容既要包括推进党组织的全覆盖、党员先锋模范带头作用的充分发挥以及基层党建形式的创新，也要涉及社区自治属性的有效激活与对多元主体的增权赋能，具体包括多层次的治理网络、多种形式的议事平台以及正式或非正式的合作机制的构建，为多元社会力量进行利益诉求表达和参与公共事务创造渠道，进而实现基层党建的去"悬浮化"[②]和基层社会治理的再嵌入。

例如，浙江省舟山市普陀区于2015年成立物业小区联合会党委，整合社区党员、志愿者、业主、物业等多方资源，打造基层党组织统合、居民群众共同参与、共建共治共享的重要平台——"红色物业联盟"，采用"红色党建进小区、红色管家进楼宇、红色先锋进家庭"的"三红三进"工作法，有效增进社区治理与服务水平。又如，深圳市龙华区民治街道北站社区党委积极探索党建引领社区治理新举措，不断加深、拓宽党组织在社区的覆盖，让"支部建在小区上""支部建在城中村里""支部建在社会组织上"，通过成立社区党组织联席会、开设社区"微党课"、开展党员教育工作、加强党员分类管理等方式，高效凝聚和利用党建资源，增强社区党委的政治领导功能，实现社区党委领导下的组织共建、问题共商和资源共享。此类案例还有北京市朝阳区的"社区成长伙伴计划"和海淀区大院街道的"永定街坊合伙人"，天津市武清区的"小巷管家"，江苏省徐州市云龙区汉风街道昆仑社区的"五共社区合伙人"，重庆市沙坪坝区石井坡街道的"社区能人坊"，浙江省德清县武康街道的"三分三统三联动"，吉林省长春市朝阳区的"红色物管联

[①] 参见赵秀玲《中国城乡治理的升级再造》，《东南学术》2021年第5期。

[②] 陈亮、李元：《去"悬浮化"与有效治理：新时期党建引领基层社会治理的创新逻辑与类型学分析》，《探索》2018年第6期。

盟",等等。

　　由以上案例可以看出,党建引领社区治理创新要求党组织有效衔接和嵌入社会,其效果取决于党自身的组织力与平台机制的构建能力。基层党组织应善于建立网格化党建的平台机制。区域化党建往往立足于党的全面领导实现辖区内党建要素的共建共享,主要依赖上级党组织来统筹协调辖区内的人财物资源;网格化党建则是把基层党支部置于网格中心、党员放在网格上、党的服务变成网线延伸出去,由基层党支部发挥自主性,营造空间、开发资源、创设议题,进而提升党的组织力。[①] 这种党建方式以平台机制培育社区治理的内生动力与活力,强化了党组织对其他治理主体的吸纳和整合,借助党组织本身的组织吸纳特性将尽可能多的治理主体整合到社区治理的结构框架内,使各方主体各司其职、各尽其力;同时,使党组织的覆盖面得以拓展,党的力量逐步渗透于社区范围内的微观治理空间,如小区、楼栋、社会组织,为党建引领社区治理夯实组织基础。

二　推行社区"微治理",下移治理单元

　　社区"微治理"(或称"微自治")作为社区自治的一种创新形式,主要是指基于地方实际将自治范围不断下移,使自治内容更具体化,自治方式趋于细化。当前,社区"微治理"已然成为社区治理创新的重要基础和载体,在社区治理创新过程中具有不可替代的作用。[②] 例如,湖北省秭归县自2012年8月起,在全县农村开展"幸福村落"建设,依据"地域相近、产业相同、利益共享、有利发展、群众自愿、便于组织、尊重习惯、规模适度"的原则,将167个行政村划分为2035个村落。以村落为单元,以村落党小组和理事会为平台,以"两长八员"为骨干,以群众为主体,探索出"村落夜话"的议事协商机制,利用山区群众夜晚休息和纳凉的时间召开村民会议,商议本村落与村民生产生活息息相关的大小事务。将自治单元下移至村落是微治理能够有效运行的基本前提。一方面,村落内部是一个完全的熟人社会,村民之间存在血缘和地缘的天然关系,在村庄事务上具有较高的连带性和共享性,

---

　　① 参见祝灵君《党领导基层社会治理的基本逻辑研究》,《中共中央党校学报》2020年第4期。
　　② 参见黎昕、高鸿《社区微治理:社会治理创新的重要载体》,《福建论坛》(人文社会科学版)2015年第9期。

因而协商成本较低；另一方面，当地以种植脐橙为主，同一村落内部的村民之间产业结构趋同，在经济利益上具有高度相关性。① 这种利益相关性避免了村落内部关系的松散，以及个体行为的随意，便于村民围绕公共事务建立协商与互动机制。

再如，上海市宝山区于2017年起整体推进"活力楼组"培育，2019年全面升级打造"活力楼组"2.0版，探索党建引领、政府"搭台"、居民"唱戏"、第三方指导的模式，不断缩小和丰富治理单元，共培育"活力楼组"3500余个。宝山区将楼组作为"两级政府—三级管理—四级网络"下的第五级社区治理平台；出台《关于培育"活力楼组"、推进社区成长的指导意见》，制定"活力楼组"发展规划，发挥示范楼组的辐射带动效应，并实地验收评定星级，对五星楼组给予自治金奖励；对楼组打造不预设范式，鼓励基层结合实际推陈出新，如罗店镇推出"七彩楼组"工作机制。此外，广西壮族自治区恭城瑶族自治县的"组甲制"和贵港市的屯级"一组两会"，安徽省黄山市徽州区中山社区的小楼栋治理，湖北省武昌区的老旧小区微治理实践，重庆市万州区的"楼栋工作日"，陕西省富平县陶艺社区的"三融四微"，青海省果洛州久治县的"十户长"等，均为社区"微治理"的有益探索。

三 订立社区公约，健全治理规则

社区公约主要指村规民约和居民公约，是由特定社区范围村居民通过民主协商制定并遵从的，用于调整社区内部关系，以实现自我管理、自我服务、自我教育、自我监督为目的的一种非正式行为规范。② 社区公约具有明确的价值导向功能，倡导社会主义核心价值观，又充分吸收传统儒家伦理道德中的优秀成分，由此为社区成员确立正确的价值准则和行动标准。2018年12月27日，民政部、中组部和中央政法委等七部门联合发布的《关于做好村规民约和居民公约工作的指导意见》指出："到2020年，全国所有村、社区普遍制定或修订形成务实管用的村规民约、居民公约，推动健全党组织领导下自治、法治、德治相结合的现代基层社会治理机制。"这种顶层设计与推进村规

---

① 参见李永萍《基层小微治理的运行基础与实践机制——以湖北省秭归县"幸福村落建设"为例》，《南京农业大学学报》（社会科学版）2016年第5期。

② 参见陈成文《论村规民约与新时代基层社会治理》，《贵州社会科学》2021年第8期。

民约和居民公约建设的地方性探索相得益彰。

例如，贵州省余庆县的 71 个村（社区）全部制定了村规民约（居民公约），其中 28 个村（社区）获省级村规民约（居民公约）示范村（社区）。该县在修订村规民约（居民公约）的过程中遵循以下原则。一是合法性原则。各村（社区）保证村规民约（居民公约）的内容与党的方针、政策和国家现行法律法规相符合。二是民主性原则。在程序上严格按照《中华人民共和国村民委员会组织法》和《中华人民共和国城市居民委员会组织法》的规定，由村（居）民会议讨论通过，召开小组会议广泛听取全体村（居）民意见，充分酝酿讨论，体现全体村（居）民的共同意愿。三是实用性原则。考虑本村（社区）的自然历史、风俗习惯、文化素质等情况，做到内容具体、措施量化、文字简洁、通俗易懂、有针对性、便于操作。四是与时俱进原则。在保持村规民约（居民公约）相对稳定的同时，随着形势变化和实际需要，适时地加以修订完善。

再如，湖南省平江县梅仙镇的全部村庄以组以片或以屋场为单位，分别召开村民户主会、家庭主妇会，由村民对公约内容逐条逐项进行讨论和表决。凡没有得到大多数群众认可的条款，一律不进入公约，凡写入公约的条款，必须是绝大多数群众认可、赞同的条款；将家风建设与村规民约深度融合，将"诚实守信、尊老爱幼、遵规守法、勤俭持家、和睦邻里、爱护环境"等内容以公约方式固定下来。各村分组分片分屋场挑选 3 名德高望重、善做群众工作、责任心强、敢于较真碰硬的老党员、老干部和家族主事人，组成村规民约监督执行"三人小组"，第一时间发现、劝导和制止各种违约行为，对违约村民进行处罚和帮教。另外，湖北省宜都市、河北省邯郸市肥乡区、河南省许昌市魏都区、福建省龙岩市新罗区适中镇新祠村等地都做了修订社区公约的尝试和创新。

四 打造智慧平台，升级治理路径

现代社会的技术作为一种治理要素，通常是指某种工作或手段在公共治理领域内的具体化。"基层治理行为取决于所采用的治理技术，且不同的治理技术在运行主体和方式等方面具有差异化特征。"[1] 基层智慧治理是现代信息

---

[1] 吴旭红、章昌平、何瑞：《技术治理的技术：实践、类型及其适配逻辑——基于南京市社区治理的多案例研究》，《公共管理学报》2022 年第 1 期。

技术与基层社会治理结合而成的一种新型治理路径。该路径凭借互联网、大数据、云计算等新兴技术手段重新认知复杂治理对象,"将复杂的社会事实数据化和清晰化"[①],用以提升社会治理和服务的精准度。如今,智慧治理驱动下的城乡社区治理创新已涌现出多样态的实践模式。例如,上海市浦东新区周家渡街道将"社区云"作为社区智慧治理的创新基础性平台,精准供给各项基本功能,并个性化定制功能板块。如"议事厅"板块,方便居民针对社区的热点问题开展自下而上的公开议事活动,打造了"居民提出议题—居委把关筛选—居民开展协商—推动形成项目/倡议/公约—居委实施评估"的工作链。上海市嘉定区为解决"基层减负有差距,村居台账报表多"的问题,利用"社区云"智慧报表规范管理村居工作台账,推进村居台账信息管理智能化和精细化。

江苏省南京市栖霞区的"掌上云社区"系统整合了基层党委总揽全局和协调各方的政治优势、基层政府的资源整合优势、企业的技术支撑优势以及社会组织的专业服务优势。"掌上云社区"的各项功能呈现主要依靠居民用户微信客户端的政务机器人——"小栖",在功能设置上尤其注重线上服务实效,如党建云社区、信息交流、智能回复、不见面服务、工单流转、协商议事、多群管理和大数据分析等。此类案例还有浙江省衢州市的"邻礼通""邻礼汇",广东省广州市南沙区的时间银行"互联网+"模式,吉林省吉林市丰满区龙城社区的"码上回家",等等。各种智慧平台的涌现为社区治理创新打上了"技术"和"智慧"的标签。社区智慧平台的运用是技术赋能社区的积极尝试,它使社区治理的信息基础变得完整、实时、动态、清晰,便于治理主体精确观察和了解治理对象,在补齐社区治理信息不对称的短板、构建多元主体联动的运行机制和强化社区服务能力等方面成效显著。

五 开展议事协商,创新民主形式

党的十九届五中全会指明了完善基层民主协商制度的重要性,将其与"健全党组织领导的自治、法治、德治相结合的城乡基层治理体系"和"实现政府治理同社会调节、居民自治良性互动"并列表述。城乡社区协商是基层群众自治的生动实践,是社会主义基层民主协商的重要组成部分和有效实现

---

① 黄其松、刘强强:《论国家治理结构的技术之维》,《探索》2021年第1期。

形式。社区协商的实质是社区范围内的不同主体以平等、自由的姿态充分参与特定公共议题的讨论和决策，形成多元利益的聚合，基于某种共识来达成统一的社区行动。"要素、程序和规则构成高质量社区协商系统的三大元件。"① 沿着这一思路，要素构建、程序设定和规则定制，成为当前城乡社区协商实践的主要创新点。

例如，广西壮族自治区南宁市探索出了"老友议事会"的协商模式。"老友议事会"汲取本土"老友"文化，依据"社区组织成立选举委员会—议定小区议事代表席位—发布选举办法—组织候选人报名—组织居民投票选出议事代表"的程序产生，按照"居民提意见—代表提议案—党委审议范围—议事会决议方案—居民评议效果"的流程议事。党组织只在关键节点把控议案边界，其他环节则交由各方自发找到解决方案和利益平衡点。"老友议事会"代表以小区为单位划分选举片区、以楼栋为投票单元一户一票选举产生，包括党员、居民代表、热心居民、商家代表、物业公司代表、业委会成员、社会组织代表等。同时，制定《议事协商自治章程》《议事会提案范本》等基本规范与议事规程，推动社区议事协商走向规范化。

关于社区议事协商的典型案例还有北京市房山区拱辰街道南广阳城村的"协商民主、契约治村、群众自治、不诉自办"，北京市大兴区的"拉家常"议事会，湖北省崇阳县铜钟乡坳上村的"村湾夜话"，重庆市渝北区统景镇的"民情茶室"，天津市东丽区万新街道海颂园社区的"海颂约吧"，江西省南昌市西湖区的"幸福圆桌会"，广西壮族自治区玉林市容县容西镇祖立村的"双片长片事商议制"与来宾市兴宾区桥巩镇毛塘村的"议事协商清单制"，甘肃省庆阳市华池县怀安乡协商民主"411"工作法，浙江省杭州市余杭区"众人的事情众人商量"基层协商治理机制，江苏省苏州市吴中区以"共议善治"破解老旧小区治理难题，等等。以上案例皆体现出基层民主协商在消解社区利益分歧、整合民众利益偏好、形成社区公共利益中的优势和作用。作为一种多元主体利益均衡机制②，社区民主协商能够基于平等、公正、公平的

---

① 张大维：《高质量协商如何达成：在要素—程序—规则中发展协商系统——兼对5个农村社区协商实验的评量》，《华中师范大学学报》（人文社会科学版）2021年第3期。

② 参见李增元、王岩《农村社区协商治理：实践动因及有效运转思路》，《行政论坛》2018年第5期。

原则，尽可能地照顾和平衡多元利益，实现公共利益最大化，化解因利益矛盾激化而酿成的社会不稳定因素。

六　改进工作机制，疏通治理流程

城乡社区改进工作机制的实践探索常见于项目制、积分制、清单制等工作机制的创新运用。如社区居民自治项目，一般由基层社区根据自身需求和社区问题自主策划，最后以申报的形式予以审定。"社区成员能否在充分发挥其自主性的前提下准确识别自身需求和问题、合理制定自治项目内容和方案、科学推进项目实施，事关居民自治项目运作的成效。"[1] 例如，江苏省张家港市创新基层治理模式和民生工作方法，以居民需求为导向，聚焦于影响居民生活质量的小、急、难事，在全省率先实施民生"微实事"项目。该项目的征集坚持来源于民、问需于民、纾解民困，鼓励居民议事会对征集到的建议进行充分讨论、筛选、表决；项目流程由繁到简，压缩流程时间，项目从上报到产生压缩至10个工作日；项目资金从一年一审结算方式，到一季度一拨付，转变为一年分两次预拨、年底统筹拨付；将区镇审核由按季度审核转向按月审核，做到"小事常办、急事快办"。此外，采用居民群众全程监督、镇级部门把关监督、市级部门加强督查相结合的项目监督方式。这种项目制运作能够有效激励社区自主性的发挥，形塑社区成员之间的横向协作和信任关系。

积分制和清单制的工作机制，同样频繁应用于城乡社区治理创新实践之中。例如，广东省江门市江海区礼乐街道英南村的村民积分制，以家庭为单位建立积分档案，实行"一户一档"式管理方式，每个参与积分管理制度的村民所得积分累积到该家庭单位中进行核算，每户家庭的积分由基础积分和民主评议附加积分构成。通过"自主申报—积分申报员接受申报—积分申报员汇总申报名单，提交积分登记员—评分员扫村评分—集中评议总结得分名单—积分排名前40名名单公示—积分卡派发—积分表彰"的实施步骤对村民积分进行考评和量化。此类案例还有江苏省宿迁市宿豫区村居积分制管理模式，山东省嘉祥县的文明积分制度，安徽省旌德县的"积分制+基层治理"，湖南省涟源市的积分制"公益银行"，西藏自治区日喀则市亚东县"分值制"

---

[1] 韩瑞波、唐鸣：《社区治理去内卷化的创新路径与逻辑审视》，《改革》2021年第7期。

管理办法，等等。

贵州省龙里县的"四单"模式是清单制在城乡社区治理中的典型应用，其基本做法如下。第一，居民点单——社区通过召开居民议事会和网格员"入户问需"的方式全方位了解居民需求。第二，支部派单——建立民情民意集中处置机制，在社区设民情信息员，对征集到的居民需求及时统计汇总和分类梳理，按照"公家事""大家事""自家事"的标准进行"三事分流"，界定责任类别，分别"派单"。第三，全员接单——对居民"点单"涉及的市政设施建设、应急管理等社会"公家事"，由网格化包保单位、行业主管部门共商对策，结合自身职责进行"接单"；对小区存在的社区管理、文明共建等社区"大家事"，引导在职党员、网格员共商解决，结合业务优势和自身特点进行"接单"，认领"服务岗位"，开展"清单式"服务；对收集到的家庭矛盾纠纷、赡养老人等居民"自家事"，由社区和网格联合志愿者深入开展"菜单式""组团式"志愿服务活动。第四，组织晒单——建立在职党员积分管理、考核激励机制，督促在职党员深入社区网格开展承诺践诺活动。各小区基层党组织每周统计汇总小区党员、网格员"接单"任务及完成情况，月末在小区公开栏、微信群公示。这种清单式治理现已成为务实管用的社区治理工作方法，适配于治理精细化的需要。

第五节 城乡社区治理创新的实践机理

如前文所述，本研究借助 NMF 模型的主题建模，结合案例文本和经验做法，系统呈现了加强党建引领、推行社区"微治理"、订立社区公约、打造智慧平台、开展议事协商、改进工作机制等主题下的城乡社区治理创新多维样态。这种主题划分式的经验分类尽管难以涵盖城乡社区治理创新实践的方方面面，但至少可以作为一种提纲挈领式的梳理和总结。基于实践经验的主题划分，检视城乡社区治理创新的实践机理，需着眼于蕴含在实践过程中观层面的制度机制，以及这些机制有效运作的条件；还要捕捉微观层面代表国家与社会不同力量的多元行动者的积极共振和相互呼应。总的来说，梳理总结城乡社区治理创新的实践经验有以下两方面的意义。

一方面，党和政府的高位设计与推动，形塑和规制了城乡社区治理的创新方向。这主要表现为以下几点。其一，党建引领的制度导向。党建引领已然成为增强基层治理能力和推动各方协同共治的重要机制。在新背景下，各级党组织在开展党建引领工作时更加注重挖掘自身潜在的组织资源，更为注重发挥党组织网络可将众多类型不一又相互依赖的组织或个体汇聚起来的政治优势，促进主体间的资源与机会共享。党建引领所包含的政治引领机制、激励驱动机制、网络整合机制、系统联动机制，可使城乡社区治理寻求共识"公约数"，激发社区成员的共治参与动力与彼此依赖性。[1] 其二，社会治理的重心下移。向基层放权赋能，建设城乡社区治理和服务体系，意味着以管理、服务、资源为要素的社会治理重心下移最终要落实在社区，明确城乡社区作为社会治理基本单元和主要阵地的主体地位，使社区"有权、有人、有力"，构建以社区为中心的治理平台和以社区为本位的治理体系，有效承接自上而下的管理与服务职能。其三，社会协同的基本趋势。建设社会治理共同体，要求秉持"人人有责、人人尽责、人人享有"的基本理念，创造性地将多元主体统统纳入社会治理体系，以社会协同带动社区治理，重建"公共性社会关系"[2]，本着自我组织、自我规制的原则，在法治和民主协商的框架下完成社会治理主体的型构。

另一方面，破解社区治理面临的多重难题，构成城乡社区治理创新的内部动因。这些难题具体表现出以下这些特征。第一，社区自治缺位。由于城乡社区被强制性地介入基层科层体系，配合基层政府完成社会治理与公共服务的大量行政任务，造成社区自治组织越发依附于科层系统，行政功能不断凸显而自治功能日渐萎缩。这就要求协调行政组织与自治组织之间的权力关系，以赋权增能的方式建立社区治理场域的政府权力退出机制与上下结合、多元互动、平等对话、灵活弹性的横向扁平结构，不断强化社区的自主运转能力。第二，社区服务低质。由于社区公共服务主要依赖政府，"这种供给主体的单一化也就决定了社区公共服务供给受制于政府的总体性指导，比如供给何种社区服务、如何供给以及不同服务的优先次序"[3]。然而，这种供给方

---

[1] 参见黄晓春《党建引领下的当代中国社会治理创新》，《中国社会科学》2021年第6期。
[2] 周庆智：《改革与转型：中国基层治理四十年》，《政治学研究》2019年第1期。
[3] 李春生：《大数据驱动社区公共服务精准化：问题面向、运行机制及其技术逻辑》，《湖北社会科学》2021年第6期。

式在质量、结构、专业化等方面，都或多或少存在不均衡、不规范和不精细的问题，进而导致服务内容的低质化，与日益异质、复杂、多元的社区需求相脱节。第三，社区参与低效。其直接诱因是居民参与能力不足、主体性发挥受阻。参与社区公共事务不但需要居民持有较强的参与意愿，而且需要构筑民主协商和共建共治的平台机制，不断增进居民获取资源、议定规则和决策监督的主体行动能力。

总之，推进城乡社区治理创新和社会治理现代化进程是实现国家治理现代化的必然要求，深刻体现了中国社会主义现代化与时俱进的时代性和实践性品格，彰显始终坚持党的领导、人民当家作主和依法治国有机统一的中国治理特色和风范。[1] 中国社会治理的核心制度机制在于通过党的统一领导，确立社会治理的政治原则和政策方向，持续优化社会治理职能，强化基层组织建设和治理能力建设，引导并动员社会各方力量实现共建共治共享。[2] 这一核心机理同样适用于作为社会治理子系统的城乡社区治理。推进城乡社区治理创新，要契合于党和国家确立的政策趋势，健全应对社区治理难题时调动资源、组织力量、协调利益的中观制度机制，同时完善社区治理的主体构成、角色功能、行为取向与运行原则，在此基础上形成有序而稳定的治理格局。

---

[1] 参见李友梅《中国现代化新征程与社会治理再转型》，《社会学研究》2021年第2期。
[2] 参见张来明、刘理晖《新中国社会治理的理论与实践》，《管理世界》2022年第1期。

中 篇
社区治理创新的城市之维

第三章

技术赋能、项目制运作与社区治理"去内卷化"*

"内卷化"是一个极具解释力的概念。1963年,美国人类学家格尔茨最早使用了"内卷化"的概念以描述印度尼西亚爪哇地区的经济与社会发展状况。之后,"内卷化"的概念被广泛应用于海外中国研究以及中国本土的社会科学研究。在此过程中,"内卷化"的各种表现形态逐渐明晰,有学者将其概括为:以黄宗智为代表的"经济内卷化",意指农业或经济有增长而无发展的状态;以杜赞奇为代表的"政权内卷化",意指旧有的国家或社会体系的复制、延伸;以孙远东为代表的"文化内卷化",意指旧的社会习俗或规范的复制[①]。无论哪一种表现形态,"内卷化"所描述的实际上是一种没有实际发展或增益的变革情境。社区治理"内卷化",指的是旨在推进社区治理变革的系列举措并未实现实质性增益的现象。克服这种"内卷化"问题,探索社区治理"去内卷化"的有效路径,是新时代加强基层治理能力建设的关键命题。

第一节 社区治理"去内卷化"何以可能

近年来,我国学术界聚焦于社区治理场域中的组织运行机制对这一"内卷化"现象的表现和成因进行了分析。在街居制向社区制的转型进程中,社

---

* 本章以《社区治理去内卷化的创新路径与逻辑审视》为题,发表于《改革》2021年第7期。
① 参见范志海《论中国制度创新中的内卷化问题》,《社会》2004年第4期。

区治理变革催生了居民直选、居民志愿服务、民主协商议事、居民民主评议、社区服务市场化等操作性机制，赋予了基层社会新的组织形式，但很难构成社区组织实质上的改变。变革中的基层社区看似已构建起多元治理主体协同共治的基本结构，但体制性权力的内部转移不彻底，缺乏实质性赋权，导致街道对于社区运行的行政管控、各类社会组织发展不完善以及民主协商的形式化等问题依然没有得到有效解决，社区内部的多元权力秩序并没有形成①。作为"国家治理单元"②的社区，被强制性地纳入基层政府的科层体系，承接着"委托—代理"关系下的各种摊派工作，配合基层政府完成社会治理与公共服务的大量行政任务，造成社区组织越发依附于行政系统，行政功能不断凸显而自治功能日渐萎缩，陷入角色依附和功能异化的怪圈③。

为实现社区减负而推行的"居站分离"，在社区内部设立两个工作系统，打造"一委一居一站"的组织架构，也就是向社区派驻社区工作站（社区综合管理服务站）或行政服务中心以负责街道委派的行政和服务事项；居委会从事社区自治事务。这一做法不但没有使社区回归自治本位，反而在基层增设了行政层级，增加了行政成本，制造了新的"内卷化"问题④。此外，社区工作者为应对基层政府的绩效考核，以留痕的形式将制作考核所需的台账、文本、表格、报告、图片、影音等材料作为工作目标。这种痕迹管理实际上以有"迹"可循的工作材料来体现行政运作的绩效，具有可度量、可计算和可读化的特征，但也存在依赖显性痕迹和忽视真实绩效的风险，从而滋生了以"迹"为"绩"的痕迹主义⑤。当前社区治理实践的常态是，社区工作者因"忙"于痕迹主义导向的文牍工作，而制造了大量"无用"的管理活动⑥。

---

① 参见张付强《我国社区自治改革的内卷化分析——一种空间模型的视角》，《公共管理学报》2009 年第 3 期。

② 杨敏：《作为国家治理单元的社区——对城市社区建设运动过程中居民社区参与和社区认知的个案研究》，《社会学研究》2007 年第 4 期。

③ 参见何艳玲、蔡禾《中国城市基层自治组织的"内卷化"及其成因》，《中山大学学报》（社会科学版）2005 年第 5 期。

④ 参见曹海军《"三社联动"的社区治理与服务创新——基于治理结构与运行机制的探索》，《行政论坛》2017 年第 2 期。

⑤ 参见颜昌武、杨华杰《以"迹"为"绩"：痕迹管理如何演化为痕迹主义》，《探索与争鸣》2019 年第 11 期。

⑥ 参见杨帆、李星茹《社区治理中痕迹主义与内卷化的共因及互构》，《甘肃行政学院学报》2020 年第 4 期。

过度的痕迹管理导致社区治理的目标异化为硬性的留痕任务,使社区工作陷入痕迹主义的困境之中①。

社区治理"内卷化"的根源何在?以行政化为表征的社区治理"内卷化"本质上是国家与社会力量双向驱动的产物。从国家视角来看,国家权威体制的运行需要超强的组织治理能力,对组织的严密和协调程度提出了很高的要求②。将政党和政府的组织力量向下延伸或嵌入基层社会,不仅要求具备成熟的科层组织体系,而且有赖于"处于社会网络之中的被国家吸纳并统合的民间'代理人'"③,协助完成基层管理事务,分担基层政府的属地管理责任。从社会视角来看,一方面,社区居委会的运行依赖于政府资源的支持,例如,居委会成员的选用基于街道党工委的提名和认同,日常办公经费有赖于街道办事处的统一拨付;另一方面,社区居委会为维系其在社区治理体系中的地位,寻求居民认同感,会主动强化自身"官—民"二重性的特性,表现出对于行政化路径的依赖,帮助政府在基层社会完成行政权力再生产④。由此可见,基层社会治理"内卷化"不只是行政力量主导的结果,同时也是特定环境下基层自治组织自身行为选择的体现⑤。

此外,原子化状态下的居民邻里关系冷漠疏离,社区认同感和归属感渐趋弱化,社区自治和参与意识消极,加剧了社区治理的"内卷化"程度⑥。针对社区治理"内卷化"困境,本章试图通过案例研究,聚焦于城市基层社区治理创新的典型经验,探讨社区治理"去内卷化"何以可能的问题。如何使社区回归自治本位,如何形塑多元主体协同共治的治理格局以及激活社区成员的主体性参与,进而提升社区治理的有效性,是实现社区治理"去内卷

---

① 参见李利文《软性公共行政任务的硬性操作——基层治理中痕迹主义兴起的一个解释框架》,《中国行政管理》2019 年第 11 期。

② 参见周雪光《权威体制与有效治理:当代中国国家治理的制度逻辑》,《开放时代》2011 年第 10 期。

③ 孙柏瑛:《城市社区居委会"去行政化"何以可能?》,《南京社会科学》2016 年第 7 期。

④ 参见耿敬、姚华《行政权力的生产与再生产——以上海市 J 居委会直选过程为个案》,《社会学研究》2011 年第 3 期。

⑤ 参见马卫红《内卷化省思:重解基层治理的"改而不变"现象》,《中国行政管理》2016 年第 5 期。

⑥ 参见何欣峰《社区社会组织有效参与基层社会治理的途径分析》,《中国行政管理》2014 年第 12 期。

化"的关键问题。

第二节　技术赋能：社区治理创新的一种解释机制

技术治理作为社会治理的一种方式，其基本目的是"将技术工具运用到社会变革和改造活动中，实现社会运行的理性化特别是政治运作的科学化"[①]。技术治理驱动下的社会治理实践旨在打通"技术进步同社会的生活实践之间的联系"[②]，通过"技术性"方式来提升社会治理效能。伴随着社会治理实践的动态演进，技术治理的概念外延同步扩张，并逐渐形成了两条不同的研究走向：一是强调国家在实现其社会治理目标过程中对工具化权力技术的偏向，如"项目制""运动式治理""行政发包制"等；二是强调互联网、大数据、人工智能、云计算等现代信息技术手段在治理实践中的应用[③]。本章依循第一条研究走向，将技术治理解读为社会治理实践中的一种"权力技术"，而"项目制"正是这种技术运用的典型载体之一。

"项目制"起初出现于国家财政体制研究领域之中，用以描述分税制改革后以"项目管理"和"项目评估"为核心的公共服务体系的迅速膨胀对中央与地方及地方政府间关系的影响[④]。"项目制"指代"中央对地方或地方对基层的财政转移支付的一种运作和管理方式"[⑤]，其基本导向是"通过国家财政的专项转移支付等项目手段，突破原有科层体制的束缚，遏制市场体制所造成的分化效应，加大民生工程和公共服务的有效投入"[⑥]。项目制运作"将资源集中于决策上层，划分为不同类别，放进不同格子里，然后按照'条条'

[①] 邱泽奇：《技术化社会治理的异步困境》，《社会发展研究》2018年第4期。

[②] ［德］尤尔根·哈贝马斯：《作为"意识形态"的技术与科学》，李黎、郭官义译，学林出版社1999年版，第96页。

[③] 参见陈天祥、徐雅倩《技术自主性与国家形塑：国家与技术治理关系研究的政治脉络及其想象》，《社会》2020年第5期。

[④] 参见渠敬东、周飞舟、应星《从总体支配到技术治理——基于中国30年改革经验的社会学分析》，《中国社会科学》2009年第6期。

[⑤] 折晓叶、陈婴婴：《项目制的分级运作机制和治理逻辑——对"项目进村"案例的社会学分析》，《中国社会科学》2011年第4期。

[⑥] 渠敬东：《项目制：一种新的国家治理体制》，《中国社会科学》2012年第5期。

体制以项目形式发放"①。其内含的实践思路是，协调多元项目主体的一致性行动，提高国家治理的科学化和精细化水平，从而实现公共事务运作的标准化、专业化，减少随意配置和使用财政资源的行为。

随着实践的推进，项目制跳出财政分配领域，成为科层体系自上而下进行工作部署和任务实施的治理形式，表现出强大的溢出效应②。以项目制为依托，科层体系往往基于就事论事的事本主义逻辑，将基层社会治理的整体性问题分解为单个特定事务，在此基础上通过设定和实施各式各样的项目，不断提升治理的可操作性，进而完成其治理任务。在落实基层社会治理任务的过程中，为解决公共服务供给问题，科层体系致力于以购买服务的方式与其他治理主体建立一种多方合作关系，发挥社会力量在服务供给中的优势和功能。在此背景下，项目制成为"政府购买服务的制度选择"③。其中，以政府购买社会组织服务和社区居民自治的项目实践最为典型，如湖北的"社区公益创投"、成都的"社区营造"、苏州的"居民自治项目化"、上海的"自治金"等。

通过比较居民自治项目的运作过程，不难发现其与传统项目制运作的程序性差异。传统项目制一般采用分级制运作下的"发包—打包—抓包"形式，即政府制定项目需求清单，然后通过公开招标或定向分配的方式确定项目；而居民自治项目则是由基层社区根据自身需求和社区问题自主策划项目，最后以申报项目的形式予以审定。由此可见，居民自治项目的动力源自基层社区内部而非政府的行政压力。社区自主性构成居民自治项目运作的关键变量。社区成员能否在充分发挥其自主性的前提下准确识别自身需求和问题、合理制定自治项目内容和方案、科学推进项目实施，事关居民自治项目运作的成效。

城市基层社区居民自治项目是我们审视社会转型期社区治理创新实践的新事物新对象。从地方性探索来看，居民自治项目已成为重塑社区治理格局和推动社区居民主体性参与的重要载体，为社区治理的"去内卷化"创造了

---

① 周雪光：《项目制：一个"控制权"理论视角》，《开放时代》2015年第2期。
② 参见曹龙虎《作为国家治理机制的"项目制"：一个文献评述》，《探索》2016年第1期。
③ 管兵、夏瑛：《政府购买服务的制度选择及治理效果：项目制、单位制、混合制》，《管理世界》2016年第8期。

可能。本章聚焦于居民自治项目这一研究对象，试图为此类社区治理创新实践提供一种新的解释机制——"技术赋能"。"技术赋能"是"技术"和"赋能"的有机结合，"技术"意指作为技术手段的"项目制"在基层社区中的运作形态，即具体以何种方式完善治理结构和优化治理行为；"赋能"意指"项目制"运作的目标取向，即在激活社会内生动力的基础上调适国家与社会关系、重构基层治理能力。技术赋能驱动下的居民自治项目有效运作需匹配以必要的主体、资源和规则要素。这些要素的获取，受制于项目执行主体构建组织网络、整合社区资源和降低治理风险的方式与效果。有鉴于此，本章从"组织嵌入""资源动员"和"风险规避"三个维度来剖析居民自治项目的运作实态。

第三节　居民自治项目运作：L社区的案例分析

本章写作的田野材料来源于笔者及其团队对湖北省E市L社区的实地调研。L社区成立于2004年5月，面积约1.2平方公里，共5605户，总人口16220人，辖区内有27个居民小区。该社区在治理实践中面临的主要难题在于：一是困难群体较多，对其进行帮扶的压力较大；二是社区社会组织（或称"草根社团"）缺乏自我"造血"能力，难以持续运转；三是社区治理中的"少数"问题突出："少数居民参与，多数居民不参与"，"少数资源得到利用，多数资源闲置"。自2016年起，L社区积极探索社区治理创新路径，以"省级社区治理与服务创新实验区"建设为契机，围绕助残帮扶、公益众筹、环境治理、议事协商等主题，积极实施各类居民自治项目，不断整合社区资源，强化社区自治性和主体性，有效回应社区治理需求，已取得显著的社区治理成效。

一　项目运作中的组织嵌入

社区居委会的行政化属性逐渐拉远了社区与居民之间的距离，同时消解了居委会在社区自治中的组织整合能力。为弥补社区治理短板，"党建引领"作为一种政党组织社会的新型社会治理模式应运而生。该模式旨在完成政党与社会进行有效衔接的组织化任务，通过加强基层党组织建设实现对社会的组织再造，解决和处理社会系统中产生的各类问题①。基层社区中的"党建引领"，借助基层党组织有效嵌入社区治理的方式得以实现。构建多层次的治理网络、多形式的议事平台以及多样化的合作机制，有助于基层党组织高效整合社区资源、回应社区治理需求；对基层党员的意识形态约束和积极动员，社区公共事务中的"党员带头""党员亮身份"，便于发挥基层党组织的引领和示范效应②。L社区为推进居民自治项目实施所开展的党建工作如表3-1所示。

表3-1　　　　　　　　L社区党建引领的具体事项

事项分类	事项举例
网络构建	以熟人关系进行社群搜索，聚集社区居民党员，锁定了社区972名在职党员、265名直管党员
	建立功能型党支部，监督指导小区成立业委会，推动其支持社区公益项目
	实施区域化大党建工作，引导小区物业公司和业委会建立党组织
主体合作	构建党组织牵头、业委会理事、物业公司管理、居民代表协商、志愿者服务的党建引领联动机制
	组建小区议事团，召开居民党员代表大会，介绍开展社区公益项目的创意
党员示范	社区支部书记CY担任居民自治项目"观察员"，跟踪观察项目进展与项目成员执行能力的变化
	社区"两委"成员ZTX和ZJY担任"项目助手"，在项目实施过程中负责基础辅助工作
	社区党员组建行动团队，带头开展公益活动

表格来源：作者自制。

在基层社会治理转型过程中，基层行政组织尽管仍在社区治理体制中占据主导地位，但已不再是一切资源的垄断者，也难以控制社区内部的所有治理主体。这时，社区党组织对社区治理体系的有效嵌入成为行政权力干预的

---

① 叶敏：《政党组织社会：中国式社会治理创新之道》，《探索》2018年第4期。
② 吴晓林：《党如何链接社会：城市社区党建的主体补位与社会建构》，《学术月刊》2020年第5期。

替代性选择①。党的基层组织借助扩大组织覆盖、凝聚各类党员和保持领导核心作用等方式，将社区空间中的市场和社会力量纳入组织网络之中。从 L 社区的党建工作不难看出，社区党组织在居民自治项目的人员架构中处于核心位置，在项目行动网络与合作机制的构建方面发挥着"轴心"作用，表现出强大的吸纳和动员能力。例如，进行区域化大党建，在物业公司和业委会中成立党组织，扩大党组织网络；构建党建引领下的联动机制，驱动社区治理结构的转型；动员和凝聚各类党员，示范引领和全面统筹居民自治项目的实施。"党建引领"的实质是以基层政党力量"引领社会"，推进政党力量与社会力量的双向互动，赋予社会较强的自主性②。基层党组织的有效嵌入，能够使社区治理多元主体共同运作治理项目，共同生产治理议题，以自身的开放性和公共性特征形塑项目行动者的组织网络。

二　项目运作中的资源动员

组织行动者的"技术应用"需要组织内外资源的建构与支持。社区组织网络中存在分散的、异质的各种资源。居民自治项目要通过多渠道的资源动员方式来可持续地推进项目的实施。资源动员是指"行动主体获取并控制服务资源的过程"；服务资源是"能够实现行动目标的要素集合，包括一系列的资金、物质、技术、人力等"③。这种资源动员效果取决于"项目点"的社区组织、社会组织、辖区单位和社区居民等项目执行主体之间的互惠程度。有效地集聚和衔接社区各类资源，需以强化行动者的互惠关系为导向，搭建起以信任为基础的社区资源网络，达成多方主体的合作共赢。

L 社区在实施助残帮扶类项目的过程中，起初由社区工作者宣传披露残障人士的生活困境，动员社区志愿者、社区共建单位、福利院、红十字会和辖区内商户的资源支持。尽管助残帮扶活动顺利开展，但因社区工作者的力量有限，难以重复衔接社会资源。为解决项目不可持续的问题，2017—2018

---

① 叶娟丽、韩瑞波：《吸纳式合作机制在社区治理中为何失效？——基于 H 小区居委会与物业公司的个案分析》，《南京大学学报》（哲学·人文科学·社会科学）2019 年第 2 期。
② 田先红：《政党如何引领社会？——后单位时代的基层党组织与社会之间关系分析》，《开放时代》2020 年第 2 期。
③ 杨宝：《嵌入结构、资源动员与项目执行效果——政府购买社会组织服务的案例比较研究》，《公共管理学报》2018 年第 3 期。

年，L 社区邀请 CW 社区社会组织培育与发展中心进行技术指导，使社区工作者和社团领袖学习与掌握积分兑换技术，激励社团领袖及其成员共同衔接社区资源，与辖区单位和商户达成"服务—回馈"的共识协定。2019 年，L 社区运用开放空间会议技术、卡片法梳理和划分社区"在地资源"（包括人力资源、物力资源、场地资源、服务资源和荣誉资源），根据项目主题和"在地资源"清单有针对性地进行资源动员，宣传"一半奉献、一半兑换"的理念，与资源供给者一同制定资源积分清单，达到"做公益、有回报"的项目效果。

为实现社区社会组织的持续运转，L 社区于 2019—2020 年成功举办了 7 场"公益集市"。"公益集市"属于公益众筹类项目，这类项目一般由社区社会组织协同社区"两委"成员、社区社工和社区居民共同策划和执行，再由社区居委会向上申报、地市级政府对项目进行评审和甄选，最后由省民政厅对项目进行验收和资助。作为公益众筹项目的创新形式，"公益集市"是社区"以公益为导向，以共享为目的，以参与为手段"，汇集社区资源的公共空间。在这一空间内，社区多方主体基于"公益认同"进行社会参与，以社区特定群体（尤其是困难群体）或全体居民作为帮扶对象，全方位开发社区内部的在地资源和非正式资源，进而实现社区资源的分配与共享。

在"公益集市"的筹备阶段，L 社区通过线上渠道（主要是微信公众号和微信群）发布公益摊位招募令，征集有意愿参与"公益集市"的商户；通过线上走访联系商户与之洽谈，签订"公益众筹项目协议书"；招募"公益集市"冠名商户，捐赠公益金的商户可获得冠名资格，赋予其在"公益集市"中进行广告宣传、优先报道、摊位居中的权益，并授予其爱心企业称号；此外，招募社区居民参与，可开展闲置物品、手工艺品和个性化服务的义卖活动。以"公益集市"为载体，L 社区丰富了社区治理主体之间的互惠通道，同时构建起社区公益社团群，社区社会组织之间的协作得以常态化，社区服务资源网络越发成熟。

三 项目运作中的风险规避

风险规避是保障项目执行效果的必要手段，换言之，对于项目潜在风险的感知与规避措施的提出和应用，可有效克服资源浪费和项目失灵的问题。以 L 社区的议事协商类项目为例，社区组织经前期调研，归纳和分析项目运作的潜在风险，主要包括以下几点。一是社区居民积极性不高。特别是在有领导参与的协商会上，居民可能会"沉默不语"或"随声附和"，或是对协商议题不感兴趣。二是协商难以达成共识。由于社区"利益主体多元化、利益取向多极化、利益矛盾多样化"，难免形成错综复杂的利益格局，可能会出现协商各方互不让步、意见分歧较大的情况。三是协商成果难以真正落地。由于资源限制或缺乏约束力等因素，协商成果难以落实和无法持续推进的现象时有发生。为应对以上风险，L社区有针对性地采取了若干规避措施：围绕居民需求，增强协商议题与协商主体之间的利益关联度；规范社区协商议事项目流程，明确规定议题提出、协商准备、会议召开、民主决策、成果落实、监督反馈等环节的内容；建立协商成果转化落地的保障机制，跟踪和监督协商后续进展情况。

项目运作中的风险规避体现在协商议事流程的各个环节。例如，在问题发现和项目拟定环节，社区工作者通过网格工作群、走访、座谈会以及民情日记、民情信箱和民情热线等渠道广泛征集项目需求建议。在团队组建和规则制定环节，以需求意愿群体为基础建立组织架构，区分议事组织的"常任委员"和"非常任委员"，前者包括议长（由社区"两委"成员担任）、议员（选出的社区居民代表和党员骨干）、职能部门和专业单位代表（社区根据协商议题的实际需要来邀请），后者主要由所议事项的利益相关方组成；议事团成员集体讨论项目执行的程序和方法，订立"主持中立""一事一议""举手发言""尊重他人""限时限次""充分讨论""简单多数"等议事规则。在事务分流和流程设计环节，对居民意见比较集中或涉及社区公共利益的事项进行分流协商，并细化了"提""审""议""做""评"的具体步骤。在资源衔接和行动开展环节，积极动员社区内外资源，协同解决社区公共问题。在绩效评估和成果落实环节，明确规范议事主体、内容、形式流程以及监督和成果运用，在协商议事中达成契约，让所有参与者签字确认，形成具有约束力的决议；充分运用民众监督和媒体监督方式，畅通监督反馈渠道。

第四节 技术赋能与社区治理"去内卷化"的逻辑审视

如前文所述，城市基层社区居民自治项目中的技术赋能，体现于组织嵌入、资源动员和风险规避等不同面向之中。具体而言，党建引领下的组织嵌入，使以基层党组织为核心的社区共治网络得以形成，贡献了技术赋能的主体要素；项目执行主体的资源动员，在高效集聚、整合和分配社区内外资源的基础上，强化行动主体之间的合作共赢与互惠信任关系，以此提升社区公共服务质量，贡献了技术赋能的资源要素；项目执行中的风险规避，对项目运作程序进行明确规范，增强项目执行成果的普遍约束力，贡献了技术赋能的规则要素。技术赋能驱动的居民自治项目运作，实际上是从社区治理的主体、资源和规则等层面实现社区"再组织化"的过程，同时为社区治理的"去内卷化"提供了一种可选择性路径。这种"再组织化"表现在以下三个方面。

一 横向互动的组织化合作

社区作为基层治理最重要的群体聚落形态，其成员高质量合作和参与，对于维系基层社会治理的持续发展具有重要作用。由于社区长期以来被视为国家的基层治理单元，并被赋予鲜明政治和行政属性，而丢失了其原本的"共同体"性质，因此，对于碎片化和"内卷化"的社区治理情境而言，社区的"再组织化"便显得尤为重要。这种"再组织化"要求构建有效的社区合作机制。社区合作行为是一种组织化的集体行为，强调自组织或被组织起来的利益相关者，出于利益考量而采取行动，共同商议和平等参与社区的公共活动或公共事务的决策、运作与管理，以及社区公共产品和公共服务的供给，并建构一种横向协作机制和相互信赖的合作体系。社区合作是自治社区的必要属性，有效的社区合作行为有助于社区成员的利益凝聚和诉求表达，通过邻里守望、友善互助、爱心帮扶、协商议事等方式来解决社区内部问题，进而实现社区公共利益的最大化。

居民自治项目的运作促成了社区"两委"、社区志愿服务组织、社会组织、辖区企事业单位、物业公司、业委会、社区居民等多方主体的社区合作行为。基层党组织将居民自治项目作为党建活动载体，将党建引领作为项目运作的核心引擎机制，进而催生了社区网络中的权威性整合与共识性行动，"党组织将各类行动者整合到共同的行动实践体系中，凭借集体的、合作性的治理行动，参与对社区公共议题的分析和解决"[①]。在党建引领社区治理的行

---

① 徐选国、吴佳峻、杨威威：《有组织的合作行动何以可能？——上海梅村党建激活社区治理实践的案例研究》，《公共行政评论》2021年第1期。

动中，基层政党力量不断践行着"生产社会"和"塑造社会"[①]的目标，强化自身对社区公共事务协作治理的整合功能，有效回应社区成员被动参与和无组织化参与的困境，推动居民自治项目的精准落地。另外，"党群动员的人格化示范"[②]机制的构建，通过"党员带头""党员亮身份"等方式充分发挥基层党员带动社区居民的传导效应，使党的先进性和模范带头作用转化为推进社区发展的领导力与执行力，并在社区生活中塑造权威与认同，对于社区组织化合作的形成起到强大的催化作用。

二 自下而上的组织化决策

社区治理实践在政府管理与居民自治之间的摇摆，制约着社区发展的总体进度。然而，无论是政府管理还是居民自治，都只能作为社区发展的途径或方式，而不是目标。社区治理创新的目标应定位于充分满足社区居民的需求，构建起一种以社区居民幸福生活为导向的功能型治理模式。这就要求加强社区民主建设，激活社区的自治功能，使社区成员真正掌握公共事务治理的话语权，围绕自身需求和社区发展的公共议题进行组织化决策。缺乏社区认同的参与只能是一种强制性的动员，而组织化决策的效果，关乎社区认同感的形塑以及社区成员的参与意愿和参与能力。以技术赋能为导向的社区治理主张把社区公共事务的决策权交还给社区居民，在运用技术工具改进决策程序和流程的基础上，尊重社会个体的主体性价值。这一实践导向有别于技术治理对"专家治国"的推崇，即赋予技术专家直接影响公共事务决策的权利。该做法可能酿成"少数派专权"的结果，并造成社会民主性的缺失[③]。要想使社区成员重拾公共事务的决策权，就应在治理实践中纠正技术治理的偏误。而居民自治项目的有效运作，可视为应对技术治理偏误的积极纠错。

从居民自治项目的运作来看，项目主题和内容主要是由社区多元组织依据社区居民的真实需求而制定的，并非依据政府的项目清单所得。也就是说，

[①] 张跃然：《反映社会还是塑造社会？——国外社会学讨论"政党—社会关系"的两条路径》，《社会学研究》2018 年第 3 期。

[②] 王浦劬、汤彬：《基层党组织治理权威塑造机制研究——基于 T 市 B 区社区党组织治理经验的分析》，《管理世界》2020 年第 6 期。

[③] 参见肖滨、费久浩《政策过程中的技治主义：整体性危机及其发生机制》，《中国行政管理》2017 年第 3 期。

作为项目发包方的基层政府并不具体规定项目内容，不要求社区项目团队申报什么项目，只是将财政资金框定在落实"公共管理、公共服务和公共安全"三项职能上，由项目团队确定项目主题和内容。基层政府被排除在项目主题和内容的制定环节之外，这明显区别于传统项目制运作中的政府"发包"模式。就整体流程而言，居民自治项目的运作分为"项目需求搜集—项目申报—项目评审与立项—项目实施—项目监管与评价"五个阶段。居民需求搜集是项目主题和内容制定环节中的必要流程。是否符合社区实际需求，也是项目评审和立项中最重要的参考标准。可见，居民自治项目的形成呼吁自下而上的组织化决策，使项目运作与社区居民需求相契合，在项目决策层面实现还权于民。

三 普遍认同的组织化程序

组织规则的缺位，势必造成行动成员的无序参与状态，以致无法达成基于共识的合作行动。作为一种组织系统的社区，需要建立特定的共识性规则，以约束和激励其成员的主体性发挥。社区治理的有序性和规范性程度，决定了社区资源整合与动员的成效。当社区多元主体以行动者的姿态现身于社区公共治理场域，其行动自主性就必然关系到社区治理系统的整体运转和效能发挥。因此，行动者能否展现出一种积极而有序的参与状态，与良性的社区秩序能否顺利构筑密切相关。创新和优化社区治理离不开这些具有不同诉求与情感的行动者持续和健康的互动，善治型社区治理结构同样离不开具备独特资源、知识以及偏好的多元行动者之间的彼此认同、接纳和观照，在一种制度化的轨道内参与社区公共事务治理活动。社区治理的制度化参与需建立一套基于普遍认同的组织化程序来规范行动者的行为，降低治理不确定性和规避治理风险。

居民自治项目在优化社区制度化参与方面的作用在于，将社区自治行动"划分为首尾相接、可操作的具体环节和流程"[①]，通过细化流程和订立规则来规范社区治理的组织化程序。通过对议事协商项目运作的观察不难发现，项目本身的程序设计和规则制定，以及对项目运作的监督和项目绩效的评估，整体上构建了系统性的协商治理机制，为协调社区多方利益、化解矛盾纠纷

---

① 张必春、黄诗凡：《社区公益何以持续》，《社会科学研究》2020 年第 5 期。

创造了条件。社区居民制度化的参与以组织化的程序为保障,这种组织化程序是非正式的,但具有普遍的约束力。它不仅能规制社区成员的参与行为,而且能有效激励社区自治性的发挥,使社区"两委"与社区居民之间的互动更为频繁,并在此基础上产生更紧密的利益关联,驱使社区自治组织成为社区利益的真正代表者。

实现社区治理的"去内卷化",应秉持"打造社会治理共同体"的理念,"以建设更具公共性和包容性的基层社会为导向,在完善政府制度供给的同时,获取民众的支持并激活民众的参与,优化制度执行过程中的多元主体协同"[①]。在这一理念导向下,社区治理创新目标需定位于让社区回归自治本位,形塑多元主体协同共治的治理格局,激活社区成员的主体性参与。在路径探索方面,社区居民自治项目为社区治理的"去内卷化"提供了一种新型实践载体。技术赋能驱动下的社区居民自治项目运作,从组织嵌入、资源动员和风险规避等维度,形塑社区治理网络、整合社区内外资源、规范社区治理程序,有效推进了社区治理的"去内卷化"进程。其背后蕴含的"再组织化"逻辑,表现于横向互动的组织化合作、自下而上的组织化决策以及普遍认同的组织化程序。社区治理"去内卷化"要求把握基层社区"再组织化"的逻辑取向,夯实社区成员参与社群生活的组织基础,并将其纳入治理共同体的组织架构之中,依照特定的规则和程序参与社区公共事务的治理,在此过程中强化社区认同和团结。个体行动者倾向于以组织化的方式在社区中进行互动,从而增进社会团结。社会团结是社区治理共同体的必要特质,共同体成员的认同与内部团结对于培育社区公共精神和营造公共空间意义重大。当然,实现这一目标的前提是尊重和激活社会主体性,在基层社会治理实践进程中合理地调适政党、政府与社会之间的关系,准确而有效地"找回社会",改变"国家在场、社会缺位"的治理格局。

在技术治理盛行的大背景下,尽管不同地区在基层社会治理实践中涌现出多样的制度设计和创新形式,且多以各类改革名目或创新项目来应对复杂的治理事务,但普遍将这些事务进行数量化分解或指标化评分,这反而强化了技术治理的事本主义逻辑,增加了社区工作的繁重程度,使得基层政府和基层组织倾向于规避矛盾而非直面问题,导致理想与现实之间出现巨大张力。

---

① 郁建兴、任杰:《社会治理共同体及其实现机制》,《政治学研究》2020 年第 1 期。

这一做法难以扭转社区行政化和居民自治乏力的境况，也难以使社区治理改革和创新活动取得实质性增益的效果。因此，需要以技术赋能取代技术治理，立足于激活社会主体性的目标取向，不断创新"技术性"方式，提升以社区居民自治项目为代表的技术工具的应用效能，推动社区组织网络的完善、决策机制和程序规则的优化，借助丰富多样的社区治理创新形式，探索社区治理"去内卷化"的有效路径。

第四章
情境创设、规则导入与党建引领基层治理创新*

党的二十大报告强调,"健全共建共治共享的社会治理制度,提升社会治理效能","增强党组织政治功能和组织功能,加强城市社区党建工作,推进以党建引领基层治理"。当前,党建引领基层治理创新在全国范围内如火如荼地展开,不断涌现出值得研究和推广的典型案例,吸引了众多学者的关注。在既有研究中,研究者大多遵循结构主义的分析范式,将党建引领基层治理的有效性归因于党政治理结构的功能属性,强调将党的组织和制度优势转化为基层治理效能,但对党建引领基层治理的具体运作机制未能给予足够重视,也无法有力解释基层治理主体如何将"机制"内嵌于创新实践之中并使其发挥出治理效能。本章立足于对典型案例的实证考察,解析党建引领基层治理创新的运作机制,进而回应"机制"何以有效的学理问题,以把握运作机制背后的深层逻辑。

第一节 党建引领基层治理研究:从关系结构分析到组织机制分析

目前,学者们往往将党建引领基层治理的正当性和有效性溯因于中国特色的党政治理结构,"执政党组织和与其层级对应的政府体系组合而成的党政

---

* 本章以《使组织机制运转起来:党建引领基层治理创新的着力点》为题,发表于《内蒙古社会科学》2023 年第 3 期。

治理结构兼具政治的权威性和开拓性、行政的规范性和科层性","党的政治功能可以有效抑制政府科层制的治理短板,赋予治理机制以柔韧性、兼容性和适应性"。① 如果说科层体制是以条线为主依法进行的专业事务治理,那么党政治理则是通过党的组织系统的政治动员来整合部门资源而进行的整体性治理。② 党政治理结构是科层体制与党政体制的有机融合,在回应变化中的社会治理需求和适应复杂的社会治理结构等方面的优势显著。③ 实际上,这种结构主义分析范式重组了"国家"的分析单位,将"政党"与"政府"加以区分,预设了一种理论前提,即"在中国特色的党政体制中,党对国家的全面渗透并不构成将党归入国家范畴的理由,党依然保持着自身组织和功能方面的独立性和自主性"④。由此,研究中国治理问题不应拘泥于国家与社会的二元关系论证,政党与社会的关系同样是不容忽视的分析变量。

改革开放以来,市场经济的发展与单位制的逐渐解体促使社会快速进入离散化和碎片化状态,导致社会治理的难度大大提升,党建引领作为一种政党组织社会的新型治理模式应运而生。学界围绕政党与社会的关系对党建引领模式的价值功能做了充分阐释。一方面,党建引领的组织化效应为执政党对社会进行再组织提供了新渠道,不仅有助于完成政党与社会有效连接的整合性任务,而且便于处理和解决社会治理系统产生的各类问题。⑤ 另一方面,党建引领强调在确保党的核心领导地位的前提下,通过构建"一核多元""协同共治"的治理体系,加强资源整合和力量统筹,完善服务功能和提升治理绩效等多种途径,以发挥党组织的引领、整合和服务功能。⑥

虽然党建引领基层治理研究的结构主义分析范式具有较强的解释力,但由于研究者对党政治理结构及其功能、政党与社会的关系高度关注,容易因难以准确把握治理结构的作用机制以及"过程—事件"中的行动主体性而被

---

① 王浦劬、汤彬:《当代中国治理的党政结构与功能机制分析》,《中国社会科学》2019 年第 9 期。
② 参见杨华《县域治理中的党政体制:结构与功能》,《政治学研究》2018 年第 5 期。
③ 参见刘炳辉《党政科层制:当代中国治体的核心结构》,《文化纵横》2019 年第 2 期。
④ 景跃进:《将政党带进来——国家与社会关系范畴的反思与重构》,《探索与争鸣》2019 年第 8 期。
⑤ 参见叶敏《政党组织社会:中国式社会治理创新之道》,《探索》2018 年第 4 期。
⑥ 参见张紧跟《党建引领:地方治理的本土经验与理论贡献》,《探索》2021 年第 2 期。

贴上静态研究的标签。① 由此，这样一种研究趋势慢慢浮现出来，即摒弃过度的关系结构分析，探寻连接结构与行动的中间机制。由于具体的治理现象存在差异性以及研究的重心不一，学界对于党建引领基层治理的机制分析呈现出争鸣之势。田先红基于后单位时代社区转型的个案观察，将"政党引领社会"的运行机制划分为政治机制、组织机制、吸纳机制和服务机制四种类型②；陈亮和李元围绕党政部门与社会组织之间的互动合作，从正式机制与非正式机制的构建方面探讨实现党建引领基层治理"去悬浮化"的有效路径③。

随着党建引领基层治理研究的逐步深入，这种组织机制分析进路受到了更多研究者的青睐，其将组织行动者如何凭借适恰的"机制"来实现特定的治理目标作为研究重点，以解读地方性实践的来龙去脉及其运作逻辑。对于党建引领基层治理而言，其治理绩效主要取决于组织行动者如何在充分发挥主体能动性的基础上构建具体的运行机制，以有效回应地方性治理在实践中遭遇的困惑。本章援引组织机制分析方法，试图把情境和规则的双重要素纳入党建引领基层治理的研究视野，基于典型经验进行解析和呈现，以解答党建引领基层治理何以有效、何以持续的问题。

第二节　组织机制分析中的情境与规则

党建引领基层治理运作机制的差异性和有效性可从治理情境和治理规则两个角度进行解释。党建引领基层治理创新是一种为了回应变化中的社会治理需求而持续探索基层治理有效模式的过程。基层治理主体需要对由现代社会利益主体分化、权利意识觉醒、流动性加速、异质性凸显的社会结构而衍生出的多元治理需求做出直接而积极的回应。在社会回应性任务的约束下，

---

① 参见吴晓林《结构依然有效：迈向政治社会研究的"结构—过程"分析范式》，《政治学研究》2017年第2期。

② 参见田先红《政党如何引领社会？——后单位时代的基层党组织与社会之间关系分析》，《开放时代》2020年第2期。

③ 参见陈亮、李元《去"悬浮化"与有效治理：新时期党建引领基层社会治理的创新逻辑与类型学分析》，《探索》2018年第6期。

治理主体运用具有工具性价值的治理情境和治理规则要素形塑出独特的治理机制。

一　情境与治理情境

经验现象总是出现在特定的情境之中。约翰·杜威将"情境"一词用于描述外在环境的自然因素和社会因素，以及经验发生的总体性背景。在他看来，情境是动态性的，容易出现波动和变化，因此，行动主体需要时常应对"不稳定的情境"[1]。哈罗德·D.拉斯韦尔等将"情境"理解为"行为的环境"或是"环境中的行为者模型"[2]。借鉴经典研究对于"情境"的内涵界定，本章将"情境"理解为行动者面临的宏观治理情势。

对于基层治理的行动者而言，其面临的外部情境是较为复杂的，既要应对目标考核的体制性压力，又要回应基层治理"内卷化"的问题。治理主体基于能动性的发挥以适应外部情境的变化，构成了基层治理创新的重要驱动力。正如埃哈尔·费埃德伯格所言："他们能明智地调整自己，使自己适应情境的需要，抑或至少让自己去适应对环境的感知和理解，并且最终能够对行动进行部署。"[3] 然而，治理情境不仅具有外部环境的客观实在性，还具有情境创设的工具性价值。情境创设实质上是在既定情境存在的前提下行动者努力改变和重构情境的过程，进而实现情境的再生产。基层治理场域中的组织行动者在被动地适应外部情境变化的过程中，能够将情境转化为一种治理手段，借助情境创设来准确地认知现实问题、创新组织形式和工作方法，进而达到特定的治理目标。

二　规则与治理规则

将规则引入治理的目的是形塑治理主体之间的行为图式。一方面，规则的公共属性使规则对特定情境内部的各主体行为具有一定程度上的普遍引导力和约束力，且有助于形成一种彼此依赖的关系。规则的订立和生效是创造

---

[1] John Dewey, *Experience and Nature*, Chicago: Open Court Publishing Company, 1926, p.41.
[2] [美]哈罗德·D.拉斯韦尔、亚伯拉罕·卡普兰：《权力与社会：一项政治研究的框架》，王菲易译，上海人民出版社2012年版，第20页。
[3] [法]埃哈尔·费埃德伯格：《权力与规则——组织行动的动力》，张月等译，格致出版社、上海人民出版社2017年版，第156页。

或生产公共性、不断累积共同利益和价值共识、实现最大公约数的过程。在此过程中，实践领域中的各主体普遍关心自身的权力和权利的捍卫与保障，亟须通过公共规则对主体行为进行塑造。具体到治理领域，公共性则是一种"规范现实治理的价值治理机制"①，而治理规则成为承载这种治理机制的技术化工具。对于主要以组织形态存在的基层治理主体而言，治理共同体内部的公共性社会关系的形成离不开公共规则对集体共识的建构以及对组织行动的规制。另一方面，规则的制度属性使组织行动者之间的互动行为更加规范，使特定的治理机制更加稳定。原因在于，规则本质上是一种制度化的行为模式，能够确立组织行动的主要方向和控制程序，并明确自身在实践领域中占据何种地位、承担何种角色。"如果你在社会群体或社会关系中占据一定的地位，并且如果出现一定类型的情境，那么，你就被期望表现与被指定、允许和禁止从事有关的一定方式的行为。"② 因此，规则实际上告知了行动者在特定领域或社会关系中的行为范畴。行动主体只有在行为范畴内行事，其行动合法性才能够得以维系。公共规则可被视作影响人们的相互关系且人为设定用来划定并约束行动边界的各种规则集合，其所具有的规范性制度要素为行为范畴内的组织行动提供了合法性依据。此外，具有制度属性的公共规则表现出较为鲜明的治理取向。各项治理活动普遍围绕特定规则而展开，治理机制就是由一系列具有合法性的公共规则与多元行动者共同构成的。

有学者较早就注意到了基层治理研究从主体到规则的转向，指出探讨治理实践中的治理规则比分析治理主体更能切中基层治理的本质与内核，因为治理主体不外乎是治理规则得以施行的躯体，"不是主体在治理，而是规则通过主体实现了治理"③。有学者观察到，"制度性公共规则的缺位抑或混乱是造成基层治理场域中资源分配不当、利益共识消解和社会秩序失衡加剧的重要因素"④。在当前探索基层治理实践的过程中，治理主体越发强调治理规则的功能型意义，并将规则的引入和规则体系的完善视为实现基层治理创新的

---

① 罗梁波：《公共性的本质：共同体协作》，《政治学研究》2022 年第 1 期。
② [美] T. 帕森斯：《现代社会的结构与过程》，梁向阳译，光明日报出版社 1988 年版，第 145 页。
③ 狄金华、钟涨宝：《从主体到规则的转向——中国传统农村的基层治理研究》，《社会学研究》2014 年第 5 期。
④ 韩庆龄：《规则混乱、共识消解与村庄治理的困境研究》，《南京农业大学学报》（社会科学版）2016 年第 3 期。

重要途径。

本章以J区社区协商治理经验为考察对象，分别从情境创设和规则导入的角度阐释党建引领基层治理的运作机制。J区是C市中心城区，面积为108平方公里，辖13个街道、90个社区，管理服务人口约157万。近年来，随着J区新型工业化、城镇化、信息化进程的不断推进，经济社会结构发生了深刻的变化，利益主体及其诉求也更为异质化和多元化，致使治理主体在基层协商的内容界定、程序规范、机制调适等方面承受着巨大压力。2018年，J区H街道积极探索创新基层协商治理模式，建立了街道一级的公共事务议事委员会，并通过小区（院落）坝坝会、座谈会等形式畅通社情民意的表达渠道，打造了党代表、人大代表、政协委员、社区网格员和居民有效参与的多元协商治理格局。随后，其试点经验逐步在J区铺开，探索出党建引领基层治理的社区提案工作机制。该案例成功入选2021年度全国基层治理创新典型案例。

第三节 党建引领基层治理创新的情境创设机制

社区提案是指社区公共利益相关方围绕社区公共议题，依照规定程序，向各级社区提案组织提出问题和解决方案，由各级社区提案组织予以审议，并联同社区提案方等各方力量执行、评估、反馈、表彰等，以实现共建共治共享的社区协商民主机制。就情境创设而言，社区提案工作机制的运作包括组织情境的创设，其主要目的是创新组织体系和组织形式以提升组织动员和统筹能力；包括问题情境的创设，其主要目的是在准确识别和建构棘手问题的基础上选择治理机制和工作方法；包括技术情境的创设，其主要目的是适应智能化治理的需要以实现治理主体的技术赋能和实质参与。

一 组织情境的创设

组织是具有特定目标和较为正式化社会结构的集体。斯科特等指出，组织通常拥有明确的目标追求与聚合或激励属性，可为组织成员的行为选择制定清晰的准则；组织是一种相对正式化的集体，成员之间的互动合作通常是

"有意识的""通过协商的"①，其关系结构和功能角色具有确定性，进而为组织行动创造了稳定性预期。社区则是一种组织的集合体，为不同类型的组织行动者提供了行动场域，各行动者在社区共同规则体系下的互动更为频繁。然而，城市社会的快速分化对社区居民之间的认同感、安全感、凝聚力造成了不小的冲击，社区的异质性增长带来的碎片化治理问题日益凸显，社区整合问题未能得到有效解决。②治理的碎片化在客观上导致了基层治理的"内卷化"。因此，有必要将社区重新组织起来，促成多元行动者有组织的合作行动，以提升基层治理的效能。

组织情境的创设旨在通过再组织化和自组织化的机制构建，使各方行动者置身于组织网络的场景之中，激活潜藏于基层社会的民主参与动能。从 J 区社区提案的创新实践看，主要包括两个方面的做法。一方面，完善社区提案的组织体系，将社区提案组织划分为四个层级，即区级社区提案工作联席会、街道级社区提案公共事务议事委员会、社区级社区提案公共议事专委会、小区（院落）社区提案公共议事小组。各级组织根据分层管理、联动处置的原则，负责本级社区提案的收集、审查、执行、评估和公示工作，形成了多层级"分流议事+提案协商"的组织运行格局。另一方面，充分发挥各级党组织在社区提案过程中的领导核心作用，以党建引领为抓手，由街道党工委和社区党委全面统筹、领导街道社区范围内的社区提案工作，小区（院落）党支部具体负责本区域内社区提案公共议事小组所产生的提案。通过这种党委统筹和党建引领机制，社会各个领域的组织得以有效凝聚，并接受党组织的逐级领导。③由此，党组织直接参与到社区提案的形成过程之中，不仅强化了党在基层治理体系中的枢纽作用，而且有助于缔结多元组织之间的合作网络。

二 问题情境的创设

治理问题的识别和建构是情境创设的起点。社区协商治理实践遭遇了一

---

① ［美］W·理查德·斯科特、杰拉尔德·F·戴维斯：《组织理论——理性、自然与开放系统的视角》，高俊山译，中国人民大学出版社2011年版，第32页。

② 参见蔡禾、贺霞旭《城市社区异质性与社区凝聚力——以社区邻里关系为研究对象》，《中山大学学报》（社会科学版）2014年第2期。

③ 参见何艳玲、王铮《统合治理：党建引领社会治理及其对网络治理的再定义》，《管理世界》2022年第5期。

系列影响居民生活质量的具体问题，如制度缺位、管理失范、阵地缺失、道路不畅、环境恶劣、停车位规划不合理、电梯维护不佳或加装受阻、维修基金缴纳率低、业委会难组建或不作为等。以上问题都直接牵涉社区居民公共利益，影响着社区居民对于美好生活的追求。社区作为承载美好生活的"最佳公共场域"[1]，应当以满足居民需求、打造社区美好生活为导向，积极应对社区协商治理难题，构建协商主体广泛、内容丰富、形式多样、程序科学、制度健全、成效显著的社区协商新格局。

社区提案工作机制将与居民美好生活息息相关的社区治理难题成功地转化和提炼为具有公共性的治理议题。例如，就多元组织参与效能的问题，Y社区M小区的业委会、党小组、公共议事小组（简称"一会两组"）就"'一会两组'如何推动小区共建共治"的议题向Y社区提案公共议事专委会发起提案；在提案通过后，M小区的社区提案公共议事小组联合业委会、党小组一同商讨实现小区共建共治的可行路径，如收回私占房、建立和盘活小区邻里之家、激活和动员小区自组织、实施院落改造等。可见，公共议题的建构实际上是一项自主发现和解决社区治理难题、关注和整合社区公共利益、营造社区集体行动的过程。社区治理难题通过民主协商进行解决的可行性得以增强。这背后蕴含了一种"议题塑造自治"的治理逻辑：一方面，公共议题的利益相关度直接决定着社区参与的动力和规模；另一方面，公共议题对社区参与的影响和作用依赖于相应的制度机制。[2] 社区提案机制正是这样一种制度机制，即在将社区治理问题转化为公共议题的同时，也为社区公共议题激活自治提供了必要的组织载体、制度规范等辅助要素。

三　技术情境的创设

现代社会，信息技术革命催生出公共治理的转型与技术情境。"现代信息技术衍生为提升公共管理和公共服务效能的重要工具，在优化开放性治理结构、拓宽多元化治理主体、丰富技术性治理工具等方面展现出巨大

---

[1] 闵学勤：《社区营造：通往公共美好生活的可能及可为》，《江苏行政学院学报》2018年第6期。
[2] 参见付建军、王欣欣《议题塑造自治：居民持续性参与的形成逻辑——基于一个生活垃圾分类事件的案例研究》，《华中科技大学学报》（社会科学版）2022年第3期。

优势。"① 经由技术工具而得以重构的互动行为取代了过去静态狭隘的交往方式,使社会成员的行为模式愈加灵活、高效。吉登斯指出:"社会情境的深刻演化赋予了社会多元主体更为广阔的行动空间。"② 社会网络空间借助渐趋普遍的覆盖性与不断强大的整合力,成为承载治理主体基本诉求与行为模式的重要载体。然而,囿于行动者信息获取机会和获取能力的差异,信息技术的应用难以达到普惠效果,甚至可能会侵蚀主体的能动性。这就要求通过技术情境的建构和优化使组织行动者普遍受益,以实现技术赋能社会治理的目标,增强多元行动者社会参与的意愿和能力,加速治理共同体的形成。③

为了提升协商治理效能和激活居民参与,J 区基于"网络提案、线上受理、共商共治、即时通知"的思路,建立了全国首个集反馈、分拣、办理、公示、监督于一体的信息化平台,即"社区提案智慧平台"。该平台与手机微信 APP 关联,便于居民在发现问题后随时通过手机上传提案,摆脱时间和空间上的限制;该平台设置了"办理流程即时通知、办理时效监督提醒"等功能,有助于对社区提案的及时跟进。以社区提案智慧平台为载体的技术治理模式赋予社区协商治理以高度的便捷性。这种便捷性根源于灵活的网络互联和共享技术,使社区提案流程中相关主体之间的数据整合和彼此协同变得更为简单;便捷性还根源于"过程集成"④ 的机制构建,主要表现为"前台"和"后台"的有效配合——居民的协商请求只需交给接受信息的"前台",而无须与负责具体执行的"后台"相接触,这种技术化的分工无疑会使社区提案更加高效。因此,我们不难看出数字技术对于政府和社会的双重赋能,既将智治模式植入基层社会治理之中,也在无形中为公众参与民主协商注入了新动能。

---

① 陈剩勇、卢志朋:《信息技术革命、公共治理转型与治道变革》,《公共管理与政策评论》2019 年第 1 期。

② Anthony Giddens, *The Consequences of Modernity*, Cambridge: Polity Press, 1990, p. 21.

③ 参见郁建兴、樊靓《数字技术赋能社会治理及其限度——以杭州城市大脑为分析对象》,《经济社会体制比较》2022 年第 1 期。

④ 黄晓春:《技术治理的运作机制研究 以上海市 L 街道一门式电子政务中心为案例》,《社会》2010 年第 4 期。

第四节 党建引领基层治理创新的规则导入机制

规则导入是党建引领基层治理创新的另一种重要机制。在前文中我们阐释了规则对于治理体系和组织行动不可或缺的功能价值，如规范行动者的行为边界，塑造行动者之间稳定的互动与联合，维系治理机制的正常运转等。通过治理规则的运用，行动者能够通过发现并创造新的治理资源和技术手段来从事治理创新活动。这使我们必须对如下问题保持敏感，即组织行动者如何建构治理规则，并将其有效地导入特定的治理过程。本章将基于治理规则的类别划分，研判党建引领基层治理创新的规则导入机制。

一 清单式规则的导入

在当前的基层治理创新过程中，清单制以多样化方式（如权责清单、公共服务清单、社区事务准入清单、社区自治清单等）在各个实践领域得以呈现并被推崇。无论是何种形式的清单制，其遵循的都是一种"对一定的信息进行清晰化集成的制度逻辑"[①]，以制度化工具明晰和划定治理主体的行动边界和空间。2021年4月出台的《中共中央 国务院关于加强基层治理体系和治理能力现代化建设的意见》对加强基层政权治理能力建设提出了具体要求，包括"完善基层民主协商制度，县级党委和政府围绕涉及群众切身利益的事项确定乡镇（街道）协商重点，由乡镇（街道）党（工）委主导开展议事协商，完善座谈会、听证会等协商方式"；并对健全基层群众自治制度提出了具体要求，包括"聚焦群众关心的民生实事和重要事项，定期开展民主协商"。协商治理实践中清单制的实施便于细化"涉及群众切身利益的事项"和"群众关心的民生实事和重要事项"，理顺基层权责边界和协商流程，从而提高基层的协商能力和效率。

为此，J区在基层治理创新实践中依法依规编制了社区提案基本清单和负面清单，基本清单包括整治类（涉及社区内违建、违法经营、违法租房、安

[①] 彭勃、付建军：《城市基层治理中的清单制：创新逻辑与制度类型学》，《行政论坛》2017年第4期。

全隐患等方面）、建设类（涉及社区内市政建设、环境整治方案、基础设施建设、垃圾分类等方面）、公共安全类（涉及社区内消防设施建设和知识宣传、各类治安安全工作、周边餐饮与市场食品安全、物业矛盾调解等方面）、社区服务类（涉及社区内志愿服务、便民服务、邻里互助服务、资金咨询服务等方面）、自治共治类（涉及社区内居民开展自我管理服务、各单位及社会组织进行共建联建等方面）共五类民生需求清单。负面清单是指按照有关法律法规要求不得作为社区提案内容的清单。社区提案组织可以增加或减少基本清单和负面清单的具体内容，但需要经过科学论证后报区级社区提案工作联席会审定。以上两种清单对社区提案所反映的社区治理焦点问题进行了梳理和归纳，使协商治理内容以制度化的方式固定下来。

二 程序式规则的导入

协商流程的不完整性与随意性是制约城市社区协商议事效果的因素之一。[①] 这就要求完善社区协商议事程序，导入一定的程序式规则，提升社区协商治理的精细化水平。程序式规则的导入是实现社区协商流程再造的必要路径。以罗伯特议事规则为例，该规则是在竞争环境中为公正地平衡和维护各参与主体的利益而设计的精妙程序[②]。罗伯特议事规则将一套具有"元规则性"和"可操作性"的民主议事程序导入现实政治生活之中，保证了议事各方能够进行自由辩论并形成共同意志，从而达到民主议事的结果正义。经过本土化借鉴，罗伯特议事规则在我国社区协商实践中得到了广泛应用，其功能优势主要体现为"通过程序规则形成治理共识，在促进议事有效性基础上化解社区矛盾"[③]，并为社区协商提供了必不可少的程序性细节，以引导和规训公众日常的政治生活方式。社区协商过程的各个环节都需要这种带有实操性的细节设计，借助对细节的把握构筑民主协商的程序式规则体系。

社区提案工作机制之所以能够做出经验，原因之一在于程序式规则的导

[①] 参见张平、贾晨阳、赵晶《城市社区协商议事的推进难题分析——基于35名社区书记的深度访谈调查》，《东北大学学报》（社会科学版）2018年第2期。

[②] 参见[美]亨利·罗伯特《罗伯特议事规则》，袁天鹏、孙涤译，格致出版社、上海人民出版社2008年版，译者导读第3页。

[③] 文小勇：《协商民主与社区民主治理——罗伯特议事规则的引入》，《河南社会科学》2021年第7期。

入与民主协商细节的设计。社区提案的一般流程为：提案人向小区（院落）社区提案公共议事小组递交提案表并加以审查，再由社区级社区提案公共议事专委会对提案内容进行分类处理和协商解决；如提案所涉及的问题在社区层面无法得到解决，则上报街道级社区公共议事委员会；如果街道层面仍无法解决，则上报至区级社区提案工作联席会，协调各部门共同解决，并由相关部门填写提案办理情况表，联系提案发起人及时反馈办理情况；提案人对提案办理情况进行评分，向区级社区提案工作联席会申报备案，公开办理过程与评估结果。可见，这是一种递进而闭环的民主协商流程。一方面，社区提案工作机制以基层治理单元和议事组织层级为基础，设置了提案所涉议题解决的梯度结构；另一方面，社区提案工作机制以"形成议题—协商讨论—产生决策—落实成果—监督评估"为主线，形成了社区协商流程闭环。

三 激励式规则的导入

"激励"可被解读为一种调动行动者的主体性和能动性以追逐目标的过程。组织分析学派尤其重视"激励"的作用，正如"委托—代理"理论所强调的，由于委托方和代理方的利益相悖和信息不对称，合理的激励机制设计就成为组织设置的关键所在。甚至可以说，"委托—代理"关系本质上就是激励机制设计的问题。我国地方和基层政府组织处于多任务和多委托方的环境之中，需匹配必要的激励机制以产出较高的治理绩效。"晋升锦标赛"就是其中一项重要的强激励机制，即"由上级政府为多个下级政府部门的行政长官设计晋升竞赛，竞赛优胜者将获得晋升，而竞赛标准由上级政府决定"[1]。这一机制将地方官员的晋升同经济增长的竞争联系起来，上级政府主要依据地方 GDP 来考核和提拔下级官员，进而形成"为增长而竞争""为达标而竞争"的局面。有学者在此基础上提出了"治理竞赛"[2] 机制，即地方和基层政府为实现治理创新而竞争，纵向政府间的激励机制也被改写。

在以 GDP 为导向的增长竞赛中，上下级政府间的"委托—代理"关系决定了委托方需要对代理方进行指标化、数字化的考核，并以强激励方式推动

---

[1] 周黎安：《中国地方官员的晋升锦标赛模式研究》，《经济研究》2007 年第 7 期。

[2] 彭勃、赵吉：《从增长锦标赛到治理竞赛：我国城市治理方式的转换及其问题》，《内蒙古社会科学》2019 年第 1 期。

代理方展开横向竞争；而治理竞赛则是一种相对较弱的激励方式，更加注重对治理要素（如治理过程的参与性、公开性和法治化）的综合评估。以社区提案工作机制为代表的基层治理创新实践是地方和基层政府参与治理竞赛的具体活动，同样具有弱激励的属性，需要新的组织激励手段以维持其有效运转。因此，地方政府构建了一套"表彰奖励"机制。区级社区提案工作联席会通过组织社区提案大赛、论坛、峰会等方式，对优秀提案和先进承办单位、先进个人给予表彰奖励，并为优秀提案评选设定了四项参照标准。其一，提案坚持党和国家的大政方针，切实推进民生建设；其二，提案以解决社区治理问题为导向，切实反映实际问题；其三，提案建议操作性强，具有创新点和全局性；其四，承办单位和提案人对提案结果满意度高，对双方都产生了积极作用，社会效益高。这种激励式规则的导入表现出较为显著的组织动员功能。

社区提案的成功经验预示着基层协商治理实践朝着更加制度化的方向迈进。制度一般被解读为影响组织行动者相互关系且人为设定的规则集合或行动框架，具有引导、规范、推进治理实践的重要功能。各项治理活动几乎都是在特定的制度范畴内进行的，作为基层治理活动之一的基层协商治理实践也不例外。习近平总书记强调："人民通过选举、投票行使权利和人民内部各方面在重大决策之前进行充分协商，尽可能就共同性问题取得一致意见，是中国社会主义民主的两种重要形式，是中国社会主义民主政治的制度特点和优势。"[①] 党的十九届六中全会通过的《中共中央关于党的百年奋斗重大成就和历史经验的决议》明确指出，新时代"以中国式现代化推进中华民族伟大复兴"，"推进社会主义协商民主广泛多层制度化发展，形成中国特色协商民主体系"。可见，国家在顶层设计层面高度强调协商民主的制度化建设。而基层协商民主是中国特色协商民主体系的重要组成部分和基础性环节，同样面临着制度化的发展需求。

亨廷顿将"制度化"表述为组织与程序获得价值和稳定性的过程，并提出可用组织与程序的适应性、自主性、复杂性和凝聚力来测量政治体系的制度化水平。[②] 有学者对亨廷顿"制度化"概念进行拓展，提出了"再制

---

① 《习近平谈治国理政》第四卷，外文出版社2022年版，第260页。
② 参见［美］塞缪尔·P·亨廷顿《变化社会中的政治秩序》，王冠华、刘为等译，沈宗美校，生活·读书·新知三联书店1996年版，第13页。

度化"① 的概念。如果说"制度化"侧重于对制度生成阶段的描述，那么"再制度化"则侧重于制度在实施阶段的有效落实及改进。本章实际上是立足于"再制度化"的内涵来理解党建引领基层治理的制度化逻辑。党建引领基层治理创新的演进不断伴随着制度的改进与调适。正是由于制度要素的不断嵌入和加持，党建引领基层治理的行动框架才渐趋规范化与科学化。从城市社区协商治理的制度化看，其所供给的行动框架的实践意义在于：在给定的行动场域内提供了所有参与者共同认可的规范集合，"参与者可通过重组行动框架内的不同构件来支撑自身的行为期待，并生成可运行的系统和独属于自身的行动领域"②。在这一过程中，党建引领基层治理的有效性与合法性获得了增进。

社区提案工作机制中的情境创设和规则导入为党建引领基层治理的制度化发展提供了一种可选路径。机制构建本身就是一种制度化的过程，也是规避党建引领基层治理"伪创新"的有效工具。"伪创新"和"实质创新"是相对的概念，主要是指基层政府在政绩目标驱动下，以创新为名而实施的偏离基层治理创新价值目标的偏差行为；而制度作为"宏观规训中最核心的结构性要素"③，划定了基层治理行为的界域框架，成为研究基层治理"伪创新"的主要分析变量之一。抑制基层治理"伪创新"，需以机制构建实现党建引领基层治理的制度调适和制度赋权，通过这种制度化手段界定组织行动的成员构成、权责边界和规则程序。

---

① 唐鸣、魏来：《协商民主的生长逻辑——中国经验的整体性视角和理论研究的整合性表述》，《江苏社会科学》2016 年第 5 期。

② 徐建宇、纪晓岚：《治理能力与合法性的双重建构：城市社区协商民主的行动框架研究》，《暨南学报》（哲学社会科学版）2022 年第 4 期。

③ 姜晓萍、吴宝家：《警惕伪创新：基层治理能力现代化进程中的偏差行为研究》，《中国行政管理》2021 年第 10 期。

第五章
吸纳式合作机制在城市社区治理中为何失效[*]

　　行动者的行为是有力量的，这种力量在社区日常生活中显得更为直观。这种类似于"舞台"和"银幕"的社区日常生活场域，充斥着社会现象的可见性、社会事件的连续性、主体关系的互动性、事件过程的流动性、权力实践的策略性等。尤其对于转型期的城市社区而言，各种行动力量互动频繁且紧密勾连，共同形塑了城市社区的复杂生态。其中，社区居委会和物业公司作为具有不同利益诉求的行动实体，二者的互动关系既是影响社区治理成效的重要变量，也是学术界在探讨城市社区行动逻辑时无法绕开的分析对象。

　　学术界对该议题的讨论可大致划分为以下几个代表性维度：其一，关注城市权力结构与秩序的演变，考察市场化改革以来居委会和物业公司的权力运作关系；其二，关注城市社区冲突的矛盾节点，探讨冲突过程中居委会与物业公司不同的利益取向、行动准则和化解机制；其三，关注城市社区治理中的合作关系网络，探讨居委会与物业公司等治理主体之间的利益相关性与合作共治逻辑。这些研究为本章的论述提供了有益借鉴。本章以个案社区所呈现的特定场域为切入点，着力剖析城市社区治理中居委会与物业公司之间的合作机制及其行动逻辑。基于个案观察，本章的主要关注点在于：居委会为什么要与物业公司进行合作？二者之间的合作机制又是如何构建的？这种机制在何种情境下又会走向失效？

---

[*] 本章以《吸纳式合作机制在社区治理中为何失效？——基于H小区居委会与物业公司的个案分析》为题，发表于《南京大学学报》（哲学·人文科学·社会科学）2019年第2期。

第一节 一个业委会缺位的商品房小区

住房商品化改革之后，商品房小区成为业主的私有财产，为实现其保值、增值并营造良好的生活居住品质，购买专业化服务的需求就自然而然地产生了。由此，物业公司应运而生。它是接受业主的委托、根据物业管理服务合同进行专业管理服务的企业。作为专业化的管理机构，物业公司具有独立的经营自主权，从事市场化的运作并代表着市场的力量。在社区治理格局中，物业公司掌握着居民生活所需的大量公共产品，其作用也越发重要。同时，随着《中华人民共和国物权法》和《物业管理条例》的颁布和实施，业主的法定身份和权利获得正式确认。作为业主，其基本权利之一就是成立业委会，并利用业委会这样一种自治组织形式，直接监督物业公司的服务，在利益相关者之间建立有效的契约关系，对物业管理工作进行评估，甚至决定物业公司的去留[1]。

居委会、物业公司和业委会被视为一个结构健全的商品房小区的三种基本组织，它们共同构筑了拉动小区治理的"三驾马车"[2]。业委会的出现使商品房小区成为"中国公民社会的先声"[3]。然而，业主组织和业主自治的发展并不是一帆风顺的。与迅速增长的商品房小区数量相比，业委会数量的增长相当有限。有研究表明，目前全国大部分城市业委会的成立比率仅在20%左右[4]。另外，根据《物业管理条例》的规定，关于小区重大事务的决定，诸如制定或修改业主大会议事规则、制定或修改小区管理规约、业委会选举或改选、解聘和选聘物业公司，等等，要遵循"双过半"[5]的原则。显然，要

---

[1] 参见张磊、刘丽敏《物业运作：从国家中分离出来的新公共空间 国家权力过度化与社会权利不足之间的张力》，《社会》2005年第1期。

[2] 李友梅：《基层社区组织的实际生活方式——对上海康健社区实地调查的初步认识》，《社会学研究》2002年第4期。

[3] 夏建中：《中国公民社会的先声——以业主委员会为例》，《文史哲》2003年第3期。

[4] 参见吴晓林、谢伊云《房权意识何以外溢到城市治理？——中国城市社区业主委员会治理功能的实证分析》，《江汉论坛》2018年第1期。

[5] "双过半"原则即关于小区重大事务的决定须经专有部分占建筑物总面积过半数的业主且占人数过半数的业主同意。

实现业主的自我管理并达成有效的公共决策，就必须动员足够数量的小区业主，这是一项成本较高的工作。特别是在当前诸多业主公共参与能力不强、权利意识淡薄、对社区事务漠不关心的整体背景下，小区公共决策经常面临业主数量达不到法定人数的情况，从而导致公共决议的难产。

在业委会尚未组建、业主自治仍不成熟的商品房小区，由于缺少任免和监督物业公司的必要组织载体，物业公司的权力往往得不到有效的监督和限制。虽然每个小区在政治区划上都会被划归给某个居委会进行管辖，但是在小区具体事务的决策过程中，居委会更多的是对经由小区业主选举产生的业委会进行"指导"和"监督"，而非直接插手物业管理工作，更不会对物业管理采取直接的行政干预。此外，商品房小区的业主属于经济收入较高的群体，对这类群体而言，他们不需要居委会行使一些传统意义上的公共产品供给职能。基于此，居委会因其职能的日益边缘化而很难在商品房小区实现权力的有效输入，只有当业主在日常生活中就自身权益与物业公司产生矛盾而这种矛盾又难以化解时，居委会才会代表政府出面进行调解，以维持小区秩序的和谐和稳定。由此，小区权力的重心逐渐从居委会转至房产商下属的物业公司[①]。换句话说，业委会的缺位压缩了居委会干预小区事务的合法空间，物业公司因此占据了社区权力结构中的优势地位。

笔者调研的 H 小区即为这种类型的商品房小区。H 小区地处 W 市 J 区 R 街道 S 社区北端，建成于 2009 年，建筑面积约 5.2 万平方米，住户约 410 户，总人数约 1600 人，由 M 物业公司于 2009 年 1 月服务至今。该小区是一座大型的商住两用楼，由于租户较多，始终无法动员足够多的业主来召开业主大会并成立业委会。可以说，业委会的缺位形塑了 H 小区独特的权力格局。

第二节 吸纳式合作：居委会与物业公司的合作机制

居委会和物业公司作为社区治理中权力运作的主体，它们在社区内部拥

[①] 参见朱健刚《以理抗争：都市集体行动的策略——以广州南园的业主维权为例》，《社会》2011年第3期。

有各自的法定权力与独特地位，且彼此间没有从属关系，处于横向层面的互动关系。在这种横向互动过程中，互动双方都具有行动的自主性和主动权，并与其拥有的权力和资源密切相关。两者之间的互动本质上是一种权力交锋。对于居委会，学术界通常将其界定为政府的延伸或派出机构[1]，甚至是"政府本身"，"它在上级政府的领导下代表政府对城市基层行使行政管理权"[2]。尽管20世纪90年代中期兴起的社区建设运动强调社区管理和居委会的自治化，尝试将居委会直选作为起点，恢复居委会的社会属性，充分发挥其作为社区自治主体的作用，以此激发社区居民参与社区建设的积极性[3]，但改革实践证明其结果往往是国家权力在社区的再渗透以及居委会工作的进一步行政化和"内卷化"[4]。社区建设运动的结果是建构了一个"国家治理单元"，而不是一个可以促进市民社会发育的"地域社会生活共同体"[5]。其中，居委会要负责执行政府下派的各项政策并承担大量的行政事务，扮演着国家基层代理人的角色[6]。在商品房小区这样的新型社会空间，居委会要保证"国家"的持续"在场"，就要不断进行行政权力的再生产。

在H小区，业委会的缺位使得物业公司在与居委会的权力交锋中占据优势。因此，居委会为了维持其在商品房小区的权力地位，会选择与物业公司进行合作。这种合作的本质是国家对新兴市场和社会力量的包容或统合，以

---

[1] 参见朱健刚《城市街区的权力变迁：强国家与强社会模式——对一个街区权力结构的分析》，《战略与管理》1997年第4期；何海兵《我国城市基层社会管理体制的变迁：从单位制、街居制到社区制》，《管理世界》2003年第6期。

[2] 桂勇、崔之余：《行政化进程中的城市居委会体制变迁——对上海市的个案研究》，《华中理工大学学报》（社会科学版）2000年第3期。

[3] 参见姚华《政策执行与权力关系重构 以S市2003年市级居委会直选政策的制订过程为个案》，《社会》2007年第6期。

[4] 何艳玲等最早借用"内卷化"的概念来解释社区建设运动。城市基层自治组织的"内卷化"指的是"社区建设以及由此而引起的居委会组织变革，其本来目的是转变政府职能，还原居委会的本来面目，实现社区自治；而在居委会组织变革的过程中，虽然新的组织形式要素（如社区代表大会、居委会直选）已经产生，但是居委会组织变革真正指向的组织性质和实际运作机制却没有根本改变，甚至在某种程度上，原有的居委会组织性质还得到了加强"。参见何艳玲、蔡禾《中国城市基层自治组织的"内卷化"及其成因》，《中山大学学报》（社会科学版）2005年第5期。

[5] 杨敏：《作为国家治理单元的社区——对城市社区建设运动过程中居民社区参与和社区认知的个案研究》，《社会学研究》2007年第4期。

[6] 参见王汉生、吴莹《基层社会中"看得见"与"看不见"的国家——发生在一个商品房小区中的几个"故事"》，《社会学研究》2011年第1期。

免这些力量出现利益的组织化集聚，进而威胁到国家的合法性建构。在这个意义上，"国家倾向于利用自身组织资源并通过特定的制度安排介入市场和社会肌体之中"[①]。这种"国家介入"的策略性意义在于以最低的行政成本实现最高效的行政权力再生产。有研究表明，"行政权力在行政组织内部的再生产与延伸至社会领域的再生产相比，所依赖的资源、权力运作的机制以及采取的行动策略都有很大差异"[②]。在社会领域，"吸纳"策略是国家与新兴力量展开合作的有效策略之一。本章将居委会主动寻求合作的模式界定为"组织吸纳"。为了巩固自身的核心领导地位，居委会试图通过这种方式建立与物业公司的"吸纳式合作"机制，将党政力量和资源渗透于商品房小区的治理之中。

金耀基教授曾在解释香港的治理问题时提出了"行政吸纳政治"[③]的概念，用于解释政府将社会中的精英或精英集团所代表的政治力量吸收到行政决策结构进而实现政治整合的过程。受此概念的启发，学术界在分析中国国家与社会关系议题时陆续提出"行政吸纳社会"[④]"行政吸纳服务"[⑤]等概念。还有学者将"行政吸纳"引申为"政治吸纳"或"体制吸纳"，用来探讨中国的政治稳定、政治参与、社会治理等问题。从总体上看，无论"行政吸纳"的概念形态与解释对象如何丰富，其基本立足点始终是一致的，即强调党政主体的政治整合与吸纳属性。本章之所以用"组织吸纳"的概念来描述个案社区中居委会寻求合作的行为模式而没有借用"行政吸纳"或其他表述，意在强调居委会在吸纳式合作机制构建过程中的组织化努力。接下来，本章将结合个案，对这种组织化努力的过程进行呈现和剖析。

一 "红色物业"的推进

组织吸纳的实质就是社区居委会充分利用其党政组织资源的吸纳属性在

---

① 刘春荣：《国家介入与邻里社会资本的生成》，《社会学研究》2007年第2期。
② 耿敬、姚华：《行政权力的生产与再生产——以上海市J居委会直选过程为个案》，《社会学研究》2011年第3期。
③ 参见金耀基《中国政治与文化（增订版）》，香港：牛津大学出版社2013年版，第229页。
④ Kang Xiaoguang, Han Heng, "Administrative Absorption of Society: A Further Probe into the State-Society Relationship in Chinese Mainland", *Social Sciences in China*, No. 2, 2007, pp. 116 - 128.
⑤ 唐文玉：《行政吸纳服务——中国大陆国家与社会关系的一种新诠释》，《公共管理学报》2010年第1期。

新型社会空间建构出一种独特的组织结构关系,以此加强纵向与横向的社区关联,强化社区居委会的管理能力。居委会的组织吸纳行为首先体现在社区党建的过程之中。2017年,W市着力实施"红色物业"计划,把物业服务企业打造成党组织的重要力量,把"红色物业"打造成推动基层社会治理体系和治理能力现代化的重要载体,使之既发挥物业服务功能,又发挥政治引领作用,打通党组织联系服务群众的"最后一公里"。在地方政策的助力下,S社区党委积极响应政策号召,党委成员多次到H小区物业管理处进行政策宣传。2017年10月20日,M物业公司向S社区党组织提交了成立党支部的申请。10月25日,S社区召开M物业公司党支部成立大会。11月15日,经街工委讨论,同意成立M物业公司党支部,隶属于S社区总支部委员会。自此,S社区的"红色物业"计划完成组织设置并开始运作。"红色物业"的治理举措实质上是基层党组织吸纳市场治理主体的一种方式。党的十九大报告强调,"党的基层组织是确保党的路线方针政策和决策部署贯彻落实的基础"。在基层社会治理转型过程中,基层行政组织尽管仍然在城市社区治理体制中占据主导地位,但已不再是一切资源的垄断者,也无法控制所有的社会成员。由此,基层行政组织开始通过各种形式尽可能地将社会和市场资源纳入治理体系,以降低治理成本[1]。而居民区党组织作为政权力量在城市基层社区的体现,它对社区治理的介入可能成为行政权力干预的替代选择。借助居民区社区治理党政合一体制,政党组织对居民区公共事务的干预更为直接也更为根本[2]。同时,党的基层组织面临着扩大组织覆盖、凝聚各类党员、保持领导核心作用的紧迫任务[3]。因此,基层党组织需要以组织吸纳的方式参与基层治理,将其他力量的治理主体纳入党组织网络,实现基层社会治理中的"党的领导"。组织吸纳是党对社区治理体系的全面介入和全面统筹,在这种党建模式下,多元治理主体能够形成一体化的基层社会治理力量,治理结构也将"由传统的体制内单中心治理向党建引领下的多元治理结构转变"[4]。

---

[1] 参见刘安《网格化管理:城市基层社会治理体制的运行逻辑与实践特征——基于N市Q区的个案研究》,《江海学刊》2015年第2期。
[2] 参见林尚立主编《社区民主与治理:案例研究》,社会科学文献出版社2003年版,第51页。
[3] 参见陈家喜、黄卫平《把组织嵌入社会:对深圳市南山区社区党建的考察》,《马克思主义与现实》2007年第6期。
[4] 李友梅:《中国社会治理的新内涵与新作为》,《社会学研究》2017年第6期。

在"红色物业"的实施过程中,M 物业公司与 S 社区居委会之间形成吸纳式合作关系。在 S 社区居委会看来,"红色物业"是目标管理责任制下的一项工作任务。目标管理责任制是以指标体系为核心、以责任体系为基础、以考核体系为动力,辐射形成目标管理网络,以期获得最优行政效能的一套综合管理方法①。在这种体制下,各级政府或组织的运行是一种对上负责的运作方式,上级政府或组织给下级安排各项任务和指标,下级政府或组织以完成上级的指标、任务作为中心工作和政治工作来抓②。《J 区"红色物业"融入社区治理考评办法》中明确列举了有关"红色物业"的考评标准。这种考评机制的构建也是 S 社区党组织需要以组织吸纳的方式将物业公司纳入社区治理结构之中进而与之主动构建合作关系的重要因素。在 M 物业公司看来,之所以积极配合居委会的党建工作,是因为"红色物业"的政策本身就具有难以替代的宣传效应,为树立企业品牌提供了难得契机,这是基于利益共赢的合作,并且可以进一步巩固物业公司在 H 小区及其他接管小区的垄断地位。可见,物业公司与居委会之间的合作具有选择性,这源于物业公司的营利本性。当居委会提供的合作条件对物业公司有利时,物业公司才会甘愿成为辅助居委会完成科层制任务的力量或工具。

二 物业管理委员会的组建

S 社区居委会与 M 物业公司的合作不仅体现于"红色物业"的顺利开展方面,还体现于物业管理委员会(以下简称物管委)的成功组建。在 R 街道办和 S 社区居委会的合力推动下,H 小区于 2014 年 12 月成立了物管委,其委员有 5 名,分别由居委会主任赵书记(社区党总支书记和居委会主任"一肩挑")和物业公司的李经理担任物管委主任和副主任,其余成员都是 H 小区的业主代表。需要说明的是,笔者在 W 市市区政府出台的相关法规和政策文件中没有找到"物管委"的文本依据,但在南京、珠海、西安、广州等城市的基层社会管理经验中,"物管委"制度在政策层面和实践层面得以顺利运

---

① 参见王汉生、王一鸽《目标管理责任制:农村基层政权的实践逻辑》,《社会学研究》2009 年第 2 期。
② 参见何绍辉《目标管理责任制:运作及其特征——对红村扶贫开发的个案研究》,《中国农业大学学报》(社会科学版)2010 年第 4 期。

行。S 社区组建物管委的治理实践正是借鉴了这种经验做法。

物管委是业主大会和业委会未成立的住宅小区组建的旨在监督物业管理与实现业主自治的临时机构，是业委会缺位时的及时补位，主要负责筹备成立业主大会并选举业委会，在业委会产生后自行解散。物管委和业委会在生成动因、组建方式、组成主体、自治功能、组织性质等方面都有明显不同。业委会一般由小区的全体业主选举或提名产生，具有严格的民选程序，民主自治的性质也非常鲜明。它拥有对小区内关乎业主利益，尤其是私有财产利益的各项事务的管理权。而物管委则是在基层行政组织的推动下组建的，它是一种非完全形态的业主自治组织，其成员基本上是由社区支部书记推荐或委任，而不用通过业主选举来产生。物管委的成员也不只是小区业主，还包括社区支部书记和物业公司经理。因此，物管委不是一个纯粹的业主自治组织，其成员虽包括业主代表，但真正的主导力量是居委会和物业公司。该组织实质上提供了一种契合社区居委会和物业公司各自利益的合作机制。

对于社区居委会而言，以物管委的组织形式来弥补业委会的缺位，这本身就是一种政策执行中的"变通行为"。政策变通根源于压力型体制，即下一级政治组织为了完成上级下达的指标而"采取数量化任务分解的管理方式和物质化的评价体系"[①]。H 小区因为自身条件的限制而不满足成立业委会的要求，但成立业委会又被列入街道和居委会的工作政绩范畴。由此，S 社区居委会采取替代性策略，在 H 小区组建物管委。从该组织的实际运作来看，它基本上处于一种虚设状态，无法像业委会那样有效发挥监督物业公司的职能，但该组织却得到了 R 街道的认可。这一现象反映出压力型体制下的街居"共谋"[②] 特性。在压力型体制下，处于国家行政体系末梢的街道办为完成上级政府订立的各类指标与应对繁重的考核任务，不得不将任务向居委会下派，居委会通过完成街道办下派的各项任务，一定程度上配合并协助街道办完成上

---

① 荣敬本、崔之元、王拴正等：《从压力型体制向民主合作体制的转变：县乡两级政治体制改革》，中央编译出版社 1998 年版，第 28 页。

② 这里借用了周雪光在分析中国基层政府间"共谋现象"时的表述，这种"共谋现象"具体指的是基层政府"在执行来自上级部门特别是中央政府的各种指令政策时，基层上下级政府常常共谋策划、暗度陈仓，采取'上有政策、下有对策'的各种手段，来应付这些政策要求以及随之而来的各种检查，导致了实际运行过程偏离政策初衷的结果"。笔者认为，"共谋"理论在街居体制中同样适用，街道办和居委会之间的"共谋"行为也很普遍。参见周雪光《基层政府间的"共谋现象"——一个政府行为的制度逻辑》，《社会学研究》2008 年第 6 期。

级各项考核并获得政绩支持。因此,街道办会认可社区居委会在政策执行过程中的"变通"行为。

对于物业公司而言,物管委的组织设置明显消解了业主的自治性,这点可从物管委和业委会的职能比较中看出端倪。由于明确的合同契约关系的存在,业委会和物业公司双方如何按照合同契约实现各自利益的最大化和最优化就成为核心。有业委会的商品房小区的社区冲突主要就是业委会和物业公司之间的利益冲突和矛盾,物业公司甚至将业委会的维权视为"抢他们的钱、夺他们的权"[1]。在法律层面,业委会可以监督物业公司的物业管理工作,甚至可以解聘或更换物业公司,这无疑对物业公司在社区利益的最大化和持久化构成潜在的威胁。因此,我们经常可以看到物业公司总是想尽一切办法来阻碍业委会成立的案例。例如,物业公司拒绝为业主提供业委会备案所需的小区物业资料信息,或是企图诋毁或收买业主领袖和积极分子,以分化业主群体[2]。而物管委不具有解聘或更换物业公司的职能,显然,物管委的组建大大降低了业主通过制度化渠道解聘和更换物业公司的潜在可能性,维护了物业公司的生存利益。

居委会这种以物管委替代业委会的组织化策略实际上是基层组织加强行政吸纳的一种方式。与社区党建的吸纳方式不同,这种吸纳形式的主体是行政性组织而非基层党组织,目标是通过组织化扩张的方式将多元治理主体纳入行政管理体系之中,实现对市场和社会力量的行政控制。与其说物管委是一种自治功能非常有限的业主自治组织,不如说是一种准行政性组织,因为其行政性远大于自治性,居委会的行政性力量在该组织中的绝对主导地位是不言而喻的。综上所述,组织吸纳反映出社区居委会在业委会缺位的商品房小区重拾其核心领导地位的行为特征,居委会主动与物业公司达成合作关系并建构了一种吸纳式合作机制,其合作基础是互动双方的利益共赢。然而,当利益共赢难以维系之时,这种吸纳式合作机制也难逃走向失效的命运。

---

[1] 陈鹏:《国家—市场—社会三维视野下的业委会研究——以 B 市商品房社区为例》,《公共管理学报》2013 年第 3 期。

[2] 参见 Shi Fayong, Cai Yongshun, "Disaggregating the State: Network and Collective Resistance in Shanghai", *The China Quarterly*, No. 186, 2006, pp. 314 – 335。

第三节　吸纳式合作在 H 小区治理实践中的失效

2018 年 4 月，H 小区发生消防水箱破裂和渗水漏水事件，出现严重的安全隐患。根据《W 市住宅专项维修资金管理办法》（以下简称《管理办法》）的相关规定，消防水箱破裂属于住宅共用设施设备的维修、更新与改造的范围。住宅专项维修资金又称公共维修资金，是住宅楼房的公共部位和共用设施、设备的维修养护资金，业主按照一定比例缴纳，最后由房地产商将其汇集到相关政府部门统一管理。业主可以划转出维修资金来自己管理，但基本前提是成立业主大会和业委会①。《管理办法》还规定了在公共维修资金划转业主大会管理前需要使用这笔资金的相关程序：首先由物业公司根据维修、更新与改造项目提出使用方案；再由业委会或居委会组织一定比例的小区业主对使用方案进行表决；使用方案通过后，业委会或居委会持公共维修资金使用申请表、相关业主表决结果及其证明、使用方案及预算、施工合同等材料，向区房管部门提出使用申请。这项规定明确了业委会与居委会在申请公共维修资金时的主体资格与递补次序。

由于 H 小区业委会的缺位，无法通过业主自治的形式来划转这笔维修资金。在此情形下，申请公共维修资金的权利只能转交给社区居委会，这实际上构成对业主自治权的让渡。业主自治的不成熟导致其在维护自身居住权益的互动博弈中失去了话语权。事件的发展也开始围绕居委会和物业公司的二元主体关系结构而展开。根据上述程序，4 月 25 日，M 物业公司向 S 社区居委会提交了《H 小区整改方案》。5 月 11 日，S 社区居委会的赵书记、综治委员小钱和安保专干老孙前往 H 小区物业管理处与 M 物业公司的李经理开会商讨整改方案，双方争论的焦点主要在于此次小区整改的程序和力度问题。笔

---

① 《管理办法》规定：业主大会成立后，要求划转住宅专项维修资金的，应当经专有部分占建筑物总面积 2/3 以上的业主且占总人数 2/3 以上的业主表决同意，并同时对以下事项进行表决：住宅专项维修资金专户管理银行的选定；住宅专项维修资金使用和账目管理办法；确定业主委员会主任为住宅专项维修资金管理责任人的决议；应急维修授权协议书；市房屋行政主管部门认为需要由业主大会确定的与住宅专项维修资金有关的其他事项。业主大会通过关于上述事项的决议后，业主委员会应当到选定的专户管理银行开立业主大会住宅专项维修资金专户。

者截取的一段会议记录如下：

赵：申请公共维修资金的程序不是那么简单。现在的情况是，必须得到区房管局的授权，我们才有资格申请。它们在授权之前会派专业检测部门来现场查验，比如你要更换水箱和水管，就要找自来水公司做鉴定，所以我不能随便签字盖章，在没走完程序之前谁也不敢承担这个责任。现在什么都讲规范化，上面怎么说的，我们就怎么来。我们既要把居民的事情办好，又要保证自己不出错。而且你的整改方案涉及大大小小的整改项目有20多项，要花300万元来修，这次修好了，下次又出问题了怎么办，哪儿还有钱？你要想得长远一点，H小区从2009年交房到现在还不到十年，就经常出问题，工程质量方面不说，你能确保以后不再出问题？所以社区的建议是我们先把主要的问题解决了，不太严重的问题就不要放进这次整改方案里了，要控制一下预算。

李：关于申请程序的问题，我们物业这边是想灵活一点，因为小区的安全问题非常紧急，不修的话就要停水，给居民生活造成极大不便。我们的意思是能不能先把这笔钱拨下来，之后需要什么材料我们再来补充。如果完全按照规定走程序的话，还要等很久，现在真的等不起了。关于整改力度的问题，当时我做这个整改方案的时候没想那么多，因为所有的整改项目都是过了质保期的，都符合申请维修资金的条件。如果没有过质保期，是由开发商和施工单位来负责维修的，既然现在已经"脱保"了，那就可以使用这个维修资金了。而且，相关规定也没有对一次性申请维修资金的多少做限定，所以我们就尽可能地将大大小小的问题都列在我提交的那份整改方案里了。

物业公司的基本立场是，物业公司已经提供了整改方案，考虑到小区安全问题的紧迫性，社区居委会应灵活处理问题，直接向区房管局提出维修资金申请，而不应拘泥于烦琐的程序，而且整改方案中的所有项目都符合相关规定，没必要缩减项目和预算；居委会的基本立场是，应完全按照上级行政部门的规定和授权来申请维修资金，并且要缩减整改项目和预算，分清轻重缓急，考虑小区和居民的长远利益。可见，物业公司想从这次申请维修资金的行动中获得最大的经济利益或至少保证其利益不受损，同时需要尽快解决小区的安全隐患来应对业主的投诉和施压；而科层化的居委会则表现得尤为谨慎，为了不让上级部门抓到工作"把柄"，居委会尤其注重申请程序的规范性，并尽可能地减少整改项目和控制申请资金额度，以求将"犯错"的可能性降到最低。因此，博弈双方在"申请程序""缩减项目""控制预算"等议题上很难达成一致。可见，物业公司与居委会的利益冲突实际上是市场化导向下经济利益和科层制导向下的政治利益之间的冲突。

该案例向我们清晰展示了居委会和物业公司的博弈过程。业委会的缺位阻碍了业主自我管理小区公共事务的正式渠道，使业主监督物业管理的法定权利让渡至居委会，由居委会行使监督物业公司使用公共维修资金的权力，这本身就是一种权利/权力的置换，同时也为居委会与物业公司之间的利益冲突营造了特定的制度空间。申请维修资金的过程必然牵涉到居委会的政治利益与物业公司的经济利益，它们分别构成作为社区治理中国家力量主体和市场力量主体的行动底线。当利益博弈触及行动底线的时候，互动双方绝不会选择让步，其合作机制也将宣告失效。这表明社区治理中由于缺少业委会这种社会力量主体的参与和制衡，居委会和物业公司的二元合作机制成为国家行政权力试图单向度吸纳市场力量的管控型机制，与"居委会—物业公司—业委会"的多元分散型三方合作机制相比，这种管控型机制因其脆弱性而难逃解体的命运。

业主自治不成熟与业委会缺位的商品房小区为本章的个案分析提供了一个特定的研究场域，这种背景设定也形塑了社区居委会和物业公司非制度化的合作与博弈关系，这些关系"更多是随机性、策略性、工具性的，而非制度化、结构化、程式化的"[①]。社区治理中的非制度化空间成为行动者展现其个体化行为取向的主要场域。个体化行为即为行动主体基于具体情境而选择相应行动策略以尽可能实现自身利益最大化的行为。因此，本研究着眼于具体情境中多元治理主体个体化的微观行动逻辑。

从居委会的个体化行为来看，作为国家基层代理人的居委会为有效"介入"商品房小区这种新型社会空间以维系其核心领导地位，会通过组织吸纳的方式来展现其权力技术。在此过程中，居委会主动与物业公司构建吸纳式

[①] 何艳玲：《都市街区中的国家与社会：乐街调查》，社会科学文献出版社 2007 年版，第 217 页。

合作机制，实现社区权威与合法性的再生产。从物业公司的个体化行为来看，物业公司基于其市场和经济利益的考量，同意与社区居委会合作。一方面，由于物业公司在社区场域中独特的经济地位，它拥有与社区居委会进行合作的交换性资本。无论是"红色物业"的实行，还是物管委的组建，都体现了居委会与物业公司的利益交换关系。另一方面，面对商品房小区物业管理方面的问题，由于业主自治发展仍不成熟，业委会始终难产，业主无法对物业公司形成有效监督，监督物业公司的权利被迫转移至居委会，而这一过程得到法律赋权，这一权利/权力置换过程在本章讨论的申请公共维修资金事件中表现得十分鲜明。物业公司和居委会基于自身利益展开博弈，也可以说是市场化导向下经济利益与科层制导向下的政治利益建构了物业公司和居委会的对峙格局。

不难发现，居委会和物业公司的吸纳式合作机制在申请公共维修资金的案例中是完全失效的，换言之，国家力量主体和市场力量主体共同构建的合作关系并不牢固，没能经得起双方利益冲突时的考验。"红色物业"尽管以社区党建的方式在居委会和物业公司之间构建了党组织合作关系网络，但这种合作关系也仅仅停留于党建领域，它无法在小区日常事务管理中发挥实质性作用；物管委的自治功能无法与业委会相提并论，也不具有申请公共维修资金的法定资格，因此，居委会和物业公司积极组建物管委的结果便是业主自治空间的被挤压与自治权的被动让渡，进而导致居委会和物业公司在申请公共维修资金时的正面碰撞和利益交锋。另外，对于商品房小区的业主而言，"居住是最重要的生存基础和生活内容，维护合法的居住权与房屋产权，就是保护作为生存权的人权，也是实现社会公平正义的追求，是最大的政治"[①]，而业委会缺位、居住环境恶化、申请维修资金受阻等问题对业主的居住利益和公共权益造成严重侵害，也加快了业主维权行动的爆发。这不禁让我们对这种脆弱的吸纳式合作机制进行反思，在社区治理中怎样才能在居委会和物业公司之间构建起牢固且良性的互动合作关系？

在业委会仍然缺位的情况下，要达成居委会与物业公司之间的良性互动，首先，居委会和物业公司之间应搭建起平等沟通与协商合作的平台，尊重彼

[①] 郭于华、沈原：《居住的政治——B 市业主维权与社区建设的实证研究》，《开放时代》2012 年第 2 期。

此在社区权力结构中的独特地位与资源优势。其次，树立服务居民的社区共同体意识。具体而言，居委会和物业公司要重新厘定自身角色，居委会应淡化行政责任而强化服务责任，将社区居民利益作为选择行动策略的首要因素；物业公司应将工作重心置于提升其物业管理与服务的质量，而不应执拗于自身经济利益的维系与获取。最后，居委会和物业公司应支持和推进业主自治组织的组建，积极配合业主积极分子的相关行动，加快商品房小区业主大会和业委会成立的进度，充分发挥业主自治组织的法定职能，实现居委会、物业公司和业委会的权力平衡与三方合作。理想的治理模式不是单向度的吸纳式合作，而应是基于多元行动主体之间关系平衡与各自分工的协同式合作。

第六章
基层智慧治理的运作机制与关系解构*

党的十九届五中全会指出,"加强数字社会、数字政府建设,提升公共服务、社会治理等数字化智能化水平"。《中共中央 国务院关于加强基层治理体系和治理能力现代化建设的意见》强调要"加强基层智慧治理能力建设",并在做好规划建设、整合数据资源、拓展应用场景等方面提出了若干要求。例如,将基层纳入信息化建设规划,统筹推进智慧社区基础设施、系统平台和应用终端建设;健全基层智慧治理标准体系,推广智能感知等技术;完善基层地理信息等基础数据,推动数据资源共享交换并向基层开放使用;推动各地政务服务平台向基层延伸,建设开发智慧社区信息系统和简便应用软件,提高基层治理数字化、智能化水平。这些路径为推进我国基层智慧治理能力建设提供了明确的方向。当前,全国各地的基层智慧治理呈现出丰富的实践样态。在此背景下,把握基层智慧治理的实践逻辑,并对实践做法的有效性加以甄别,具有重要的理论和实践意义。

第一节 基层智慧治理的有效性及其原因

基层是国家政权延伸的"神经末梢",基层社会治理在社会治理进程中处

---

* 本章以《基层智慧治理的运作机制与关系解构——基于上海 B 区"社区通"的考察》为题,发表于《探索》2021 年第 6 期。

于基础性地位①。作为基层治理现代化的重要面向，基层智慧治理是现代信息技术与基层社会治理相结合而生成的一种新型治理模式，其重心应落到基层社区。那么，对于基层社区而言，基层智慧治理何以有效？围绕这一问题，既有研究已呈现出多样的分析进路。

一 基层智慧治理的"技术—效能"分析

聚焦于基层智慧治理的技术工具，探讨现代信息技术作用于基层治理实践的效能和局限。一方面，互联网、大数据、云计算等为智慧治理提供了强大的技术基础，使数字化、网络化和智能化成为智慧治理的主要特征。智慧治理以虚拟化的社会系统为中介来实现治理目标，并凭借信息技术的强大计算能力改变对复杂治理客体的粗放认知，使之成为可供计算和分析的数据，从而提升了社会治理的精准性和公共服务效能②。智能感知技术、信息集成处理技术、辅助决策技术、智能服务技术等构成智慧治理的技术要素。智能感知技术可将复杂的社会治理事实转化为可被感知、读取和分析的数据或符号；信息集成处理技术可对多元和海量的数据加以清洗、分类和储存；辅助决策技术可对基层治理单元或部件进行实时观测，并准确判断潜在治理问题，进而启动处理程序、作出科学决策；智能服务技术以服务对象为中心，以"一站式"服务、数字化平台和大数据系统等为载体，优化服务流程、提升服务质量和用户满意度③。

另一方面，技术本身具有脱控的自主性，技术的发展潜伏着滑向"数字利维坦"④的现实风险。随着数字技术和数字经济的崛起，信息技术使城市基层治理逐渐显现出不同于以往的发展态势，数字社会的风险性和复杂性增加了基层治理的难度⑤。这些风险主要体现为基层治理中的数据缺陷、数据侵

---

① 参见文丰安、王星《新时代我国基层社会治理现代化之理性审视》，《重庆工商大学学报》（社会科学版）2019 年第 4 期。
② 参见刘永谋《技术治理、反治理与再治理：以智能治理为例》，《云南社会科学》2019 年第 2 期。
③ 参见韩志明、李春生《城市治理的清晰性及其技术逻辑——以智慧治理为中心的分析》，《探索》2019 年第 6 期。
④ 唐皇凤：《数字利维坦的内在风险与数据治理》，《探索与争鸣》2018 年第 5 期。
⑤ 参见刘凤、杜宁宁《数字社会转型背景下城市基层治理逻辑变革研究》，《湖北民族大学学报》（哲学社会科学版）2020 年第 4 期。

犯、算法歧视、信息安全风险等①。此外，对技术工具的过分倚重和崇拜还可能产生"唯数据主义"②的治理思维，认为"人类的大部分行为都受制于规律、模型以及原理法则，而且它们的可重现性和可预测性方面与自然科学不相上下"③。这一思维往往夸大了信息技术的可及性，也忽视了数据质量问题和人类行为的主观因素。当其用于解读基层治理问题时，会将基层治理的结构性、制度性和程序性问题简单化约为技术层面的问题，难以形成系统性变革，也无法触及深层次的体制问题。因此，技术并非万能的，这就需要审慎分析和理解信息技术应用于智慧治理的效能，合理界定信息技术的功能及其边界。

二 基层智慧治理的"结构—行动"分析

聚焦于基层智慧治理的结构样态和行动逻辑，分析技术治理方式对基层治理体系的形塑。在结构形态方面，基层智慧治理打破了封闭的科层制结构，此结构的特征是各级政府纵向层级管理与同一层级政府各职能部门的横向分工合作。这种条块式的统合管理模式存在政府层级之间、职能部门之间以及政府组织和市场组织、社会组织之间的信息不对称、信息壁垒等问题。然而，信息技术的应用使科层机构大规模地共享数据成为可能，弥合了政府不同层级和部门的数据鸿沟，也加强了信息要素资源在不同治理主体之间的流动，进而使基层治理结构趋于扁平化和开放性④。信息技术在基层治理场域内打造了一种跨行政部门的整合型虚拟机构，使不同的行政部门凝聚为一个相互匹配的治理系统。相比于传统的科层治理体系，虚拟机构的组织结构表现为由信息系统依据功能界限划分的各种模块，且各模块之间保持有效协同⑤。

在行动逻辑方面，信息技术影响着基层智慧治理中的行为选择。可以说，信息技术的发展为个体行动者积极参与基层智慧治理创造了条件。信息和个体参与之间的关系是工具性的，成本的变化和信息来源的多样性直接影响着

---

① 参见黄新华、陈宝玲《政府规制的技术嵌入：载体、优势与风险》，《探索》2019年第6期。
② 刘永谋、兰立山：《大数据技术与技治主义》，《晋阳学刊》2018年第2期。
③ [美]艾伯特-拉斯洛·巴拉巴西：《爆发：大数据时代预见未来的新思维》，马慧译，中国人民大学出版社2012年版，第13页。
④ 参见陈剩勇、卢志朋《信息技术革命、公共治理转型与治道变革》，《公共管理与政策评论》2019年第1期。
⑤ 参见黄晓春《技术治理的运作机制研究 以上海市L街道一门式电子政务中心为案例》，《社会》2010年第4期。

个体参与的层次。作为原子化的各方行动者，在参与基层智慧治理的过程中会基于有限理性、利益驱动和角色定位而展开策略性的博弈行为，形成相对稳定的行动者利益网络联盟，并通过沟通、对话、协商和制衡等机制而组成利益共同体。

三 基层智慧治理的"组织—机制"分析

本章的研究有别于以上两种分析路径，即不再将研究重心置于信息技术作用于基层智慧治理的效能，抑或技术手段如何形塑基层治理体系，而是将基层智慧治理的组织运作机制作为主要分析对象，来回应基层智慧治理何以有效的问题。在组织分析学派看来，组织是一个将具有互动关系的行动者聚集而成的系统。斯科特和戴维斯认为，组织的结构性特征表现在：拥有相对具体目标追求的集体，即"有目的"，组织目标是清晰而具体的，能够为组织成员的行动选择提供明确的准则；组织还是一种相对来说高度正式化的集体，参与者之间的协作是"有意识的""经过协商的"，关系结构是被"直言表述"的，组织成员扮演的角色具有确定性。[①] 各组织之间不是相互隔离的，而是通过组织行动者的各项行动得以连接；组织行动者使用的工具或手段是行动得以实施和奏效的必要载体。其中，技术便是组织行动者展开行动的主要载体之一。

已有研究论证了技术与组织之间的相关性。例如，邱泽奇指出，技术的复杂性和不确定性与组织结构有密切联系，组织所使用的技术不是一成不变的，在时间维度上，技术总有一个进入组织的过程。[②] 简·芳汀的研究表明，一种信息系统的能力和潜力能否得到充分发挥，取决于组织行动者对信息技术进行解释、设计、执行和使用的方式。[③] 信息技术嵌入组织结构的过程，实际上是既有的组织体系重塑信息技术的过程。由此，在探讨基层社会治理方式的技术变革时，我们不能将分析思维停留于技术层面，而应深入剖析特定

---

① 参见[美]W·理查德·斯科特、杰拉尔德·F·戴维斯《组织理论——理性、自然与开放系统的视角》，高俊山译，中国人民大学出版社2011年版，第32页。

② 参见邱泽奇《技术与组织的互构——以信息技术在制造企业的应用为例》，《社会学研究》2005年第2期。

③ 参见[美]简·芳汀《构建虚拟政府：信息技术与制度创新》，邵国松译，中国人民大学出版社2004年版，第104页。

情境下的组织行动者如何使新兴技术工具转化为现实治理效能。对于中国本土化的治理实践而言，我国的基层智慧治理探索通常是在国家力量的主导下进行的，其发起者一般是政府组织，基本目标定位于变革政府治理方式进而打造智慧型政府，实现公共服务的精细化、智能化、社会化和专业化，同时型构政府、市场和社会多方协同的治理格局。因此，以基层智慧治理的组织运作机制作为研究对象，需将组织、行动、技术等多维要素纳入研究视野之中。基于以上分析，本章拟通过对上海市 B 区"社区通"的案例描述和分析，呈现基层智慧治理的运作机制，并解构其背后的逻辑关系。

第二节　基层智慧治理的运作机制

2021 年 5 月，笔者及其研究团队前往上海市 B 区智慧社区建设示范点进行深入的实地考察，并以"社区通"的运作实态作为重点考察对象，收集和整理了丰富的文本和访谈资料。在此基础上，本章以"社区通"的运行为切口，探究基层智慧治理的运作机制。2016 年《上海市推进智慧城市建设"十三五"规划》中明确提出"围绕生活更便捷、更安全、更和谐，推进智慧社区建设，促进社区服务集成化、社区治理人性化、家居生活智能化"。在这一政策引导下，上海市各区域自主探索推进智慧社区建设和创新社会治理方式的有效路径。"社区通"是 2017 年上海市 B 区创建的"以党建为引领、以移动互联网为载体、以居村党组织为核心、以居村委为主导、以城乡居民为主体、以有效凝聚精准服务为特点"的智慧治理系统，旨在打造党组织主导下"全地理范围覆盖、全人群互动参与、全天候即时响应、全系统智慧治理"的新型治理模式。截至 2020 年底，"社区通"已在全区 557 个城乡社区全部上线，已有 51.4 万余名城乡居民用户，构建了一种覆盖广泛、参与活跃的网络共同体，并获评中国社会治理创新实践十佳案例、全国城市基层党建创新最佳案例、全国乡村治理典型案例等。"社区通"案例为我们研究基层智慧治理的运作机制提供了值得观察和思考的经验样本。

一　组织动员机制

党政组织利用自身强大的组织动员能力有力推动了"社区通"的顺利开

展。就区级和街道（乡镇）一级党政组织的运作而言，"社区通"由区级党委和政府高位推动，以"社区通"工作领导小组为依托，以党委领导、党政合作为基础，区委书记和区长任"双组长"，对该项工作进行组织领导和统筹监督；领导小组下设办公室，设在区民政局，负责协调推进和督导检查；各街道和乡镇分别设立本级"社区通"工作领导小组，确保此项工作的日常运行和深入推进。这种以领导小组为中心的组织架构是对科层体系的结构性调适，在公共政策执行过程中扮演着协调沟通、下情上达、激励监督和政策推动的重要角色[1]。领导小组组长是党政部门的"一把手"，他们将科层组织内的各项权力集于一身，拥有无限责任且总体负责，以实现对特定治理流程的控制和动员[2]。作为党政体制运作的重要组织机制，跨部门的各级领导小组便于党对各项事务的集中统一领导，也有利于整合自上而下的高位优势和协同效能，有效摆脱因部门利益结构碎片化而导致的集体行动困境，也可有效规避基层政府抵触、变通执行上级政策以及由权责分立而产生的基层避责行为，进而消解政策执行梗阻、疏通政策流程。

就城乡社区党组织的运作而言，"社区通"由社区党组织全过程管理运行和把关，社区党组织书记是动员社区范围内各方行动的引领者；社区"两委"分工负责、轮班在线，对居民提出的各类诉求即时回应处置。社区党组织在"社区通"运行过程中的功能发挥，彰显了其作为城乡社区事业领导主体的政治引领功能。党组织在社区中的领导权威和治理能力是国家和社会治理的制度优势转化为社区治理效能的关键。依托"社区通"的智能化平台，社区党组织的领导和治理方式不断调整和创新，从社区治理场域的"幕后"步入"台前"，在对复杂诉求的回应和处置中与社区居民建立起"面对面"的日常联系。在居委会和村委会渐趋行政化的当下，社区党组织"以党员示范为支点、以志愿服务为载体、以人际关系为纽带"[3]，使社区空间内的社会关系网络和社会资本存量得以维系，在树立和强化自身权威的同时，也实现了对社区治理多元主体的组织动员，填补了社区自治组织的治理缺位，成为"党与

---

[1] 参见贺东航、孔繁斌《公共政策执行的中国经验》，《中国社会科学》2011年第5期。
[2] 参见原超、李妮《地方领导小组的运作逻辑及对政府治理的影响——基于组织激励视角的分析》，《公共管理学报》2017年第1期。
[3] 王浦劬、汤彬：《基层党组织治理权威塑造机制研究——基于T市B区社区党组织治理经验的分析》，《管理世界》2020年第6期。

社会链接"① 的中介。

二 行动协同机制

智慧治理平台的建设目标不是基层政府对其他治理主体的单向管控，也不是对社区动态的全面监控，而是基于多元共治的价值立场提供更优质的公共服务和催生良性互动的社区治理模式。尽管"社区通"的运作主要由区级党政部门主导和推动，由区社会建设办公室牵头，但这并不意味着党政部门对该项工作的推进会有过多管控和约束。相反，党政部门在"社区通"推进过程中主要扮演着协调统筹的角色，负责前期互联网平台搭建的规划沟通，与第三方技术公司进行合作，做好平台开发与运营；搭建"领导小组—居（村）小组—居民"三级联动工作体系，将多个社区治理主体纳入平台架构中，激活社会内生力量的能动参与。这种协同是以党政力量对社会力量的技术赋权为支撑的，其典型特征是依托智慧治理技术平台强化信息网络中各物理节点之间的关联与依赖程度，激发各行动主体的协作效能，形塑新的治理形态。可见，智慧治理的技术运用更侧重于以技术赋权的形式授权于社会主体，促成不同主体之间的行动协同。

行动协同机制的建立与维系需要秉持治理行动的利益相关方和所有参与者都是平等行动者的基本立场，同时呼吁多元主体形成基于持续性合作关系的互动参与。"社区通"的实践表明，城乡居民在智慧治理中的社会参与效能取决于智能平台的运行能否满足居民需求。有效的智能平台建设与运营能够精准识别基层社会的复杂利益需求并将其整合到社区公共事务处理流程之中，促使民意表达和需求呈现的"数据流"成功进入治理视野②。城乡居民借助"社区通"平台可直接向社区或越级向有关政府部门提出诉求和建议，或在平台提供的线上"互动广场"上就社区公共事务与他人展开交流，这在一定程度上可以消解社区内部的利益冲突、凝聚利益共识。作为移动互联网平台产品，"社区通"基于对社区居民和村民用户的群体特征、用户需求、使用习惯

---

① 吴晓林：《党如何链接社会：城市社区党建的主体补位与社会建构》，《学术月刊》2020年第5期。

② 参见沈费伟、叶温馨《基层政府数字治理的运作逻辑、现实困境与优化策略——基于"农事通""社区通""龙游通"数字治理平台的考察》，《管理学刊》2020年第6期。

等数据的分析，推动了社区治理与服务由粗放式向精准化的转变。"社区通"开发和运营的逻辑起点是从城乡居民的需求出发正确认识紧迫需求和长期需求、普遍需求和特殊需求之间的辩证关系，进而个性化定制功能板块，将平台功能与群众需求相对接。

三 技术嵌入机制

智慧社区建设所应用的技术手段包括互联网、云计算、云平台、物联网、人工智能、自动化、大数据、信息处理等。这些新兴技术嵌入公共治理的过程至少包括以下三个层面：其一，将人、事、物、空间等要素加以数据化、信息化，以增强科层组织的决策能力、沟通能力和资源获取能力，提升组织运转效率和治理效能；其二，改变信息的获取、流通和分配方式，以及科层制内部以信息为纽带的权力结构，使信息部门在公共治理中的中枢地位得以强化，驱动信息平台逐渐演化为公共治理的权力中心；其三，被赋权的主体由单一转向多元，吸纳市场和社会主体进入治理流程，由此形成开放和多元的治理形态。技术嵌入基层治理场域的目标是实现信息技术与基层治理的有效耦合，具体要求是技术选择和应用要符合基层事务的特点，以服务民生为导向，实行扁平化和网络化治理，通过突破上下沟通链条、建构多元沟通网络、简化治理程序、重构治理界面等途径，构建简约高效的基层管理体制。

基层智慧治理的技术嵌入机制依托于支撑智慧平台运行的基础设施和技术路径。有效的技术嵌入是打造智慧治理数据整合体系的基础，包含技术安全体系、技术集成体系、技术标准体系、技术创新体系以及云平台处理系统等。"社区通"基于业务流引擎、AI引擎、消息引擎、规则引擎、配置库、模型库以及用户认证授权等支撑组件，确保平台对外服务的灵活性；在主机、网络以及安全支撑体系方面，由数据库集群、服务器集群、中间件服务器、缓存服务器、存储服务器以及安全防护构成；采用安全审计、负载均衡、态势感知等技术工具维持平台高效安全运行；通过数据模型建立、分析维度设定、主题域定义，与市公安局110接警系统、网格化系统智能对接，实现实体网格与虚拟网格的有机结合，对平台数据进行数据挖掘、数据抽取和大数据分析；依照信息安全方面的相关规定，结合防篡改、防中断、防泄露、防勒索等手段，建立起"社区通"平台网络舆情管控及信息安全保护屏障。

第三节 基层智慧治理的关系解构

由前文可知，以党政组织为主体的组织动员机制、基于多元主体互动与合作的行动协同机制、改变基层治理形态的技术嵌入机制，共同型构了基层智慧治理场域中的国家与社会、技术与共治的二维关系格局。对这种二维关系进行解构，消解各组关系内部存在的张力，有利于深化理论层面的学理认知和探寻实践层面的创新路径。

一 国家与社会的共同在场

关系主义的分析视角否定了国家与社会的分立假设。米格代尔认为，国家与社会不是实体性的"二分类的结构"，而是相互关联和相互塑造的。[①] 吉登斯在对现代民族国家的论述中也提及，现代民族国家将行政权力渗透到基层社会以实现对后者的全面监控，使以往较为独立的地方性社区转变为国家治理的基本单元，使国家与社会的界限变得模糊[②]。国家与社会之间存在模糊地带，而以社区为表征的基层治理空间正处于这一模糊地带之中，成为各种力量发生互动博弈的载体。从这一基本立意出发，基层治理研究的重心由以往集中探讨国家与社会这两个分立主体各自的权力和角色，转向具体治理实践中分别代表国家力量和社会力量的行动者之间的互动方式。治理规则的弹性与行动者的积极运作使得国家与社会的权力、资源、规范发生融合交叉，进而形成一种开放体系，"二者都为作为对方代表的行动者敞开，是一个可以进入的领域"[③]。由此，基层治理形态表现为国家与社会的共同在场。

基层智慧治理的运作不仅有赖于党政力量的组织动员，也有赖于社会行动者的协同合作。组织动员机制具有强烈的运动式治理色彩。其优势在于，

[①] ［美］乔尔·S.米格代尔：《社会中的国家：国家与社会如何相互改变与相互构成》，李阳、郭一聪译，张长东校，江苏人民出版社2013年版，第45—67页。

[②] 参见［英］安东尼·吉登斯《民族—国家与暴力》，胡宗泽、赵力涛译，王铭铭校，生活·读书·新知三联书店1998年版，第5页。

[③] 仇叶：《实体主义与关系主义视角下社区治理研究的分殊与融合》，《南京农业大学学报》（社会科学版）2016年第1期。

通过压力传导、行政动员和组织网络渗透等途径，高效集中党政组织资源与社会资源，克服科层内部因职责权限和资源分散而产生的治理低效问题，以完成各项具体的治理任务，实现国家治理能力的边际改善[1]。运动式治理超脱于科层组织的常规设置与运作。非常规化、非正式化的组织机制以及以刚性规范为特征的压力型体制和目标管理责任制，可在短时间内推动公共政策的层层落实。在我国治理语境中，党政结构的典型特征表现为党的集中统一领导地位和党政关系之间的复合结构。党组织的网络结构与政府的科层结构相结合，构成这种结构的组织形态；从中央到地方的各类领导小组构成这种结构运行的重要制度载体和机构安排，也成为开展运动式治理的重要组织形式。由"社区通"的案例可知，"社区通"工作的顺利推进得益于党政治理结构下的运动式治理。党政力量对基层智慧治理的领导和统筹是具体的而非抽象的，即通过织密党政组织体系，构建以领导小组为中心的层级式组织架构和基层党建引领的政党组织机制推进政策实施，将党政力量贯穿于治理全过程，保证了基层智慧治理中的国家在场。

如前文所述，除党政力量的领导与统筹之外，基层智慧治理的有效推进还得益于多元行动者的协同合作，其实质是国家与社会之间的良性互动，而实现这种互动的重要保障是社会力量的持续在场。基层智慧治理赖以支撑的技术手段客观上实现了"国家与社会的双向赋权"[2]。新兴信息技术的应用一方面使国家能够更加精准地提供公共服务、更加精细地治理社会，改善基层治理的方式，提升基层治理的能力；另一方面也为国家与社会的互动提供了一种新的机会空间。像"社区通"这种智慧治理系统的创建，开拓了社会参与的渠道，有利于基层治理空间内的公共辩论、问题传播和社会监督。作为赋权工具的智慧治理及其技术运用，允许社会分享国家所掌握的权力，缩短国家与社会的距离，使社会行动者拥有更多的权力去影响公共政策。

迈克尔·曼划分了国家权力的两种类型，即专制性权力和基础性权力。前者指的是国家以专断意志行使和分配权力，不与民众协商而采取行动；后

---

[1] 参见张新文《典型治理与项目治理：地方政府运动式治理模式探究》，《社会科学》2015年第12期。

[2] 郑永年：《技术赋权：中国的互联网、国家与社会》，邱道隆译，东方出版社2014年版，第17页。

者关注的则是国家贯彻自己意志的实际能力,利用基础设施和技术支持使权力渗透到社会之中来实现治理目标。迈克尔·曼认为,现代民主国家往往呈现出"弱的专制性权力"和"强的基础性权力"[1]。实施和强化国家的基础性权力,就要求国家与社会之间形成一种制度化的合作与协商,不断通过技术手段的升级和改造来革新治理方式和形塑社会形态。基层智慧治理试图基于技术手段的双向赋权路径,使政府通过与社会合作来提升自身的政策执行能力与公共服务能力,社会通过与政府的互动来汲取公共资源或表达利益诉求,由此形成一种资源依赖关系,并在国家力量和社会力量之间构筑了一种合作治理机制。

二 技术与共治的共同增进

党的十九届四中全会指出:"必须加强和创新社会治理,完善党委领导、政府负责、民主协商、社会协同、公众参与、法治保障、科技支撑的社会治理体系,建设人人有责、人人尽责、人人享有的社会治理共同体。"这一要求意味着加强和创新基层社会治理的落脚点应该是社会中的"人",而非"作为技术装置的国家"[2],同时意味着基层社会治理的技术革新要服务于社会治理共同体的构建。在这一共同体中,多元治理主体能够各尽其能、各展其长,共同营造出一种开放多元、互信互利、合作共赢的关系网络。这就需要在创新技术治理方式的基础上,坚持以人民为中心的价值立场,最大限度地激活治理系统中的社会共治效能与社会个体的公共参与动能,以技术化方式进行自我组织和自我管理,真正实现治理过程有公众参与、治理效果由公众评价、治理成果与人民共享。

然而,基层智慧治理对技术的强依赖性存在治理目标逐渐被技术所替代的潜在风险。技术对基层治理的支配性越强,这种潜在风险也就越大,便越有可能出现新的治理难题[3]。对技术工具的过分依赖或不当应用,容易使信息

---

[1] Micheal Mann, *The Sources of Social Power*, Volume 2: *The Rise of Classes and Nation-states, 1760—1914*, Cambridge: Cambridge University Press, 1993, p.59.

[2] 吕德文:《治理技术如何适配国家机器——技术治理的运用场景及其限度》,《探索与争鸣》2019 年第 6 期。

[3] 参见韩瑞波、唐鸣《基层社会治理智能化的潜在风险与化解防范——基于 Y 市 Z 区的案例研究》,《宁夏社会科学》2021 年第 1 期。

和技术资源向某些科层部门集中而导致"数据威权"和"数据独裁",不利于国家向社会的赋权;还可能禁锢公众的自由意志和行为选择,或是将复杂民意简单化处理①。这不仅与智慧治理所倡导的社会共治理念相悖,还会影响公众参与的积极性。增进社会共治的首要条件是个体权利的保障和合理需求的满足。基层智慧治理中的技术应用要适应基层社会日益分化的公共服务需求。经济社会的发展和内生的分化特性导致公共服务的个体需求表达与显现越发精细。相应地,政府的公共产品供给应具有更高的精准度和透明度,否则将会出现资源分配的错位,甚至是公共产品供给的无效。

从"社区通"的应用场景和功能设置来看,"社区通"以多场景和精细化的方式对社区公共事务和治理难题进行分析和研判,以个性化服务为导向,在微信平台中定制"人民信箱""社区公告""社区公约""左邻右舍""党建园地""议事厅""居(村)务公开"等基本功能板块,其目的是更加准确和高效地回应城乡居民差异化的公共服务需求。为鼓励和便捷居民参与,"社区通"立足于微信公众号的深度开发,为每个社区(村)设置独立的二维码,居民经扫码注册、实名认证、审核通过后便可成为用户。"社区通"的用户群体是"真正的邻居们",发布的话题是与居民用户切身利益直接相关的"邻里事",以便于信息、规则、程序和结果要素的公开透明,以及社区公共议题在网络空间内的讨论和传播,引导居民自下而上提出议题、开展协商、形成项目、建立公约,激活社区(村)居民和村民参与社区治理的自主性。

"社区通"的实践充分展示了技术手段增进社区共治的工具性价值。智能平台将技术延伸至人们的日常生活领域,因数字鸿沟而造成的社会分化逐渐减少,政府与社会个体之间的话语权和影响力得以重置。当人们进入"社区通"所创造的公共生活网络空间时,"平台用户"的同质角色实际上加强了人们之间的身份认同,在某种程度上遏制了社区的个体化和离散化倾向,也增加了社区治理的社会资本存量。良好的社会资本对治理绩效的积极作用体现为:其一,以社区自主性凝聚集体行动,使政策制定与执行更具回应性;其二,以社会信任加固社区的关系网络,激励和动员社区成员参与公共事务治

---

① 参见彭亚平《技术治理的悖论:一项民意调查的政治过程及其结果》,《社会》2018年第3期。

理；其三，培育社区成员的公益精神和利他意识，以志愿服务行动配合和补充公共服务[①]。可见，社区共治目标能否实现的关键性因素往往潜藏于微观的技术细节中，这些技术细节形塑着多元主体互动的方式和机制，并关乎一种合作治理模式能否建立和维系。因此，基层智慧治理能力的提升应专注于技术细节问题，以技术应用的不断升级来增进社区共治。

为解答基层智慧治理何以有效这一问题，本章从组织分析的视角考察了基层智慧治理在组织、行动和技术等维度的运作机制。这些运作机制实际上是组织行动者依据治理情境的变化而调适自身行动的集合。信息化、数字化和智能化的治理情境不仅为多元组织行动者提供了新型行动场域，而且加强了行动者之间的共生性和依赖性，也在很大程度上改变了行动者的互动方式、行为策略以及权力关系。通过"社区通"的个案观察发现，党政组织在压力传导下的组织动员机制形塑了科层体系内部的高效运转以及党在治理过程中的领导权威；多元组织基于利益共识的行动协同机制激发了各行动主体在治理过程中的协作效能；符合基层事务特点的技术嵌入机制促成了新兴信息技术与基层治理的耦合，构建出开放和扁平的治理形态。这些机制共同塑造了基层智慧治理场域内的新型关系形态。提升基层智慧治理的有效性，应准确研判和解构基层智慧治理运作背后的逻辑关系，实现国家与社会的相互赋权、技术与共治的共同增进。

研究表明，实现基层智慧治理有效不能仅限于国家层面的整体规划、数据整合、平台建设和技术支持，还要着眼于治理系统的运作机制与组织行动者的行动效能。基层智慧治理的运作以组织行动者的互动为前提，而这种互动的触发缘由则是各行动者的利益需求。在利益驱动下，组织行动者都会出于理性考量来选择相应的策略和行为。不同行动主体之间的利益融合或冲突程度是影响行动者策略选择的主要变量。有效的基层智慧治理需要行动者之间达成基于彼此认同的集体合作。在集体合作的过程之中，行动者会努力让集体行动朝着有利于实现自身利益目标的方向行进。行动者之间的合作将制造出权力的共同生产而不是权力的制约与反制约，并缔结出一种彼此高度依赖的关系结构。

---

① 参见 Rhys Andrews, "Social Capital and Public Service Performance: A Review of the Evidence", *Public Policy and Administration*, Vol. 27, No. 1, 2012, pp. 49–67。

由此,在基层智慧治理实践中践行国家与社会的相互赋权,要求合理界定治理主体的权责边界和功能角色,将社会治理权力精准地分配给每个主体,保证治理过程中国家力量和社会力量的共同在场。同时还要认识到,治理技术只能作为一种工具手段,而无法成为治理目标。基层智慧治理的目标应始终定位于以国家与社会合作共生为基础的治理共同体构建,本着共治、共建、共享的基本原则,借助于技术的进步来激活全社会的内生力量,最终服务于公共利益的实现与公共精神的培育。另外,应准确辨别和把握信息技术对于基层智慧治理的效能优势与潜在风险,在追求技术革新的同时,避免对技术的过分依赖,更不可将其认定为创新基层治理方式和提升基层治理能力的唯一手段。需明确的是,基层智慧治理的有效推进尽管具有强烈的技术治理色彩,但技术应用的出发点仍是对社会参与意识和民主价值的追求。

第七章

基层社会治理智能化的
潜在风险与化解防范*

党的十九大报告强调要提高社会治理社会化、法治化、智能化、专业化水平。党的十九届四中全会指出，要加强和创新社会治理，完善党委领导、政府负责、民主协商、社会协同、公众参与、法治保障、科技支撑的社会治理体系。"科技支撑"着眼于夯实社会治理的技术基础，不断提高社会治理的智能化水平。持续推进基层社会治理智能化建设，是信息时代实现社会治理体系和治理能力现代化、提高社会治理精细化水平、满足人民群众对美好生活向往的必然要求。当前，推进基层社会治理智能化建设的试点和探索实例不断涌现，学术界亦掀起就相关议题的讨论热潮。在此背景下，对基层社会治理智能化建设的实践逻辑和优化路径进行学理分析，具有重要的理论与现实意义。

第一节 如何化解智能化治理的潜在风险

基层社会治理智能化是基层社会的实质空间和数字空间日益交叉融合的结果，旨在运用互联网、大数据、云计算、物联网、区块链等信息技术手段，结合信息化和数字化发展的规律和特点，将复杂的社会运行体系映射在多维、

---

* 本章以《基层社会治理智能化的潜在风险与化解防范——基于Y市Z区的案例研究》为题，发表于《宁夏社会科学》2021年第1期。

动态的数据体系之中，实时、量化、可视化地观测社会运行规律、社会诉求变化以及政府回应效果，提升社会抗风险能力以及社会治理的有效性。伴随日新月异的实践进程，基层社会治理智能化在显现其工具价值的同时，也暴露了其潜在的治理风险。

就工具价值而言，基层社会智能化建设体现了智能化治理的工具理性意义。智能化治理依赖于现代信息技术的强大能力及其在实践应用上的天然优势，通过技术手段对信息进行收集和存储，使权力主体依照一定的标准和程序进行制度性控制、调配和使用，把治理对象"化简"为一种技术操作过程，进而实现社会治理的清晰化、智慧化和便利化[①]。在价值取向方面，智能化社会治理以人为核心，强调对公众个体的情感、态度和诉求等"民情数据"的把握，以及政府回应能力的提升，试图有效感知社会治理民情、增强政府回应能力、评估社会治理风险，在此基础上优化社会治理系统和重塑社会治理体系[②]。在功能定位方面，智能化社会治理力图打破科层制结构设置所形成的"数据孤岛"，打通政府层级之间、政府部门之间、政府和公众之间的隔阂，改变政府单中心治理的传统格局，推动多元主体的参与以及各方资源的融通和共享。与此同时，智能化社会治理可有效拓展社会治理的空间和触角。诸如综合治理平台和网格化管理平台等社会治理信息平台的建立，智能终端设备的开发、应用和普及，将丰富的社会事实纳入社会治理网络之中，使社会治理"不留死角、不挂空挡、无禁区、无盲点、无漏洞"[③]。

就潜在风险而言，基层社会治理智能化建设对于技术治理路径的过度依赖，又会产生新的治理难题。过分看重数字化、网格化、标准化等技术手段的智能化治理，尽管强化了政府的社会控制能力，但在一定程度上威胁着公众的个人隐私和合法权益，同时可能禁锢公众的自由意志和道德选择，导致数据威权和数据独裁，酿成"数字利维坦"[④]的危机。"数字利维坦"的背后

[①] 参见吴旭红《智慧社区建设何以可能？——基于整合性行动框架的分析》，《公共管理学报》2020年第4期。

[②] 参见孟天广、赵娟《大数据驱动的智能化社会治理：理论建构与治理体系》，《电子政务》2018年第8期。

[③] 韩志明：《从"互联网+"到"区块链+"：技术驱动社会治理的信息逻辑》，《行政论坛》2020年第4期。

[④] 唐皇凤：《数字利维坦的内在风险与数据治理》，《探索与争鸣》2018年第5期。

是一种全新的"数据权力",即借助对于社会个体的"全景式监控",实现对整个社会的规制和重塑[1]。这种"数据权力"冲击着智能化社会治理所倡导的协同共治理念。它不仅会侵蚀社会民主和参与,还会催生政府、企业、公众、社会组织等治理主体之间的权责分配冲突[2]。对于技术工具的盲目崇拜还可能舍弃人性化的决策关怀,使决策产出更多参照治理效率、程序管理和技术收益,而无法识别和满足社会发展的真正需求,这无疑与人本主义的公共价值相悖[3]。

近年来,关于基层社会治理智能化的实践探索贡献了基于平台构建、结构调适、机制升级、流程再造等思路的地方性样本,构建了能够有效解决复杂治理问题的智能化治理模式,反映出以技术治理现代化为主要路径的改革特征。治理技术的变革在改进社会治理精准性、协同性、整合性和有效性等方面的作用毋庸置疑,但其可能导致的潜在治理风险也不容忽视。这种治理风险主要体现于技术治理路径对社会公共价值的冲击。因此,化解基层社会治理智能化建设的潜在风险,既要重视治理技术手段的创新,也要强调社会公共价值的维系。前者要求以现代技术手段优化智能化平台建设,变革治理结构和运行机制,保证基层社会治理的高效运转;后者要求以重塑社会公共价值为导向,"引入公众逻辑","落脚于社会问题的解决和公共利益的实现"[4],完善基于民意表达、获取和反馈的公众参与机制。那么,基层社会治理智能化实践如何同时满足以上要求,换言之,这些原则性的要求如何转化为基层社会治理的现实景象。

为回应这一学术关切,以求从地方性探索的经验现象中把握优化基层社会治理智能化建设与化解智能化治理风险的实践逻辑,笔者及其团队对鄂西Y市Z区展开了实地调研。Y市Z区的区域总面积约3438.99平方公里,人口约52.26万人,下辖1个街道、1个新区、9个镇、2个乡、24个城市社区、

---

[1] 参见叶娟丽、徐琴《移动互联网·大数据·智能化:人工智能时代权力的规训路径》,《兰州大学学报》(社会科学版)2020年第1期。

[2] 参见文军、高艺多《技术变革与我国城市治理逻辑的转变及其反思》,《江苏行政学院学报》2017年第6期。

[3] 参见陈剩勇、卢志朋《信息技术革命、公共治理转型与治道变革》,《公共管理与政策评论》2019年第1期。

[4] 陈天祥、徐雅倩:《技术自主性与国家形塑:国家与技术治理关系研究的政治脉络及其想象》,《社会》2020年第5期。

173个农村社区。近年来，Z区不断建设和完善"一家亲"的智能化系统，为社情民意的表达和社会问题的解决提供了智能化平台，探索出具有自身特色的基层治理新模式，有效提升了基层社会治理现代化水平，也为本章的研究提供了一个适合的经验样本。

第二节　基层社会治理智能化语境下的韧性治理

面对基层社会治理智能化的风险，在基层社会治理场景中探寻韧性治理路径，实现智能化治理的正向作用最大化与潜在风险的最小化，应成为持续推进基层社会治理智能化进程的目标导向。"韧性"，一般是指特定的社会生态系统适应不断变化的环境而不会造成形式或功能灾难性损失的能力，或是应对变化和侵扰的能力，以寻求系统自身的适应性和持续性，进而塑造出系统循环式动态平衡[1]。社会治理领域"韧性"理念的提出基于对社会系统脆弱性的反思。脆弱的社会治理系统在面临治理风险时往往过分依赖自上而下的政府治理机制，而当这种机制无法充分发挥社会的能动效应时，则会使社会在整体上陷入一种停滞状态，大大降低了其抗风险能力。具有韧性的社会治理系统往往倾向于采用"分散控制""多元决策""协商民主"等治理形式[2]，强调国家力量与社会力量之间保持相对均衡，以及国家对社会自主性、灵活性和主体性的尊重，试图在国家管理机制和社会内生动力之间构筑一种弹性和互补机制[3]。

在基层社会治理智能化语境下，韧性驱动的社会治理系统优化需遵循以下两种实践逻辑。

其一，技术赋权逻辑。这一逻辑强调以技术理性的有效嵌入来变革基层

---

[1] 参见J. Park, T. P. Seager, P. S. C. Rao, et al., "Integrating Risk and Resilience Approaches to Catastrophe Management in Engineering System", *Risk Analysis*, Vol. 33, No. 3, 2013, pp. 356 – 367。

[2] 参见Edwine W. Barasa, Rahab Mbau, Lucy Gilson, "What is Resilience and How can It be Nurtured? A Systematic Review of Empirical Literature on Organizational Resilience", *International Journal of Health Policy and Management*, Vol. 7, No. 6, 2018, pp. 491 – 503。

[3] 参见唐皇凤、王豪《可控的韧性治理：新时代基层治理现代化的模式选择》，《探索与争鸣》2019年第12期。

社会的治理结构和运作机制，对传统的科层制治理作出技术化和工具化的修正，逐渐打破官僚体系结构僵化、信息不对称、反应迟缓、效率低下的怪圈，增强政府回应复杂治理问题和多元社会需求的能力。技术理性的有效嵌入，指涉以回应社会需求和提高运转效率为靶向的组织结构优化和协同机制构建，将扁平性、协同性和开放性融入科层组织运转的规则系统，同时为政社之间的有效互动提供技术性衔接载体，使科层组织运转的动力来源由内部规章和考核压力转向外部的社会需求，在此过程中规范权责配置、修正条块分割、疏通治理流程，进而强化政府主体的治理弹性。

其二，社会赋权逻辑。这一逻辑强调通过公共价值的重塑催生实质性的社会参与，为公众的需求表达、社会交往和社会评价提供平台保障，真正激活基层社会多元治理主体的内生动力，进而构建具有韧性特征的社会治理共同体。基于社会赋权的基层治理将回归于治理的本质，即打破传统管理理念以政府为中心的层级制，以资源交换和权力依赖为基础，以信任和合作为机制，以认同和共识为纽带，建立政府、公民、社会组织等不同行动者之间的治理网络[1]。社会公共事务的治理需构建政府以外其他治理主体的价值认同，作为"寻求社会秩序的精神活动方式"[2]。由此，基层社会治理智能化建设不能仅依赖于政府治理的技术革新，或是政府对社会的控制和动员，而是要充分挖掘社会自发的情感联系和自组织力量，培育其主体意识，保持其自发性和运作空间，创新政社合作的治理机制。以社会赋权为导向形成良性的政社合作关系，应以稳定的公共价值为支撑，以有效的民意表达和社会参与为核心要素。唯其如此，打造社会治理共同体的目标才可能成为现实。

在不断推进基层治理体系和治理能力现代化的顶层设计下，在基层社会治理智能化实践暴露出一定风险的客观情势下，增强基层社会治理韧性是基于现状反思的理性选择。基层社会治理智能化所要实现的"良好的治理"，应依循技术赋权和社会赋权的实践逻辑，兼具技术理性和公共价值两种特质。从该立论出发，本章构建了"技术理性嵌入—公共价值重塑"的分析框架，如图7-1所示，将地方性的实践探索放置于基层社会治理智能化的情境中进行考察，从中把握基层社会治理变革的发展趋势。

---

[1] 参见王刚、宋锴业《治理理论的本质及其实现逻辑》，《求实》2017年第3期。
[2] 潘于旭：《认同、共识及其价值论建构的意义》，《江苏社会科学》2014年第1期。

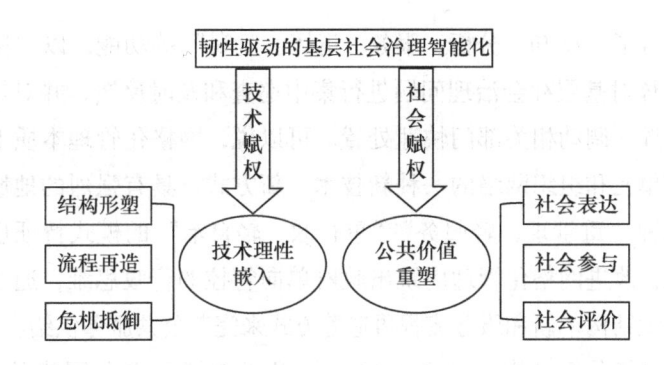

图 7-1 "技术理性嵌入—公共价值重塑"分析框架

图片来源：作者自制。

第三节 基层社会治理智能化建设中的技术理性嵌入

技术理性本质上是国家理性或政府理性的一种表现形式，具体指以国家或政府为代表的政治组织通过变革工具或机器意义上的技术来实现控制或改造基层社会目标的理性思维。技术理性嵌入下的社会治理力图对日趋复杂和多元的社会进行简化，将社会情境简化为数字符号①。技术理性嵌入社会治理的过程，也是国家或政府主动增强对社会需求的感知和回应能力的过程，体现出强烈的国家或政府主导的特征。基层社会治理智能化建设中的技术理性嵌入主要体现于基层社会治理的结构形塑、流程再造和危机抵御等方面。

一 以多元网格形塑基层社会治理结构网格

网格作为"情报采集的基本单元……是政府对属地中部件、人户、组织、业态、事件等信息的集聚平台"②。网格化管理旨在通过广泛连接互联网、数据中心和终端设备，建立数据链条和信息传输体系，推动数据资源的共建、共用、

---

① 参见彭亚平《技术治理的悖论：一项民意调查的政治过程及其结果》，《社会》2018 年第 3 期。
② 孙柏瑛、于扬铭：《网格化管理模式再审视》，《南京社会科学》2015 年第 4 期。

共享。它集合了"感知、分析、服务、指挥、监察"等功能,以"网格化管理中心"为载体对基层社会治理问题进行集中巡查和及时反馈,并对针对性举措进行协调指挥,调动相关部门快速处置。可以说,网格化管理本质上是型构基层社会治理单元和组织网络的一种新技术、新方式,具有强烈的地域性和行政性色彩。这种"重管理,轻服务""重行政,轻自治"的模式特征也一直遭受诟病。因此,改进网格化管理应跳出政府单向管控的行政思维,通过网格化技术优势、组织结构革新和服务流程再造等方式来完善公共服务供给。

Z区的网格化管理模式突破了单一的以"地域"划分网格的传统思路,将"需求"同时作为网格划分的考量因素,打造了"地域+需求"的双重组织结构。一方面,完善"地域网格",在农村社区建立"村—网格—村湾—户"的四级架构,在城市社区形成"社区—网格—小区—楼栋—户"五级架构。另一方面,打造"需求网格",发现和挖掘群众需求单元,基于地域网格的组织架构,借助于"一家亲"系统建立单元楼栋和村湾小组线上群组,并鼓励城乡居民按照职业、兴趣、爱好、诉求等建群入圈,逐步形成以实际需求为导向的线上需求网格,并与线下地域网格相融合,将游离于地域网格之外的居民吸纳进来,形成"地域网格纵向到底、需求网格横向到边"的治理形态,产生强大的用户和数据优势,使政府部门更加及时、全面地掌握真实、准确的社情民意,进一步提高管理精准化、服务精细化水平,实现了基层社会治理结构的优化升级。

二 以部门协同再造基层社会治理流程

由于传统的科层制专业化分工与信息化社会复杂的社会需求不匹配,难以有效应对社会治理问题,因而亟须通过以"整体性治理"为导向且以技术理性驱动的基层社会治理创新再造治理流程。整体性治理主张机构间的协调、政府功能的整合、行动的紧密化和提供整体性的公共服务[1]。在技术运用方面,整体性治理强调以充分运用信息技术为治理手段,以服务公民需求为主导理念,打破信息系统与政府层级之间的数据壁垒,建立起跨部门的业务协同机制;构建数据共享和业务协同的信息平台,使其在获取与传递信息、整合资源、协调行动、匹配需求、提供服务等方面能够跨越组织边界(尤其是

---

[1] 参见韩兆柱、翟文康《西方公共治理前沿理论述评》,《甘肃行政学院学报》2016年第4期。

地方和基层部门之间的组织边界），实现业务处理的高效协同；在平台建设的基础上，明晰部门权责清单与权力运作流程，厘清社会治理相关职能部门功能与业务流程之间的逻辑关联，以系统性和整体性思维调适政府部门内部的层级界限和职责分工，确保数据信息的流动依循合理的政务逻辑。为构建跨部门的业务协同机制，Z区持续推进"一中心五平台"项目建设，即区级综合信息服务中心、政法业务协同办案平台、应急指挥平台、综治服务管理平台、社情民意收集研判处理平台、政法信息宣传发布平台。以政法业务协同办案平台建设为例，通过加大政法智能化项目经费投入，配备政法智能化专用电脑，配置"政法通"智能移动终端设备，并建立联动机制，以定期召开联席会和碰头会的形式保障政法协同办案系统稳定运行。再如应急指挥平台建设，建立起纵横协同的应急联动调度指挥体系：纵向方面，向上运用"背靠背"技术与行业部门系统对接，向下连接乡镇（街道）、村（社区）、危化矿山企业等；横向方面，实现应急、公安、消防、综合执法、水利、气象、环保、自然资源等13个职能部门协同配合。数据信息平台的构建使政府由依靠经验和直觉作出决策，转向以问题为中心，以信息共享为基础，依靠数据收集和分析来提出解决问题的优化方案。跨部门的业务协同机制打破了政府部门间条块分割和数据共享困难的局面，加速了科层体制走向网络化、扁平化和开放化的进程，也再造了基层社会治理流程。

三 以精准防控抵御基层社会危机

在现代化的时代背景下，社会构成要素不断增多且关联密切，各类要素之间的矛盾冲突无法根本化解，大大增加了社会治理的复杂性和危机性。由此，"精准性"成为社会治理无法回避的趋势[1]。精准治理作为社会治理范式进化的产物，已广泛应用于贫困治理、社区治理和公共服务等领域，并在提升基层社会治理效率、规避治理损失、抵御治理风险等方面表现出强大优势[2]。以精准治理理念为指导的社会危机治理要求在信息化和智慧化技术支撑

---

[1] 参见王春城《政策精准性与精准性政策——"精准时代"的一个重要公共政策走向》，《中国行政管理》2018年第1期。

[2] 参见王欣亮、任弢、刘飞《基于精准治理的大数据安全治理体系创新》，《中国行政管理》2019年第12期。

下做到精准决策和施策。具体而言，一方面，要立足于个体信息的获取、整合与分析，使政策不偏离民众的需求，达成政策预案与治理需求之间的精准匹配[①]；另一方面，通过加强社会动员，将公众参与引入决策流程，搭建上下联动、组织有效的防控网络[②]。此外，还要精准配置防控资源，准确引导防控信息，进而增强基层社会危机治理的整体性、协同性和精准性。

在应对新冠疫情等突发公共卫生事件时，Z区以精准治理为标志，有力彰显了基层社会治理智能化的优势。在防控组织网络的构建方面，组织发动1370名网格员、111名小区党支部书记、1627名楼栋长、5100个村湾中心户、5322名党员、1294名转岗干部、11693名社会能人、23000多名志愿者等力量，全力参与流动人口排查、防疫宣传、物资配送、治安防控、卡口值守等防控工作，构筑起群防群治的严密防线。在防控信息把握方面，依托大数据智能化平台精准有效锁定了全区近5万名外地流入人员的信息和动态；每天对全区17万余户52万余人进行线上线下健康监测，并通过"一家亲"智能化系统、政府门户网站等平台及时发布相关信息。这些有效信息为政府的防控决策和施策提供了可靠的数据支撑。在需求响应方面，基于"一家亲"智能化系统覆盖面广、居民需求真实、社情掌握及时等优势，开辟了线上"疫情防控专区"，通过"一家亲"APP及24小时综合服务热线，累计为居民解答处理交通出行、物资配送、复工复产、投诉举报等与疫情相关的问题15000余件。可见，技术驱动下的精准治理在动员社会力量、践行科学决策、响应社会需求等方面为基层社会治理的危机抵御提供了强大助力。

第四节 基层社会治理智能化建设中的公共价值重塑

哈耶克在对技术理性的反思中提及，技术理性的最大抱负便是将改造社

---

① 参见李大宇、章昌平、许鹿《精准治理：中国场景下的政府治理范式转换》，《公共管理学报》2017年第1期。

② 参见雷晓康、汪静《基于社会动员的新冠肺炎疫情精准防控体系构建研究》，《山东社会科学》2020年第9期。

会的重任交付给像工程师那样的技术官僚主义①。技术理性嵌入社会治理的过程必然伴随着政府权力向基层社会的渗透。倘若技术理性在治理实践中被过度追求，技术化的制度设计和治理流程被过度追捧，则很可能会侵蚀社会个体力量的需求表达和行动自由，形成"智慧生活的个体代价"②。这一不良结果与治理理念所追求的社会公共价值相背离。公共价值的实现依赖于多元主体间的重叠共识，这意味着多元主体之间尽管存在价值观念的分歧，但在治理目标上具有同一性。具有公共价值特征的基层社会治理体现出对于个体自由的尊重，能够为作为社会治理主体的个体提供足够的行动空间，并基于个体的共同行动凝聚和表达公共利益，使得集体决策超越社会分散的、个体的、碎片化的偏好和利益。因此，基层社会治理智能化建设应兼具技术理性嵌入和公共价值重塑的双重面向，不仅要优化政府部门的技术治理路径，还要注重实质性的社会表达和社会参与，尽可能地发挥社会力量和社会机制的主体性效应。

一　以需求表达凝聚社会公共利益

"良好的治理"或"善治"是使公共利益最大化的社会管理过程，其本质特征在于政府与公民之间的良性合作，以及国家权力向社会的回归③。社会多元共治作为"善治"从理论转化为现实的必要形态，其构建的社会治理系统强调通过多个治理主体自由进入、平等交流、表达诉求、协商对话形成公共领域，凝聚社会公共利益，以制衡政府强大的治理权力④。就当下的基层社会治理实践而言，信息技术的广泛运用只是触及了科层制体系的手段方面，而并未改变基层社会的权力结构⑤。另外，科层制外衣加身的一线行政体制与行政化的基层自治组织的制度性结合，成为当前基层政权的普遍组织形态⑥。村级组织或城市社区承接着基层政府委派的各种行政任务，其主要任务已不

---

① 参见 Friedrich A. Hayek, *The Rule of Law*, CA: Institute for Humane Studies, 1975, p. 102。
② 邱泽奇：《智慧生活的个体代价与技术治理的社会选择》，《探索与争鸣》2018 年第 5 期。
③ 参见俞可平《治理和善治引论》，《马克思主义与现实》1999 年第 5 期。
④ 参见王名、蔡志鸿、王春婷《社会共治：多主体共同治理的实践探索与制度创新》，《中国行政管理》2014 年第 12 期。
⑤ 参见韩志明《技术治理的四重幻象：城市治理中的信息技术及其反思》，《探索与争鸣》2019 年第 6 期。
⑥ 参见陈柏峰《基层社会治理模式的变迁与挑战》，《学习与探索》2020 年第 9 期。

再是践行基层自治，而是使政府职能在基层得到有效执行。这一现实角色无疑与群众性自治组织的法定角色存在明显张力，同时造成自治主体在基层社会治理中的缺位，甚至成为社会多元共治和公共利益凝聚的阻碍。治理技术的进步不仅要给予自上而下的政府治理更多的技术手段，更重要的是要逐步开放一种独特的网络空间和平台，为社会个体的需求表达提供技术支撑和平台支持。

因此，基层社会治理智能化建设不仅要对居民诉求和公共舆论进行实时监测，还要为城乡居民的需求表达建立技术化平台。Z区依托"一家亲"智能化系统，获取和整理居民的个性化、差异化、多样化需求。例如，针对居民的发展需求，以乡贤能人为纽带，积极邀请乡贤能人进驻乡村，建立农产品产销、村民用水、环境卫生、红白理事、文体艺术、老年人互助等群组，让居民在群组中交流感情、共享信息、共谋发展。针对居民的自治需求，订立和推行自治公约，借助"一家亲"系统线上公开党务、村务、事务、财务和服务，做到公开、透明、及时和规范；开展线上社情民意征集工作，以民主协商的形式鼓励居民共同谋划村庄或社区的发展和治理事项，有效凝聚居民的智慧和力量，加快形成民事民议、民事民办、民事民管的共治格局。针对居民的法律服务需求，开通线上法律服务专栏，提供在线咨询、公证预约、司法鉴定、聘请律师等诸多服务。从以上举措不难看出，居民需求表达是提升基层政府公共服务自觉和增强政府对公共需求回应能力的前提条件。政府公共服务供给的制度化表明只有当行政体系能够制度化地包容居民的公共需求时方可实现良好的治理效果[①]。居民需求的有效表达能够使公共服务供给更具匹配性和精准性，有效破解基层社会治理难题。

二　以组织化参与打造社区邻里共同体

基层社会治理智能化建设的目的不是使社会个体成为政府技术化管理的对象，而是要将他们从社会治理的边缘带回中心位置，重塑其主体地位，并为其提供社会参与的渠道和机会。然而，基层社会的个体化趋势无疑加大了塑造社会治理共同体的难度。在个体化时代，社会个体逐渐脱离集体组织的束缚，个体的独立性和分散性得以彰显。这就呼唤一种新的治理机制，"在维

[①] 参见仇叶《行政公共性：理解村级治理行政化的一个新视角》，《探索》2020年第5期。

护社会个体独立性的基础上将其重新容纳和组织起来"①。基层社会治理中的技术治理模式重点在于通过改造和升级政府治理手段完成政府对于社会的再组织化，但其不足在于未能充分激活社会自身的力量，也无法保证社会治理创新的可持续性②。这时，社会自身的组织化参与便成为实现社会再组织化和重塑社会治理共同体的题中之义。城乡居民的组织化参与有助于打破基层社会个体化背景下"熟悉的陌生人"状态，使居民在日常生活中加强交往和相互熟知，逐步形成"社区邻里共同体"③。这种组织化参与的主要载体之一正是以社区社会组织为代表的社会自组织力量。

代表居民利益的社区社会组织能够展现出强大的组织化力量，为居民集体行动和基层自治提供组织基础。社区社会组织的组建在社区公共空间中形成公共利益与个体利益之间关联机制，以及紧密的关系网络，进而增强基于自组织网络的社区韧性。Z 区在社区社会组织培育方面的工作包括：以"专业社工＋网格员"为方向，建立社会工作人才、重点服务对象、社区义工标准化数据库；借助智能化平台和手机 APP 建立联络群，培育各类社区社会组织，如"心安 365"志愿服务队，先后孵化成立了"红色"业委会服务队、青少年服务中心志愿队等 9 支志愿服务队伍，在册志愿者已达 365 人，服务居民 2000 人次，志愿服务涵盖了促进生产、发展经济、移风易俗、文体娱乐、邻里互助、调解矛盾等方面。社区志愿组织自发的组织化参与，使社区公共服务不再拘泥于基层政府的干预和引导，改变了"行政化色彩较浓，自主性较差"④的传统特性。组织化参与有助于推进社区多中心治理格局的构建，搭建起行政力量与社会力量之间的合作网络。社区治理能力的提升，需秉持"建设社区邻里共同体"的价值导向，摒弃过分依赖行政管制的传统思维，在尊重社会自主性的基础上激励社会力量共同参与和社区居民有序自治。

---

① 项继权、鲁帅:《中国乡村社会的个体化与治理转型》,《青海社会科学》2019 年第 5 期。
② 参见胡重明《再组织化与中国社会管理创新:以浙江舟山"网格化管理、组团式服务"为例》,《公共管理学报》2013 年第 1 期。
③ 吴晓林:《党建引领与治理体系建设:十八大以来城乡社区治理的实践走向》,《上海行政学院学报》2020 年第 3 期。
④ 魏娜:《我国志愿服务发展:成就、问题与展望》,《中国行政管理》2013 年第 7 期。

三 以居民满意度评估基层治理能力

基层社会治理场域中公共理性的彰显依赖于一定的程序性机制，其中就包括对公共权力机构进行评价的机制。在压力型体制下，指标化的任务分配方式与物质化的评价机制，使基层政府忙于应付大量的表格和台账，消耗了基层干部的主要精力。这种自上而下的考评方式在很大程度上反映出行政绩效考核机制的局限性。此外，为完成烦冗的行政事务，基层政府将行政压力传导至城乡社区，也将技术化的指标考核安置于民主化的基层治理之中，导致基层治理的动力从满足基层社会的内生性治理需求，转向以外生性治理任务为导向的目标管理责任制。由此，层层加码的痕迹管理使得一线行政工作中的自主性和能动性式微，作为基层治理手段的痕迹管理渐趋异化为治理目标[1]。当下基层治理实践中凸显出的"痕迹主义"，正是过度的痕迹管理造成的行政责任异化和以留痕为考核对象的政绩观共同催生的产物[2]。"痕迹主义"成为基层治理"内卷化"的主要因素[3]。克服基层治理中的"痕迹主义"，改革行政绩效考核机制，无疑成为提升基层治理能力的必要选择。

改革行政绩效考核机制，要将居民满意度作为评价基层治理能力的核心要素。正如 Z 区的做法，建立以居民满意度为核心的考核机制，通过"一家亲"智能化系统广泛邀请城乡居民对 13 个乡镇、街道和试验区以及 197 个乡村和社区进行居民满意度测评，科学合理地设定调查项目，使居民足不出户便可完成调查问卷。这种线上调查兼具调查范围的广泛性和调查结果的客观性，同时增加了基层治理能力考评的科学性和准确性。考评结果被纳入区委、区政府对基层政府和基层自治组织年度综合目标考评范畴。可见，智能化技术平台在行政绩效考核机制中的有效嵌入，为普通民众掌握基层治理能力的评判权创造了可能。考核机制的优化，实质上是对基层治理能力进行评价的程序性改造。它将民众的满意度与获得感转变为具体化的评价指标，这既是

---

[1] 参见颜昌武、杨华杰《以"迹"为"绩"：痕迹管理如何演化为痕迹主义》，《探索与争鸣》2019 年第 11 期。

[2] 参见盛明科、陈廷栋《"痕迹主义"的产生机理与防治对策——以行政责任为视角》，《行政论坛》2019 年第 4 期。

[3] 参见杨帆、李星茹《社区治理中痕迹主义与内卷化的共因及互构》，《甘肃行政学院学报》2020 年第 4 期。

吸纳和表达民意的过程，也是体现基层治理公共价值的过程。

综上所述，Y 市 Z 区的基层社会治理智能化实践呈现出以韧性治理为导向的技术理性嵌入和公共价值重塑两种面向。就前者而言，技术理性思维付之于基层社会治理实践，具体表现为以多元网格形塑治理结构、以部门协同再造治理流程、以精准防控抵御治理危机等技术治理手段的运用，从中体现出国家或政府为增强其社会控制能力和社会回应能力而所作的努力。就后者而言，基层社会治理中公共价值的重塑，具体表现为以需求表达凝聚社会公共利益、以组织化参与打造社区邻里共同体、以居民满意度评估基层治理能力，这些实践探索都是捍卫社会主体性和公共价值的尝试。

基层社会治理智能化建设应着眼于以技术赋权和社会赋权共同推进社会治理变革，着力改变科层制组织的内部运行方式，打造多元主体合作共治的治理结构①；清醒地认识到政府已然不可能通过资源垄断对社会实施控制，政府与社会在基层社会治理场景中的权力格局应被重新改写。这种双重赋权意味着科层制系统逐渐具备网络化、扁平化、开放性等特征，其组织结构、职能定位和治理流程也将随之改变②；意味着技术手段与社会治理的深度融合，即通过技术进化形塑"去中心化"和交互式的"整体智治"③社会治理方式；意味着以技术工具为载体来构建简约高效的基层管理体制，促进政府组织的内部合作以及与社会之间的外部合作，打造数字化、标准化、规范化的运行机制以及有序参与的互动模式，使社会治理主体能够更加有效地回应社会需求，整体协同地应对社会问题④；意味着社会治理主体价值认同的确立，将公共价值内化为自觉的价值取向，真正树立公共事务治理中的主体意识，由"治理对象性"的存在转换为"治理主体性"的存在。

将双重赋权作为逻辑基点，兼顾技术理性和公共价值，应成为优化基层社会治理智能化建设，化解防范智能化治理风险的实践原则。如果技术理性的嵌入与公共价值的重塑互相抵牾，智能化治理的稳定性与可持续性也将无

---

① 参见朱婉菁、刘俊生《技术赋权适配国家治理现代化的逻辑演展与实践进路》，《甘肃行政学院学报》2020 年第 3 期。

② 参见陈振明《政府治理变革的技术基础——大数据与智能化时代的政府改革述评》，《行政论坛》2015 年第 6 期。

③ 余敏江：《整体智治：块数据驱动的新型社会治理模式》，《行政论坛》2020 年第 4 期。

④ 参见李齐《信息社会简约高效基层管理体制的构建》，《中国行政管理》2018 年第 7 期。

从谈起。治理方式的变革不能仅停留于技术工具的选择层面，还应重视其"在多大程度上能够提高其参与者的能力、知识和责任……在多深的程度上打上了其成员的价值和经验烙印"①。作为重塑社会公共价值的前置条件，公民的需求表达和社会参与直接关系到他们在社会治理中的能力和知识提升，以及对于社会治理共同体的认同感、归属感和责任感。尊重公民需求和鼓励社会参与的价值取向，有助于构筑强大的社会关系网络，凝聚复杂社会的利益共识，降低基层社会治理在技术化改造中的风险，以强大的社会韧性有力应对基层社会治理转型过程中的诸多挑战。

这就要求我们在推进基层社会治理智能化建设的实践探索中，一方面，要实现技术工具的提质升级，将推进智能化建设与完善治理机制相结合，把现代技术手段的运用与体制机制创新融合起来；结合地方特色，以居民需求为驱动，建立智能服务网格化系统和大数据支撑体系，着力开发更多元更高效的智能化平台，提升智能化服务精准性，增强预判和抵御基层社会危机的能力。另一方面，要将智能技术手段与发挥社会主体性相结合，在政府与社会之间构建平等、协同的伙伴关系，完善基于民意表达、获取和反馈的公众参与机制，设立以群众满意度为核心的基层社会治理能力考核机制，拓展社会力量的生长和发育空间，使社会自主性得到释放，进而增进社会力量的参与、服务和自治能力，提高基层治理效能。

---

① [美] 詹姆斯·C. 斯科特：《国家的视角：那些试图改善人类状况的项目是如何失败的》，王晓毅译，胡搏校，社会科学文献出版社2004年版，第488页。

下 篇
社区治理创新的农村之维

第八章

组织韧性视域下的乡镇管理体制改革及其逻辑解析[*]

党的十九届三中全会通过的《中共中央关于深化党和国家机构改革的决定》要求："构建简约高效的基层管理体制，加强基层政权建设，夯实国家治理体系和治理能力的基础。"党的十九届四中全会通过的《中共中央关于坚持和完善中国特色社会主义制度 推进国家治理体系和治理能力现代化若干重大问题的决定》强调："坚持和完善中国特色社会主义行政体制，构建职责明确、依法行政的政府治理体系。"加速推进乡镇管理体制改革，构建简约高效的乡镇管理体制，是优化政府治理体系和加速基层治理转型的重要环节。从研究的角度来说，立足于保证乡镇管理体制改革的有效性、稳定性与持续性，激活基层治理结构改革和治理创新活力，推进基层治理体系和治理能力现代化，应全面考察乡镇政府在面对体制困境时进行自主性探索以实现管理体制优化的实践样态，重点解析体制改革背后的运行逻辑，在此基础上提出深化改革的对策建议。

第一节 乡镇管理体制改革动因研究与组织韧性理论

本章所讨论的乡镇管理体制改革，指向的是以推进基层治理体系和治理

---

[*] 本章以《组织韧性视阈下的乡镇管理体制改革及其逻辑解析》为题，发表于《社会主义研究》2020年第6期。

能力现代化为导向而实施的基层治理结构改革和治理创新行为。这一内涵界定包括两层含义：其一，乡镇管理体制改革的主体是基层党政组织，包括县、市、区和乡、镇两级党政组织；其二，乡镇管理体制改革的研究场域和经验事实既涉及科层制内部的结构和权责优化，亦涉及科层制外部多元治理主体之间的关系调适。

一 已有研究文献述评

乡镇管理体制改革的实践动因，是学术界关注的一个焦点问题。既有研究主要考察了基层党政机构改革和治理创新活动得以发生的中观制度机制与微观组织行为。中观制度机制是乡镇管理体制改革的动力来源之一。制度约束对基层政府行为形成外在规制或驱动，其典型表现就是压力型体制、目标管理责任制、"政治锦标赛"体制与分级制试验机制等。在压力型体制下，自上而下的政府运作往往是将政府治理目标量化为具体的数字指标，行政任务经层层分解和逐级加码，形塑了中央、地方与基层政府的"多重任务—目标—问责驱动"[1]机制。目标管理责任制以设立目标体系和实施考评奖惩为核心，并在科层制内部以及国家与社会之间构建出以"责任—利益连带"[2]为特征的制度性连接关系，以此规范基层政府的运作。由于乡镇管理体制改革本身便是一项行政任务，因而自上而下的压力传导和目标管理便成为基层政府的主要动力来源。

在"政治锦标赛"[3]体制驱动下，政治晋升激励加剧了地方政府的竞争强度，治理范围从以 GDP 增长为核心的经济领域拓展到以社会公平为核心的社会领域。[4]脱贫攻坚、服务下乡、社会治理创新成为政绩竞赛的重要内容。[5]分级制试验是将地方政策创新吸纳到国家政策制定的过程，但治

---

[1] 杨雪冬：《压力型体制：一个概念的简明史》，《社会科学》2012 年第 11 期。
[2] 王汉生、王一鸽：《目标管理责任制：农村基层政权的实践逻辑》，《社会学研究》2009 年第 2 期。
[3] 周飞舟：《锦标赛体制》，《社会学研究》2009 年第 3 期。
[4] 参见唐睿、刘红芹《从 GDP 锦标赛到二元竞争：中国地方政府行为变迁的逻辑——基于 1998—2006 年中国省级面板数据的实证研究》，《公共管理学报》2012 年第 1 期。
[5] 参见王刚、白浩然《脱贫锦标赛：地方贫困治理的一个分析框架》，《公共管理学报》2018 年第 1 期；金江峰《服务下乡背景下的基层"治理锦标赛"及其后果》，《中国农村观察》2019 年第 2 期；彭勃、赵吉《从增长锦标赛到治理竞赛：我国城市治理方式的转换及其问题》，《内蒙古社会科学》2019 年第 1 期。

理情境下的分级制试验不等于放任自流反复试验,或者随心所欲扩大政策范围"。它是由中央政府发起的"对不同观察点或相同观察点在不同时段进行的干预性实验"①。这些试验活动以"政策试点""政策试验""政策创新"和"政策扩散"等形态②,散布于经济体制改革和行政体制改革等领域。从以上研究中可以看出,中观制度机制分析将中央政府和基层政府视为边界清晰但目标一致的不同主体,将基层政府运作归结为制度结构和制度安排的产物。这种分析尽管具有极强的解释力,但在一定程度上忽视了基层政府本身的组织特性与行动理性。

组织学分析将组织视为一种被赋予明确目标的结构性实体,具有正式的结构和规则,并以此影响组织成员的行为以实现特定目标。③ 政府组织具有众多的层级和类型,其行动既受制于内部的结构安排和规章制度,也取决于组织成员不同的利益诉求。④ 处于行政权力末梢的基层官员,本身便是一种具有能动性的"战略群体",可以通过建构地方化问题和选择行动方式,主动回应制度要求和环境变化,影响制度运行的具体方式。⑤ 一些具有改革精神和公共责任感的基层官员表现出推动改革创新的自觉意志和自觉行为,并将其转化为实施行政体制改革的直接动力。⑥ 当遭遇制度压力和体制困局时,基层党政组织能够在发挥主动性和创造力的基础上,以解决公共问题为导向,优化自身组织结构,转变认知和行为方式。近些年,北京、浙江等地涌现的乡镇管理体制改革实践,是基层党政组织自觉启动的基层社会治理创新实践,为本研究提供了可靠的分析样本。本研究正是基于组织行为分析方法,以组织韧性理论为依托,为乡镇管理体制改革动态提供理论解释。

---

① 王绍光:《学习机制与适应能力:中国农村合作医疗体制变迁的启示》,《中国社会科学》2008 年第 6 期。

② 参见朱亚鹏、丁淑娟《政策属性与中国社会政策创新的扩散研究》,《社会学研究》2016 年第 5 期。

③ 参见[法]埃哈尔·费埃德伯格《权力与规则——组织行动的动力》,张月等译,格致出版社、上海人民出版社 2017 年版,第 55 页。

④ 参见周雪光、赵伟《英文文献中的中国组织现象研究》,《社会学研究》2009 年第 6 期。

⑤ 参见[德]托马斯·海贝勒、舒耕德《作为战略性群体的县乡干部(上)——透视中国地方政府战略能动性的一种新方法》,刘承礼编译,《经济社会体制比较》2013 年第 1 期。

⑥ 参见周志忍《论行政改革动力机制的创新》,《行政论坛》2010 年第 2 期。

二 组织韧性的分析视域

"韧性"（Resilience）概念最早出现于生态学的研究之中，霍林将"韧性"定义为生态环境遭遇短暂的干扰之后恢复平衡的能力。[1] 之后的数十年，这一概念跨越了自然科学、应用科学和社会科学等研究领域。社会科学研究中的"韧性"通常强调组织或系统从冲击或灾难中恢复到正常状态或更好状态的能力。[2] 在此基础上衍生的"组织韧性"（Organizational Resilience）概念，是组织分析视野中用于阐释组织回应环境变化的理论工具之一。有学者将"组织韧性"定义为"特定组织对其面临的挑战进行识别，并重塑自身结构来实现变革，从而在应对危机时能保证可持续发展的能力"[3]。

适应性是组织韧性的核心要素，具体指组织在应对挑战时采取快速而高效的行动以强化自身韧性的特质。在基层治理领域，基层政府的组织韧性在其不断重塑基层治理结构和提升基层治理能力的适应性体制变革过程中得以显现。组织适应过程具有动态性，主要涉及前后相继的两个环节，即认知环节和行动环节。参照组织适应过程的环节区分，本章基于"认知—行动"的分析框架呈现乡镇管理体制改革样态，深入剖析其发展逻辑。本章的讨论预设了一种逻辑前提，即基层治理的体制困境考验着基层党政组织的组织韧性，乡镇管理体制改革正是基层党政组织以强化组织韧性为目标，不断回应体制困境的探索性实践。

第二节 乡镇管理体制改革的认知环节

组织适应过程中的认知环节，即组织描述情境和识别问题的环节，它意

---

[1] 参见 C. S. Holling, "Resilience and Stability of Ecological Systems", *Annual Review of Ecology and Systematics*, Vol. 4, 1973, pp. 1 - 23。

[2] 参见 Martin Christopher, Helen Peck, "Building the Resilient Supply Chain", *International Journal of Logistics Management*, Vol. 15, No. 2, 2004, pp. 1 - 13。

[3] Edwine W. Barasa, Rahab Mbau, Lucy Gilson, "What is Resilience and How can It be Nurtured? A Systematic Review of Empirical Literature on Organizational Resilience", *International Journal of Health Policy and Management*, Vol. 7, No. 6, 2018, pp. 491 - 503。

味着组织对于逆境情势中的不确定性具有清晰的判断和阐释,且具有专业知识以建构应对危机的核心价值并制定出有效的解决方案。[1] 认知能力取决于组织对于外在环境变化的敏感度和警觉性,促使组织去质疑当前体制运转过程中的矛盾和问题,进而为组织行动提供可靠的理性基础。对于乡镇管理体制改革而言,基层党政组织的认知过程涉及对现行体制困境的诊断,对问题机理的剖析,以及对改革原则的阐释。

一 体制困境的诊断:科层制的内外张力

在韦伯式的描绘中,科层制作为用于控制大型组织的权力工具,具有专业分工、固定职位、层级节制、非人格化的基本特性。它在为现代化的治理体制提供理性和效能的同时,也具有突出的内在张力和负面效应。以控制、效率、自上而下的指令为基础的运作机制,体现出规则和程序运用的过分刚性,导致科层制组织难以有效回应变动中的外部复杂环境,也降低了政府实现公民价值和满足社会需求的能力,与"公民本位"的价值取向相悖。[2] 由此,科层制成为妨碍组织实现目标的干扰因素而陷入"反功能"[3] 的怪圈。突破科层制困境,已成为各国政府推行体制改革、摆脱体制困境的重要目标。

中国治理情境下的科层制具有自身特色。一方面,执政党将自身的组织结构、意识形态、行动逻辑和价值导向等深层"基因"有机植入政府体系,发挥着战略领导和决策中枢的作用,形成党政一体的复合型治理结构和中国特色科层制。另一方面,科层结构上呈现出中央、省、市、县、乡等纵向延展的政府层级,各级地方政府对本辖区实行属地管理,中央部委和省下垂直管辖的工作部门体系进行业务管理,形成纵横交织的"条块"网络。这种组织形态使政府成为各种实体机构的集合,科层制的政府体系因"条块"职能分割而存在众多"缝隙",产生治理短板。加之转型期政府与市场、社会领域

---

[1] 参见 Cynthia A. Lengnick-Hall, Tammy Beck, Mark L. Lengnick-Hall, "Developing A Capacity for Organizational Resilience through Strategic Human Resource Management", *Human Resource Management Review*, 2011, Vol. 21, No. 3, pp. 243–255。

[2] 参见黄六招、顾丽梅《超越"科层制":党建何以促进超大社区的有效治理——基于上海 Z 镇的案例研究》,《经济社会体制比较》2019 年第 6 期。

[3] [美] 彼得·布劳、马歇尔·梅耶:《现代社会中的科层制》,马戎、时宪民、邱泽奇译,学林出版社 2001 年版,第 139 页。

之间又存在明确的边界，甚至出现了治理的缺位。①

实际运行中的体制困境主要表现在以下三个方面。其一，在复合型治理结构下，政府科层制运转需体现出中国共产党的领导这一中国特色社会主义制度的最大优势。然而，政府科层制实际运转过程中党的政治引领功能尚未充分发挥，甚至出现党组织"悬浮化"倾向，直接导致了党组织权威流失以及城乡居民对党组织政治认同的弱化②；其二，科层制内部存在权力与责任不匹配的结构性困局，使基层政府运转失衡③；其三，科层制外部存在自治组织行政化的问题，基层工作方式不符合群众意愿和基层事务的特点④。这些问题的出现不仅导致行政资源的浪费和管理效率的低下，也在很大程度上弱化了基层治理回应社会诉求的能力，与转型期社会利益多元化和复杂化的趋势背道而驰。当基层社会利益诉求得不到有效回应、社会矛盾和冲突得不到有效化解时，便会酿成体制风险。

二 问题机理的剖析：权责不等的体制惯性

当前基层政府的权力与责任处于不对等状态。在权力配置方面，尽管数次行政体制改革都以简政放权为原则，却出现了基层"事权过多、实权萎缩"的情况，尤其体现于财权、执法权、自由裁量权和调控权的有限性。⑤首先，税费改革后，基层政府财政自主性减弱而导致"空壳化"，其运作主要依赖于上级转移支付和专项资金。⑥基层财政拮据与债务累积同时发生，与行政事务增多"此消彼长"。其次，基层执法权的配置呈现出纵向上县乡两级分配，横向上多部门散布的结构，但执法主体"以县为主"，执法资源集中在县级政府部门，其在乡镇的派出机构缺乏相应的执法资源，这种权力配置无法保障乡

---

① 参见王浦劬、汤彬《当代中国治理的党政结构与功能机制分析》，《中国社会科学》2019 年第 9 期。

② 参见王浦劬、汤彬《基层党组织治理权威塑造机制研究——基于 T 市 B 区社区党组织治理经验的分析》，《管理世界》2020 年第 6 期。

③ 参见周少来《乡镇政府体制性困局及其应对》，《甘肃社会科学》2019 年第 6 期。

④ 参见吕德文《基层政权机构改革要义》，《长春市委党校学报》2018 年第 2 期。

⑤ 参见倪星、王锐《权责分立与基层避责：一种理论解释》，《中国社会科学》2018 年第 5 期。

⑥ 参见周飞舟《从汲取型政权到"悬浮型"政权——税费改革对国家与农民关系之影响》，《社会学研究》2006 年第 3 期。

镇政府"属地管理"责任的落实。① 再次，基层政府因地制宜"转译"政策的自由裁量空间呈缩减趋势，导致基层政策执行缺乏弹性，对治理有效性产生显著影响。② 最后，有限的调控权也大大限制了基层政府的协调统筹能力。

在责任配置方面，政府责任包括一级政府及其职能部门的整体责任和各部门负责人及其工作人员的岗位责任，其落实依赖于指标化、数字化、标准化和程式化的管理和监督。上下级政府间存在多任务委托—代理关系，上级政府及其职能部门往往通过目标设定、激励分配、检查考核等措施来加大对基层政府的"控制权"③，将部门责任转移给属地政府。乡镇政府作为最低层级的属地政府，对辖区内所有的专业管理工作都具有属地职能。在推进基层治理法治化的进程中，包括土地管理、环保执法、城建规划在内的越来越多的基层治理事务被纳入法治轨道，管理"事权"从基层政府上移至上级部门。然而，由于上级部门的专业能力不足，绝大多数的行政事务又以属地责任的名义转移给基层政府，成为基层治理中的"剩余事务"④。基层政府不仅要处理党的建设、招商引资、经济发展、征地拆迁、社会事务、信访维稳等多项常规性的行政事务，还要承接大量的"剩余事务"，造成基层权责不等的进一步加剧。"有限权力与无限责任"构成当前基层政府的权责形态。为完成上级部门以属地管理的名义布置的诸多行政事项，基层政府将目标管理责任制应用于村级治理的实践之中。"村级组织履行基层治理责任的动力来源，由过去满足乡村社会内生性治理需求，转向以行政任务为主的行政绩效考核。"⑤ 尤其是在当前国家资源下乡的背景下，村干部的主要工作变为配合基层政府和有关政府部门完成项目下乡和资源安全准确落地，对该项工作的主要考核标准变为是否规范，是否符合程序，

---

① 参见陈柏峰《乡镇执法权的配置：现状与改革》，《求索》2020年第1期。
② 参见吕方、梅琳《"复杂政策"与国家治理——基于国家连片开发扶贫项目的讨论》，《社会学研究》2017年第3期。
③ 周雪光、练宏：《中国政府的治理模式：一个"控制权"理论》，《社会学研究》2012年第5期。
④ 吕德文：《属地管理与基层治理现代化——基于北京市"街乡吹哨、部门报到"的经验分析》，《云南行政学院学报》2019年第3期。
⑤ 印子：《项目制背景下基层政权建设的定位与路径选择》，《中国法律评论》2018年第4期。

是否让村民群众满意。① 由此，村级治理越发科层化与行政化，村级组织的自治性因指标化和程序化的基层治理方式而趋于弱化。村干部成为疲于应付上级行政事务而不再动员农民来凝聚和表达公共诉求的一种群体，导致村庄公共性的衰减甚至消失。

三 改革原则的阐释：简约与高效的统一

克服基层体制难题，改变权责不等和村级治理行政化的困局，提升基层治理的有效性，需要构建简约高效的乡镇管理体制。简约与高效是乡镇管理体制改革的两大基本原则。

一方面，简约原则源于基层治理的简约主义传统，呼吁一种简约的正式官僚机构，强调国家（政府）与社会之间互动、合作和相互依赖的关系，以及社会内生性力量的基层治理功能。② 在这一原则主导下，"国家（政府）与社会之间应具有明晰的边界，政府作用的范围和效率应加以规范并限制，政府不得随意侵入社会自治领域"③。然而，当下的乡村治理路径与简约治理原则已大相径庭，例如持续性的资源下乡和规则下乡、政党体系在基层社会的延伸、技术治理和精细化治理等④，这些路径在实现社会治理重心下沉的同时，也使国家权力完全介入基层社会，其背后隐藏着一定的治理隐患。其一，基层治理的形式主义和"内卷化"。资源下乡的过程意味着越来越多的资源使用规则的产生，对基层干部的行政行为形成多个层面的规范、约束和监督，进而极大地限制了基层治理主体的主动性。⑤ 其二，社会自主性的消解。基层治理的技术化和精细化在一定程度上会挤占村庄内部的组织动员空间，村民的集体诉求表达可能被抑制，难以充分发挥社会自治功能，并造成乡村治理

---

① 参见贺雪峰《行政还是自治：村级治理向何处去》，《华中农业大学学报》（社会科学版）2019年第6期。

② 参见黄宗智《集权的简约治理——中国以准官员和纠纷解决为主的半正式基层行政》，《开放时代》2008年第2期。

③ 任剑涛：《国家治理的简约主义》，《开放时代》2010年第7期。

④ 参见刘伟、黄佳琦《乡村治理现代化中的简约传统及其价值》，《厦门大学学报》（哲学社会科学版）2020年第3期。

⑤ 参见贺雪峰《规则下乡与治理内卷化：农村基层治理的辩证法》，《社会科学》2019年第4期。

的体制僵化、高成本与高风险。① 因此，乡镇管理体制改革应向简约主义的治理传统适度回归，构建国家政权建设与简约治理的协同机制。

另一方面，高效原则指涉基层治理中组织运转的效率，要求基层政府在权力与责任相匹配的基础上，履职尽责和积极作为，处理好改革"最先一公里"和"最后一公里"的关系，突破"中梗阻"。乡镇管理体制变革要聚焦基层权责结构，避免权力运行的混乱，明确上级职能部门、基层政府各自的权力清单和责任清单，通过确权把重要关系稳定下来，实现治理能力与治理任务、治理专业性与治理技术、治理资源与治理需求的平衡，培育基层政府的高度统筹能力、合作治理能力和应变执行能力。与此同时，基层政府组织的高效运转也需要社会力量的配合与协作，这就要求组织机构设置和人力资源配置应面向人民群众，符合基层事务特点，还应加强对基层管理行为的规范和监督。

第三节 乡镇管理体制改革的行动环节

组织适应过程中的行动环节，即行动策略的践行环节，它要求组织主动寻求发展出路以回应结构性困境，建立长效创新机制与新型治理范式，以及形塑具有合作性、开放性与灵活性的新体系，进而强有力地回应环境的变化。② 基层政府组织在乡镇管理体制改革进程中的行动，具体包括组织系统的内部优化、组织关系的外部型构以及组织目标的设定。

一 治权重构：科层制内部组织系统的优化

近年来，中央层面不断加强关于乡镇管理体制改革的政策设计，旨在规范、引导和鼓励各地区基层政府因地制宜自主探索乡镇管理体制改革路径。如何实现科层制内部的治权重构，是改革亟须回应的核心问题。治权重构一方面要求优化科层制内部执政党组织与其层级对应的政府体系融合而成的

---

① 参见韩鹏云《乡村治理现代化的实践检视与理论反思》，《西北农林科技大学学报》（社会科学版）2020 年第 1 期。

② 参见 Steve Carpenter, "From Metaphor to Measurement: Resilience of What to What", *Ecosystems*, 2001, Vol. 4, No. 8, 2001, pp. 765 – 781。

"党政双轨行政结构"①，增强党政治理结构的治理弹性，切实发挥执政党对于国家治理体系和治理能力现代化进程的政治引领功能；另一方面要求科学合理地配置政府层级间的行政权力和责任，不断推行分权化改革，以权力委托的方式将管理权限下放给基层，重新梳理权责清单，通过权力和责任的再分配给予基层政府足够的治权，以改变基层政府权责不等的体制困境，增强其属地管理能力。

就具体路径而言，在执政党的政治引领方面，需依托于"党建引领"机制，巩固党在基层治理中的领导地位，既要总揽全局，确定基层管理体制改革的整体目标和方式选择；又要统筹协调，发挥党组织"跨部门"和"跨领域"的组织属性，有效整合治理资源。在政府权责配置方面，推动行政执法人员、政府职能和治理资源的下沉，将条线部门引入基层治理执法流程，驱动上级政府及其职能部门与基层政府协力解决一线治理问题，进而建立起跨部门、跨层级的治理网络，弥合科层制条块分割的缝隙；对职责权限范围进行规范，使属地管理责任更加明晰，有效遏制条线部门向基层政府转嫁行政责任的行为，同时，进入一线治理场域的条线部门具有执法权、业务能力和责任承担能力，进而在一定程度上减轻基层政府的行政压力。

目前，乡镇管理体制改革的创新探索如火如荼地展开。以北京市的"街乡吹哨、部门报到"改革为例，针对党组织"悬浮化"难题，强化党建引领机制，通过建立党建工作协调委员会和在职党员"双报到"等做法，强化党组织在基层治理场域中的领导权威和治理能力。针对基层执法难题，以调整条块关系为切入点，通过赋予基层政府相关权限，如召集权、指挥权、评估与考核权，建立起条线部门与基层政府共同解决问题的衔接机制，有效提升了政府组织系统回应基层问题的能力，加强了基层治理的组织弹性。②

二 协同治理：政府与社会组织关系的型构

基层政府是整个行政体制与社会相连接最为密切的部分，处于行政体制

---

① 胡伟：《政府过程》，浙江人民出版社1998年版，第292页。
② 参见孙柏瑛、张继颖《解决问题驱动的基层政府治理改革逻辑——北京市"吹哨报到"机制观察》，《中国行政管理》2019年第4期。

与社会交会的节点。这种位置的特殊性使基层政府陷入"治理的结构之困"[①]：作为官僚权力体系的末梢，要依据科层制的公共规则来推动治理实践；作为基层治理的主体，要尊重乡村社会的地方性规范，激活社会内生力量。这种"治理的结构之困"对当下的乡镇管理体制改革提出挑战。前者主要依赖于新型权责配置，来实现政府组织系统的内部优化；后者主要依赖于重新厘定政府与社会之间的关系，选择合理的治理机制。在一个得到有效治理（善治）的社会，政府与社会享有各自的行动空间，并以此为基础展开分工协作。需要明确的是，"社会管理"不等同于政府对社会事务的管理，它同时强调社会对社会事务的管理。其主要表现形式不是政府管制，而是社会自治，即"城乡社区、合作社、民间组织、社会企业等多元主体对公共事务的共管共治"[②]。

协同治理引领下的乡镇管理体制改革着眼于多元治理主体之间的关系重组，要求基层政府最大可能地拓展社会自治的成长空间，探索社会自治的有效实现形式，健全自我管理、自我服务、自我教育、自我监督的基层社会自治体系，推进社会治理重心下沉。例如，近些年在全国各地兴起的以村民小组或自然村为基本单元的村民自治试点，其基本做法是"通过基本单元下沉再造村治主体，使以村民理事会为代表的新型自治组织成为实现村民自治的重要组织载体"[③]。这种做法在反映和维护村民利益、参与和协助村委会工作、供给乡村公共品等方面发挥了关键作用，借以完成行政输入式治理资源向内生性社会治理活力的转化。[④]

再如，近年来浙江省以社会改革为重点、促进政府与社会良性互动、鼓励社会自治的有益探索。2013 年浙江省桐乡市的自治、法治和德治"三治融合"的基层社会治理实践探索，以"费随事转、权随责走"为原则，重新厘定村（居）委会的两份事项清单，即需履行的 36 项任务清单以及需协助政府

[①] 狄金华：《农村基层政府的内部治理结构及其演变——一个组织理论视角的分析》，《北京大学学报》（哲学社会科学版）2020 年第 2 期。

[②] 燕继荣：《协同治理：社会管理创新之道——基于国家与社会关系的理论思考》，《中国行政管理》2013 年第 2 期。

[③] 唐鸣：《从试点看以村民小组或自然村为基本单元的村民自治——对国家层面 24 个试点单位调研的报告》，《中国农村观察》2020 年第 1 期。

[④] 参见韩瑞波《政策试点与村民自治的有效实现形式》，《理论与改革》2020 年第 3 期。

工作的 40 项任务清单，划清"自治权利"与"行政权力"的界限，推动基层群众性自治组织的职能回归。① 乡贤参事会、百姓议事会、道德评议团、百事服务团等新型自治组织的组建为"三治融合"提供了组织基础。除桐乡市，浙江省其他地区也不乏基层社会治理改革的实践探索，例如，温岭的系列"民主恳谈"实践将协商民主嵌入基层治理过程，以对话和协商培育公共理性，寻求公共事务治理之道；奉化等地的村务村民公决制度、天台民主决策五步法等制度设计，为基层治理打造了规范化的民主程序②。

现如今，完善基层群众自治组织、推进基层社会自治、基层民众政治参与制度化、程序化、法治化，已是当下乡镇管理体制改革的题中之义。对于基层政府而言，"一个参与渠道畅通、能够以大多数民众的意愿和利益为指向的治理制度化建设，是重建基层社会联系和基层公共生活的现实选择"③。这就更需呼吁协同治理的治理模式，在政府组织与其他治理主体之间塑造一种平等、合作与协商的共治关系，为社会力量参与基层治理、表达自身利益、监督政府行为提供渠道，建立治理过程透明化的信息共享机制。

三 服务优先：组织目标的设定

服务职能是基层党政组织的政治职能之一，其执行效果取决于作为服务对象的民众对于政府的信任和支持。持续有效的政党和政府合法性来源于能够满足民众需求、获得民众认可的高效优质的公共服务供给。党的十九大报告提出，"深化机构和行政体制改革""建设人民满意的服务型政府"；习近平总书记在 2018 年 12 月召开的中央农村工作会议上强调，坚持农业农村优先发展，推进新一轮农村改革，加快补齐农村基础设施和公共服务短板；2019 年的中央一号文件指出，"农业农村优先发展，提升农村公共服务水平，优先安排农村公共服务"。作为面向社会和人民群众的前端部门，基层政府是联系人民群众、提供公共服务、治理社会事务、保证社会和谐稳定的主体。

---

① 参见郁建兴、任杰《中国基层社会治理中的自治、法治与德治》，《学术月刊》2018 年第 12 期。

② 参见张文显、徐勇、何显明等《推进自治法治德治融合建设，创新基层社会治理》，《治理研究》2018 年第 6 期。

③ 周庆智：《论中国基层政府治理现代化》，《武汉大学学报》（哲学社会科学版）2016 年第 3 期。

乡镇管理体制中的诸多障碍，如功能交叉、权责不等和资源短缺等，导致基层政府的职能转变不到位、服务效能低下、服务能力严重不足[①]。

应对公共服务低效的难题，需要改变公共服务在乡镇政府履职中的弱势地位[②]，使"服务优先"在组织目标中占据核心地位。为此，基层政府尝试多维度地探索改革路径。例如，重建乡镇财政体制，加大对乡镇服务型政府建设的支持力度，通过一般性财政转移来保证乡镇在提供优质公共服务方面的财力；向社会组织购买公共服务，引进专业社工机构参与基层治理；建设数字化的乡镇政府，打破政府内部以及上下级政府之间的信息壁垒，构建数据融通的办事网络，抑或是开放数据共享，提升公共服务效率。总而言之，乡镇管理体制改革致力于打通公共服务的体制渠道，重构乡村服务性治理体制。

第四节 组织韧性视域下的乡镇管理体制改革逻辑

作为中国治理情境中的一项特殊的治理实践，构建简约高效的乡镇管理体制，一方面要求加快治权重构，实现政治引领与行政规范的统一，以及基层政府的权责匹配，并建立条块分工的治理模式与跨部门、跨层级和多主体的治理网络；另一方面要求推进社会治理重心下移，重塑政府与社会的互动关系，通过激活社会内生动力来提升基层治理绩效。本章认为，乡镇管理体制改革实践契合于组织韧性的理论主张。在组织韧性视域下，乡镇管理体制改革逻辑可具体归纳为以下几个方面。

第一，乡镇管理体制改革的政治与行政均衡逻辑。关于组织韧性的研究表明，组织韧性的提升得益于其子功能的改善。[③] 基层党政组织的子功能可区

[①] 参见张紧跟、周勇振《以治理现代化深化基层政府机构改革》，《华南师范大学学报》（社会科学版）2018年第6期。

[②] 参见侯志阳《强化中的弱势："放管服"改革背景下乡镇政府公共服务履职的个案考察》，《中国行政管理》2019年第5期。

[③] 参见 William A. Kahn, Michelle A. Baryon, "The Geography of Strain: Organizational Resilience as A Function of Intergroup Relations", *The Academy of Management Review*, Vol. 48, No. 3, 2018, pp. 509 – 529。

分为政治功能和行政功能，前者是指国家和人民意志的表达功能，后者是指具体的社会事务管理和政策执行功能。就政治功能而言，中国共产党的本质属性和执政地位决定了其必然代表人民意志执掌政权和运行治权，成为国家意志的引领主体。这就要求在推进治理现代化的进程中以政治引领行政，不断优化党政复合治理结构，以党建引领克服行政科层制的痼疾，整合各类资源，协调各方主体，提升治理绩效，不断满足公众的多元利益诉求，获取公众的信任和支持。就行政功能而言，需优化基层政府的权责配置，持续推进分权化改革，梳理条块关系，完善组织系统的结构、职能和行为方式，提高行政绩效，对社会问题作出及时有效的回应。可以说，当前的乡镇管理体制改革以政治功能与行政功能的均衡为导向。

第二，乡镇管理体制改革的权责匹配逻辑。组织韧性理论认为，以权力下沉为导向的治理举措旨在向地方行动者赋权并给予必要的灵活性，使自上而下的中央集权的决策系统转向自下而上的以地方自主性为特征的分权化的决策系统，以便对日常挑战和危急时刻作出及时回应。[①] 组织韧性理论还强调组织的不同职能和部门之间的协调性与整合性，以此消除影响治理绩效的制约因素、不确定性与治理资源的浪费。[②] 分权改革旨在解决基层政府的组织系统问题，着眼于政治控制模式的转变，使基层政府与上级政府的关系实现全面转型。政治控制源于对权力的掌握，当权力向上高度集中时，基层政府的自主决策能力和治理创新能力就会受到抑制。而不同政府层级间的制度化分权，对于激发基层政府的创新实践和提升基层治理绩效大有裨益。当前的乡镇管理体制改革秉承分权化逻辑，比如执法权的下放，通过向基层赋权的方式减少执法层级，并将条线部门嵌入基层治理过程，在条线部门和基层政府之间形成一种互助合作关系，有效整合治理资源，更便捷地回应基层社会的需求，大大提升了基层治理能力。

第三，乡镇管理体制改革的政社协同逻辑。乡镇管理体制改革需要以优化权责配置的方式形塑政府组织系统的内部平衡机制，也需要打造代表国家

[①] 参见 David E. Booher, Judith E. Innes, "Governance for Resilience: CALFED as A Complex Adaptive Network for Resource Management", *Ecology&Society*, Vol. 12, No. 3, 2010, pp. 631-643。

[②] 参见 Sonia McManus, Erica Seville, et al., "Facilitated Process for Improving Organizational Resilience", *Natural Hazards Review*, Vol. 9, No. 2, 2008, pp. 81-90。

与社会力量的多元组织之间的外部平衡机制。① 组织韧性理论倡导以协商民主为原则在多元治理主体之间构建信任和激励机制,以及治理和决策过程的透明性。② 组织韧性驱动下的基层社会治理,一方面主张继续优化复杂治理模式的运转体系,增强基层社会治理的可控性,高效处理各种复杂问题,在强化党的统筹协调功能、加强基层政权建设的同时,持续推进治理重心下移;另一方面强调拓展简约治理的运作空间,提升基层社会治理的韧性,注重社会自治力量在基层治理中的功能发挥以及政府和社会的信任与互动,在国家权力和社会权力之间保持适当的距离。③ 这就需要政府与社会从传统治理中的依附性和支配性关系,转变为现代治理所推崇的民主共治的协商关系。④ 现如今,推进"三治融合"的基层实践探索已成为乡镇管理体制改革协同化的现实写照。

综上,本章从组织韧性的理论视域深化了对乡镇管理体制改革的理解。研究表明,深化乡镇管理体制改革,应以增强基层党政组织韧性为导向,增强基层党政组织应对体制困境的适应能力。这种适应能力不仅体现于基层党政组织对于体制现状和问题的认知,也体现于基层党政组织采取何种行动去实现自身优化,进而挣脱体制性困局。事实证明,乡镇管理体制改革的实践探索伴随着组织韧性的发育,在此过程中,基层党政组织回应和解决公共问题的能力得以强化,基层治理绩效得以提升。因此,我们不应将"组织韧性"仅仅视为一种理论解释机制,还应将其作为一种实践基准来观照改革现实。结合前文论述,构建简约高效的乡镇管理体制,要以提升组织韧性为目标,遵循政治与行政均衡、权责匹配、政社协同的改革逻辑,在基层治理的结构优化、功能转型、动员激励、资源整合等方面继续着力。

在结构优化方面,形塑党政复合治理的弹性结构,以党建引领促进政治与行政融通;下放管理权限,在增强基层政府属地管理能力的同时,减轻其

---

① 参见李文钊《重构简约高效基层治理体系的中国经验——一个内外平衡机制改革的解释性框架》,《河南师范大学学报》(哲学社会科学版)2020年第2期。
② 参见 Elke Herrfahrdt-Pähle, Claudia Pahl-Wostl, "Continuity and Change in Social-ecological Systems: the Role of Institutional Resilience", *Ecology&Society*, Vol. 17, No. 2, 2012, p. 8.
③ 参见唐皇凤、王豪《可控的韧性治理:新时代基层治理现代化的模式选择》,《探索与争鸣》2019年第12期。
④ 参见周庆智《改革与转型:中国基层治理四十年》,《政治学研究》2019年第1期。

行政责任和基层负担，实现最优的权责配置；不断推进社会治理重心下移，尊重社会力量在基层治理中的主体性和自治功能，在简约治理与复杂治理之间寻求平衡。在功能转型方面，以公共服务有效供给为导向，加速基层政府的职能转变，使其机构设置和资源配置始终面向群众，不断满足群众需求，要持续推进直接服务民生的公共事业部门改革，创新服务流程和服务方式。在动员激励方面，在改革过程中赋予基层政府更多的自由裁量权，激励地方性的自主探索实践；要以"制造流动"① 的人事激励机制调动基层干部的积极性、主动性和创造性。在资源整合方面，要梳理条块关系，通过条线部门嵌入基层治理的形式形成治理合力，杜绝多头治理、功能交叉和资源浪费，有效提升基层治理绩效。

---

① 杨华：《"制造流动"：乡镇干部人事激励的一个新解释框架》，《探索》2020 年第 4 期。

第九章
集体理性、"政经分离"与乡村治理有效[*]

新时代的中国乡村治理是考察基层治理现代化转型的缩影和窗口。党的十九大报告作出实施乡村振兴战略的决策部署,并将乡村治理有效作为实施乡村振兴战略的重要内容。乡村治理实践在不断涌现出新探索和新经验的同时,也面临着一些尚未解决的结构性问题。其中,乡村治理结构中留存的"政经不分"(或"政经合一")的问题,导致农村社区组织和集体经济组织之间的功能混乱,对乡村治理有效性提出了挑战。2019年中央一号文件强调要"强化集体经济组织服务功能,发挥在管理集体资产、合理开发集体资源、服务集体成员等方面的作用。发挥农村社会组织在服务农民、树立新风等方面的积极作用"。中央政策对农村集体经济组织和农村社会组织在乡村治理中的功能发挥如此重视,意味着"政经分离"已成为实现乡村治理有效的必要手段。对该问题进行深入探讨,有助于进一步理解乡村治理的现状与走向。

第一节 乡村治理如何有效

对于乡村治理如何有效的问题,学术界已形成几种有代表性的理论视角。

其一,体系性视角。该视角着眼于近年来国家政策反复强调优化乡村治理体系的宏观制度背景。例如,党的十九大报告明确提出"健全自治、法治、

---

[*] 本章以《集体理性、政经分离与乡村治理有效——基于苏南YL村的经验研究》为题,发表于《求实》2020年第2期。

德治相结合的乡村治理体系"；2018年1月中央一号文件《中共中央 国务院关于实施乡村振兴战略的意见》提出"加强农村基层基础工作，构建乡村治理新体系"；2019年4月出台的《中共中央 国务院关于建立健全城乡融合发展机制和政策体系的意见》提出，"建立健全乡村治理机制，建立健全党组织领导的自治、法治、德治相结合的乡村治理体系"，并提出"2022年，乡村治理体系不断健全"，"2035年，乡村治理体系更加完善"的目标。在研究领域，乡村治理体系化的目标包括："党建引领"和"三治融合"的统一①；制度设计与建设的系统性、整体性、全面性、协同性②；政府公共性建构、基层民主建设、国家与社会之间的权利规范、政府治理法治化的基层政府治理现代化③；基层政府与村民自治有效衔接互动的治理格局④。

其二，主体性视角。从该视角来看，当前的乡村治理实践需应对村民自治的主体性危机。一方面，资源下乡背景下的村级治理的工作重心已转向将国家资源用于建设农村基础设施和公共服务，使村级治理成为政府治理的末端，村干部职业化趋势凸显⑤；为保持国家意志贯彻和政策精准执行，政府加强了对村级工作的监督和管理，村级组织在权力运作机制方面普遍行政化，导致"村级组织的自治性被侧重于指标化、技术化管理的基层治理方式所裹挟"⑥。另一方面，乡村社会的变迁、市场经济的发展以及"经济理性"价值观念向乡村社会的渗透，这些因素的交织造成传统的以地缘、血缘为基础的宗族结构和权威结构趋于解体，乡村呈现出高度原子化、松散化的社会形态。村级组织的自治功能弱化，内生性的村治主体无法生成。由此，需要再造乡村治理主体，激活乡村内生性资源，充分激发村民参与村庄事务的动力⑦。

---

① 参见熊万胜、方垚《体系化：当代乡村治理的新方向》，《浙江社会科学》2019年第11期。

② 参见郎友兴《走向总体性治理：村政的现状与乡村治理的走向》，《华中师范大学学报》（人文社会科学版）2015年第2期。

③ 参见周庆智《论中国基层政府治理现代化》，《武汉大学学报》（哲学社会科学版）2016年第3期。

④ 参见李紫娟《农村治理新范式：构建基层互动治理》，《学海》2017年第1期。

⑤ 参见贺雪峰《行政还是自治：村级治理向何处去》，《华中农业大学学报》（社会科学版）2019年第6期。

⑥ 印子：《项目制背景下基层政权建设的定位与路径选择》，《中国法律评论》2018年第4期。

⑦ 参见杜姣《村治主体的缺位与再造——以湖北省秭归县村落理事会为例》，《中国农村观察》2017年第5期。

其三，单元性视角。该视角从村民自治有效实现形式的角度强调了创新乡村治理单元的重要性。乡村具有独特的治理单元属性，以"乡""片""村""组"为基础的治理单元配置模式形塑了不同的乡村治理结构[1]。治理单元的创新模式可划分为三类[2]。第一类为"下沉"模式。即根据农村社会的实际需要，特别是为了解决自治单元与利益单元脱嵌的问题，将村级层次上的治理机制向下级治理单元延伸，实现更小范围、更低层次上的自治。第二类为"整合"模式。其典型表现是村庄合并，合并后的村庄一般整合了两个或多个治理单元，实现了治理单元的上移，其治理形态可以是一种"乡镇自治"[3]。第三类是"重组"模式。可理解为对乡村治理单元的重新规划，典型案例就是广东清远的"片区模式"，以乡镇为单位，将原有的"乡镇—村—村民小组"调整为"街镇—片区—村（原村民小组或自然村）"，以片区为基础进行乡村治理，实现了自治单元下沉与行政单元上移的均衡型重组[4]。

其四，规则性视角。该视角主要探讨的是乡村治理如何完善内部制度规则的问题。由传统规则向现代规则的转化，是乡村社会治理制度化的表征[5]。"基于相互依赖和共享的现代治理规则，能够有效遏制个体不合作行为与搭便车现象。"[6] 这种治理规则在乡村治理中具体表现为一系列旨在保障基层协商民主的制度设计，如村民议事会、决策程序以及合法畅通的利益表达渠道等，无不体现着乡村治理的规范化和程序化。"治理规则的执行过程实质上是自上而下的资源输入与自下而上的农民诉求表达相结合的过程。"[7] 完善的治理规则意味着信息和程序的公开、透明，便于农民的广泛参与和民主决策。

以上研究视角集中解释了乡村治理如何优化体系、再造主体、创新单元和完善规则等问题。乡村治理场域中的"国家—社会""行政—自治"的关

---

[1] 参见杜鹏《乡村治理结构的调控机制与优化路径》，《中国农村观察》2019年第4期。

[2] 参见刘金海《乡村治理模式的发展与创新》，《中国农村观察》2016年第6期。

[3] 陈明：《村民自治："单元下沉"抑或"单元上移"》，《探索与争鸣》2014年第12期。

[4] 参见李华胤《走向治理有效：农村基层建制单元的重组逻辑及取向——基于当前农村"重组浪潮"的比较分析》，《东南学术》2019年第4期。

[5] 参见李松玉《当代中国乡村社会治理的制度化转型》，《东岳论丛》2013年第2期。

[6] 刘筱红、柳发根：《乡村自主治理中的集体搭便车与志愿惩罚：合约、规则、群体规范——以江西Y乡修路事件为例》，《人文杂志》2015年第5期。

[7] 李祖佩、杜姣：《分配型协商民主："项目进村"中村级民主的实践逻辑及其解释》，《中国行政管理》2018年第3期。

系构成这些研究的基本线索。大致而言，既有研究将如何实现乡村治理有效的核心问题转化为如何形塑国家力量与社会力量、基层行政与村民自治的最优关系，而较少关注到乡村社会内部的组织尤其是农村社区组织和经济组织的关系对乡村治理有效性的影响。对于当前农村社区的内部组织关系而言，大多是"政经不分"，集体经济的产权大多被社区组织（村委会）代行。然而，社区组织是一种社会组织，以社会管理和社会服务为主要功能，致力于社会平等和公平的实现；而集体经济组织的主要功能是发展集体经济和落实集体经济资产管理，以利润和效益为目的，追求市场竞争和效率。"政经不分"混淆了社区组织与经济组织的功能，不仅削弱了社区组织的社会功能和整合能力，也损害了集体经济组织的独立性和自主权[①]。"政经分离"不仅是深化经济产权改革、促进集体经济发展的客观要求，同时也是优化村民自治和基层民主以实现乡村治理有效的迫切需要。

本章以苏南 N 镇 YL 村为例，阐述乡村内部组织关系重塑与乡村治理有效之间的关联性。YL 村村域面积 12 平方公里，村民 11761 人。该村集体经济发达，2018 年实现销售收入 380 亿元，利税 80 亿元，村级可用财力 1.65 亿元。就村级组织结构而言，YL 村社区组织负责社区管理和服务事务，村经济合作社负责保障社员的经济权益，这种组织形态和职能区分实现了社区管理体制上的"政经分离"。2019 年 10 月至 11 月，笔者及所在调研组对该村进行了实地考察。对 YL 村"政经分离"的个案进行深入剖析能够窥见乡村治理转型过程中政经关系的演化样态，为乡村治理有效性的研究提供一种田野经验的回应和脚注。

本章试图将乡村社会中的内部组织视为理性的组织行动者，乡村治理正是组织行动者基于自身利益进行理性行为选择的结果，组织行动者不同的行为选择相应地塑造了差异化的乡村组织关系形态和治理能力。基于 YL 村案例发现，组织行动者的不同行为对乡村组织关系形态和乡村治理有效性产生了不同的影响：一方面，在乡村工业化的早期，社区组织的公共理性行为和经济理性行为形塑了"政经不分"的乡村组织形态，也造成了乡村治理能力的弱化；另一方面，随着城镇化转型的推进，社区组织的组织理性行为加速了乡村"政经分离"的进程，组织形态呈现出多元组织的治理协同化，增强了乡村治理能力。由此，本章得出一种"行为—组织—治理"的分析框架（见图 9-1）。

---

① 参见项继权《农村社区建设：社会融合与治理转型》，《社会主义研究》2008 年第 2 期。

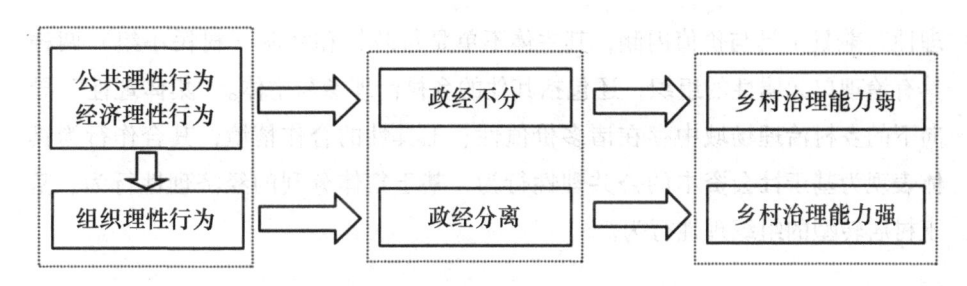

第九章 集体理性、"政经分离"与乡村治理有效 135

图 9-1 "行为—组织—治理"的分析框架

图片来源：作者自制。

第二节 以集体理性为导向的乡村治理行为选择

"村社是乡村治理的基本单元和组织载体，是我国农村建立在土地集体所有权和农户使用权两权分离的经济制度基础上的、以农村一定范围内的血缘和地缘关系为纽带的、维系村社内部社会秩序的组织。"[1] 温铁军等从经济学的视角最早提出"村社理性"[2]的概念，用来解释当代农村工业化过程中村社内部通过资源整合获取全村收益最大化的行为。乡村治理领域的"村社理性"主要表现在通过节约交易成本，低成本地实现地方公共品供给和地方有序治理等方面。这种村落内部的合作行为与机制合约的达成，是重复博弈导致的自由选择的结果。也有学者指出，"村社理性"所描述的村社内部的合作参与者是工具理性的，而工具理性的主流经济学范式较少考察行为与制度背后的意义规范系统，导致"村社理性"忽视了以血缘为核心的乡土社会更深层次的价值理性因素。换言之，村社内部的合作行为不仅具有工具理性特质，还具有以血缘认同和村落共同体的文化认同为基础的价值理性特质[3]。观照以上讨论，本章将乡村内部的合作视为一种"集体理性"的产物，这种"集体

---

[1] 何慧丽、邱建生、高俊等：《政府理性与村社理性：中国的两大"比较优势"》，《国家行政学院学报》2014 年第 6 期。

[2] 温铁军、董筱丹：《村社理性：破解"三农"与"三治"困境的一个新视角》，《中共中央党校学报》2010 年第 4 期。

[3] 参见徐嘉鸿、贾林州《从"村社理性"到"村社制度"：理解村庄治理逻辑变迁的一个分析框架》，《西北农林科技大学学报》（社会科学版）2014 年第 2 期。

理性"兼具工具与价值内涵,其主体不单是行政村和社队(村民小组)两种具有治理单元属性的组织,还包括其他的乡村治理参与主体。"集体理性"导向下的乡村治理场域中存在诸多价值性、工具性的合作情境,其合作行为具体表现为基于社会资本的公共理性行为、基于集体分利的经济理性行为、基于村居转型的组织理性行为。

一 基于社会资本的公共理性行为

社会资本是一种能够形成内聚力、认知力和共同意志的社会纽带。乡村社会资本是村民通过关系网络展示集体行动能力和公共理性的基础。社会资本源于共同的地域、劳动、社会网络、权威体系、忠诚与声誉、信任与合作关系,为我国农村集体经济的发展提供了有利的环境[1]。"政经不分"的集体经济正是得益于村庄公共理性中的社会资本而获得迅速发展,因为社会资本可以最大限度地降低企业无力承担的风险与成本。作为村庄的内生性资源,社会资本为村庄的变革提供了一种内源动力。乡村能人往往是那些支持村庄变革的倡导者,他们或是多年管理村庄事务的权威人物,或是改革开放以来能够迅速适应新形势的乡村精英,他们主动将非农产业引入村庄,不断优化非农产业发展的村庄环境,为村集体带来了巨大的经济效益,也固化了村社的公共理性行为。在乡村工业化的早期,村庄公共理性驱动下的村民对乡村能人的追随、集体联合劳动以及土地廉价转让行为,加速了乡村的资本积累,也造就了巨大的集体经济效益。

人民公社解体后,乡镇政府和村级自治组织建立起来,"乡政村治"[2]的格局正式确立。社队兴办的集体企业,以乡镇企业的名义延存下来。苏南乡镇企业在20世纪80年代初期的兴起很大程度上源于地方政府的直接推动与"社区共有制"的产权制度的形成,这是苏南村庄领袖与乡村企业经营者角色相叠合的制度根源。这一时期,苏南地区出现了一批兼有企业老总与村支部书记双重身份的村庄领袖,他们在村庄共同体中具有"绝对权威"。这种"绝对权威"不仅来自上级任命的法理性和个人的人格魅力、道德威望,还隐秘

---

[1] 参见程世勇、刘旸《农村集体经济转型中的利益结构调整与制度正义——以苏南模式中的张家港永联村为例》,《湖北社会科学》2012年第3期。

[2] 张厚安:《乡政村治——中国特色的农村政治模式》,《政策》1996年第8期。

在村庄领袖为村庄共同体带来福利的报偿性行动之中[①]。1984年,老吴书记带领的领导班子确立了"以工兴村"的发展道路,动员村民创办了YL村轧钢厂,年产值达1024万元,利润100多万元,使YL村一跃成为全县十大富裕村之一;1997年,YL村轧钢厂发展成为国内排名前三的黑色金属加工企业;1998至2000年,经先后两次集体企业改制,以YL村轧钢厂为主体组建了江苏Y钢集团有限公司;2002年之后,Y钢集团打造出一座百万吨炼钢厂,从此成为大型联合型钢铁企业;2008年以来,Y钢集团通过转型升级,形成了钢铁、重工、物流、建设、金融投资、旅游餐饮等产业板块,村集体经济始终处于发达水平。

在访谈中,绝大多数被访者认为"YL村集体经济腾飞的主要原因"在于"老书记带得好""老书记有远见、有魄力""有一个强有力的领导班子""有一个团结进取的领导班子"。以此推论,以YL村集体经济为代表的"苏南模式"得益于村庄领袖的个人能力与远见卓识,在此基础上形塑了村民的认同与跟随效应。在村庄领袖的带动下,集体经济的发展始终秉持村民共同富裕的原则,使YL村由1978年村民年人均收入68元、村集体负债6万多元的全县最穷的村庄,发展成为以乡镇企业为主体的非农经济结构的村庄,具有稳定的可用于村政和公共事业的收入。2018年村民年人均收入4.5万元、村级可用财力1.65亿元,成为"村民家家有住房、人人有工作、个个有福利"的生活富裕村庄。可见,乡村能人的绝对权威在早期农村工业化进程中构建了强大的社会资本存量与村民联合劳动的公共理性行为,实现了村庄集体利益的最大化。

二 基于集体分利的经济理性行为

村庄经济理性外显于持续性的经济利益分配的行动和能力之中。集体经济产权归属和后期股份量化分红凸显了村庄的集体分利能力。从20世纪90年代中期开始,农村工业化发展的制度红利消耗殆尽,市场环境的变化逐渐削弱了乡镇企业的制度优势。乡镇企业的资产报酬率、资本收益率和营业额、利润率均逐年下滑;亏损面逐渐扩大,到1997年亏损额比1995年增加了0.7

[①] 参见王露璐《经济能人·政治权威·道德权威——以HH村为个案的苏南村庄领袖权威获得与延续之实证研究》,《道德与文明》2010年第2期。

倍，达 806 亿元①。为了适应不断变化的经济发展形势，乡镇企业开始大面积地改制为私营企业或经营者持股的股份制企业，其中，70%的乡镇企业在改制时都选择了私有化，私营企业的数量出现井喷式的增长。不同地域社会经济条件的复杂性使乡镇企业改制在产权选择上呈现出多样化的特征，甚至出现"一村一制"的现象。YL 村集体企业经三次改制，探索出一条"私人"股份与"集体"股份相结合的经济发展模式（见表 9-1）。

表 9-1　　　　　　　　YL 村集体企业持股结构的变化　　　　　　单位：%

	集体股份	管理层股份	职工股份
改制之前（1984—1996）	100	0	0
第一次改制（1997）	70	5	25
第二次改制（2002）	50	50	50
第三次改制（2003）	25	35	40

表格来源：作者自制。

由表 9-1 可知，Y 钢集团并没有选择完全私有化的改制路径。2003 年初，第三次改制完成后，管理层和职工持股的股权总额达 75%，将企业生产经营的自主权和剩余分配的控制权顺利转让给企业管理者进而实现了经营机制的更新，提高了企业的经济效益；YL 村依然拥有 Y 钢集团 25%的股份，该村 90%的财政收入都依赖于 Y 钢集团的拨付。村民享有的大部分社会福利和村庄的公共设施建设也由 Y 钢集团负责。村集体每年可从企业利润中获得超过亿元的分红，村民除劳动收入外每年可得到村集体的转移支付接近 8000元。2006 年，YL 村积极响应国家建设社会主义新农村的号召，打造农民集中居住区，先后投资 20 多亿元，拆迁了全村 12 平方公里范围内散居在田间地头的 3000 多户村民，集中归并土地 1000 亩，按照城镇化、现代化标准建造了可供 2 万人居住的福利化集体居民楼，构筑了新型城镇化形态的农村社区——"YL 小镇"。拆迁安置采取"拆归拆、分归分"的原则："拆"，按照标准核算估价并一次性补偿到位；"分"，依据"一户一套"（一张结婚证为"一户"；"一套"房屋面积约 140 平方米，以每平方米 500 元的均价出售）的

---

① 参见邱泽奇《乡镇企业改制与地方威权主义的终结》，《社会学研究》1999 年第 3 期。

原则,并办理"两证"(房屋所有权证和土地使用权证,即"大产权房"),本质上是把货币形态的集体资产以拆迁安置的形式公平地转化为村民的家庭房产,有效地缩小了贫富差距。如今的 YL 村"全村 98% 的村民实现了集中居住,98% 的耕地实现了集体流转"。在城镇化社区改造过程中,为了进一步挖掘土地利用潜力,充分利用楼栋之间的间距,建设了 3 条商业街,累计达 360 多间门店,并依托社会租赁公司面向市场统一招租,租金纳入 YL 村村集体收入。

乡镇企业合理股权结构的确立与公平的量化分红表现出强烈的经济理性色彩。对于这类村庄而言,在村办企业逐步积累资金和扩大生产规模的过程中,工业的发展以及外来人口的大量涌入给当地村民带来的最直接的利益便是土地及房屋等资产的增值,增加了当地农村的利益密度,也相应地加大了利益分配的难度[①]。如果在改制中村集体股份直接退出,或者 Y 钢集团采用买断的方式来购买集体股份的话,很可能会影响村庄的可持续发展。有学者将 YL 村的发展模式总结为"公司型村庄"模式,其突出优势在于:第一,将村企之间的交易内部化,进而大大减少了村企之间的交易成本。例如,Y 钢集团在征地过程中很少与村民发生矛盾。第二,不分配集体资产的做法对企业而言可作为原始积累扩大再生产,对村庄而言可有效供给公共产品。第三,保证集体资产的增值[②]。村集体的经济理性行为有效化解了乡村工业化进程中可能存在的涉及经济补偿和利益分配的矛盾冲突,同时也是对村民在集体经济壮大过程中所投入的社会资本、联合劳动等贡献的正义回馈。因此,基于集体分利的经济理性行为不是乡村能人或企业家的个人高尚道德行为,而是对村庄发展作出贡献的村民投入的土地资本、社会资本和人力资本的产权确认行为。

三 基于村居转型的组织理性行为

传统农村是具有高度认同感和凝聚力的同质性社会,即同一村居空间内

[①] 参见杜姣《利益分配型治理视角下的村民自治研究》,《南京农业大学学报》(社会科学版) 2019 年第 2 期。

[②] 参见郑风田、阮荣平、程郁《村企关系的演变:从"村庄型公司"到"公司型村庄"》,《社会学研究》2012 年第 1 期。

居住的人群从事同样的职业、过着同样的生活。21世纪初，随着农村社会的分化、行政村规模的不断扩大与人口流动的凸显，村庄异质性也日趋增加。基于对农村社会进行再整合的目标取向，社会主义新农村建设步入国家的顶层设计。新农村建设所要打造的新型城镇化农村已不再是一种同质性的"礼俗社会"，社会的核心价值由乡土本位演化为利益本位，居住空间由依靠传统维系的文化共同体转化为具有多样性利益关联的地域共同体。国家积极推进农村社区建设，主要是通过改善人们的生存环境来不断满足人们日益丰富的生活需要，提升人们的生活质量，以此建构人们对社区的归属感和认同感，从而形成现代社会生活共同体[1]。

"YL小镇"的建成重构了村民的居住形态，然而，居住形态的变革并不意味着农村社区管理体制会相应地实现自然过渡。事实证明，随着城镇化推动的农村集中居住区的落成以及社区内人口结构的变化和异质性的显现，原有的管理体制逐渐成为新型农村社区治理的掣肘。由于村民分到的是可上市流通的"大产权"住房，有很多住房被外来人口购置或是租用。截至2018年底，村域内的人口结构为：YL村村民、Y钢集团员工、外来经商的流动人口各有一万多人，外来人口数量超过本地人口数量，形成"人口倒挂"。这类混居型村庄充斥着"本地人"和"外地人"的身份认同冲突。判断一个人是否为本村村民，主要基于两个标准：居住关系和土地所有关系，即"户籍是否在本村、是否居住在本村且与本村发生土地所有关系"[2]。村籍制度实际上已演化为一种与工资、福利、就业、教育等相关联的制度综合体系，拥有村籍，就具有了优先选择职业以及享受村民福利、补贴或集体分配的权利；与此同时，也要与村庄共担经济风险，遵守村规民约，承担村民应尽的各种义务。相反，外来人口不拥有村籍，不享受相关权利也无须履行相关义务，这就导致村委会在对外来人口的治理方面陷入被动境地。这种治理困境集中表现在：第一，村庄现有组织形式和自治逻辑与混居后的村务治理范围不匹配；第二，"社会流动和人口结构的变化在一定程度上对依附于集体资产的村庄成员资格

---

[1] 参见徐勇《在社会主义新农村建设中推进农村社区建设》，《江汉论坛》2007年第4期。

[2] 唐鸣、尤琳：《村委会选举中选民登记标准的变迁逻辑：动因、发展方向和条件——兼评新〈村民委员会组织法〉》，《中南民族大学学报》（人文社会科学版）2011年第3期。

获取方式提出挑战"①,"以村籍划分的社会边界与以外来务工或经商者身份划分的经济边界之间的冲突更为明显"②。一方面,外来人口没有被纳入村级管理的范围,造成相当程度的管理真空;另一方面,外来人口寻求与本村村民同等的待遇,弥合权利差别并表达出强烈的社会需求。

为应对这种困境,YL 村加快了村居转型的步伐。2011 年 4 月,"YL 小镇"成立了"YH 社区",行政关系隶属 N 镇政府。2013 年,经村民代表大会集体决议,YL 村村委会不再进行换届选举,只保留经济合作社组织。同年,全体居民选举产生了 YH 社区居委会。这一"村改居"的过程意味着基层自治的社区化,村级管理主体的组织形式由村委会转变为居委会,城市社区管理模式取代了传统的以村民自治为核心的乡村治理模式,具体表现为公共服务的提供主体、提供方式和受惠途径发生变化,以提高农村社会管理的能力和效率③。村委会组织的撤销同时伴随着村级组织职能的分解和让渡,其社区管理和公共服务职能转移给了社区居委会;经济职能转移给了集体经济组织。相比于村委会,社区居委会的管理和服务对象不再限于本村的村籍人口,外来人口同样被纳入社区管理和服务体系。作为社区居民的法定自治组织,居委会通过对疏离化的居民进行组织和动员,有效实现了农村社区的再整合。可以说,村委会的撤销与居委会的补位,以及外来人口从原来的"准村民"(虽没有本村户籍,但长期定居)到新型农村社区居民的身份转变,反映出村域管理的组织变迁和乡村治理组织理性的内涵。

对于村级管理的经济职能而言,村集体经济组织是集体资产的法定管理者,也是具有经营管理自主权的经济组织,而村委会是具有行政自主管理权的基层自治组织,二者之间不存在行政隶属关系。然而,《村委会组织法》在强调村委会应当尊重村集体经济组织独立性的同时,又赋予村委会管理集体土地和其他财产的权力。这一矛盾性规定模糊了村集体资产的管理主体,造成集体经济组织的虚置、村级组织的"政经不分"、权力交叉和管理混乱。

---

① 郎晓波:《"人口倒挂"混居村的自治组织边界重建》,《西北农林科技大学学报》(社会科学版) 2016 年第 5 期。

② 折晓叶:《村庄边界的多元化——经济边界开放与社会边界封闭的冲突与共生》,《中国社会科学》1996 年第 3 期。

③ 参见李棉管《"村改居":制度变迁与路径依赖——广东省佛山市 N 区的个案研究》,《中国农村观察》2014 年第 1 期。

"村改居"完成后，集体经济组织从虚置走向在场，正式接管了村委会的经济职能，进而实现了社区自治组织与集体经济组织的"政经分离"。这是组织理性导向下的社区对其内部政经关系进行组织化重塑的过程，是集体理性选择的结果。"政经分离"亦成为重构乡村治理结构和治理模式的重要手段。

第三节 "政经分离"与乡村治理转型

"政经分离"的管理体制不仅改变了乡村治理的组织结构，也相应地重塑了乡村治理的转型路径。作为一项系统工程，乡村治理转型涉及农村的经济发展形态、公共服务方式和社会治理模式等多种面向。一是经济合作社在农业市场化的制度环境中重新登场，有助于充分发挥其自身的合作属性和整合功能，加快了乡村治理在经济领域的规模化和产业化转型；二是社区组织的结构变迁有效弥补了原有村级管理的真空，社区制下的"社会生活共同体"建设更加注重公共服务而非社区管理，推动着乡村治理在政治领域的服务化转型；三是"政经分离"引发了农村基层治理秩序重构，多元组织共建共治的社会治理模式已然形成，实现了乡村治理的协同化转型。

一 经济组织的职能归位和乡村治理产业化转型

（一）经济合作社的再组织化

在20世纪80年代的改革进程中，中央虽然提倡实行"政经分离"，并明确了村委会作为群众性自治组织的身份，要求在建立村委会的同时也要设立农村集体经济组织，但实践中"政经不分"的体制环境导致集体经济组织的空设。YL村于1982年便成立了经济合作社，但与村委会是一套班子、两块牌子、交叉任职。2013年，经济合作社接管了村委会的经济功能之后进行再组织化，制定了《YL村经济合作社社员资格确权办法》，通过确认村民的社员资格，最终确定了10930名经济合作社社员；并依据《YL村经济合作社章程》选举产生了239名社员代表。2014年，YL村经济合作社召开第一届社员代表大会，并选举产生了经济合作社理事会和监事会。经济合作社的核心功能便是实现集体土地、集体资产和集体资本的保值增值，确保社员经济权益的最大化。

（二）农民合作经济组织的生成与功能

农民合作经济组织的生成主要基于农业发展的实际需要。农业的商业化、产业化和市场化要求将分散的农户经济整合起来，以应对农户与市场对接时因外界资本主导而产生的巨大外生交易费用以及与龙头企业进行谈判而无力争取合理价格、赢得自身合理利润的弱势地位。合作社其实就是"在市场交易中本来没有或者缺乏谈判权力的群体争取和创造自己的谈判权力的一种有效组织形式"[1]。由于小农天生的资源禀赋和小规模生产以及相互之间的分散经营，导致农产品进入市场需付出高昂的外生交易费用。发展农民合作经济组织旨在节约外生交易费用并减少内部交易成本，其实质是：通过加大生产者数量，增大生产资料购进和出售农产品的市场需求，提高在加工、服务环节进行市场交易时的谈判地位；通过降低购买价格和提高销售价格增加交易收益；在组织内部进行分工，设置专门的经营、服务岗位，减少农户和市场的交易次数，节约外生交易成本；同时提高内部各个岗位的专业化水平和合作社内的管理水平，节约内生交易成本[2]。

（三）经济合作社带动下的农业产业化发展

经济合作组织的功能发挥有助于推动农业产业化的发展。"农业产业化的过程是以市场为导向，在龙头企业、合作社等经营主体带动下，不同主体通过产业分工协作建立农业产业链，实现要素优化配置、生产效率提升及农业产业升级的过程。"[3] 从国家顶层设计来看，"产业兴旺"是乡村振兴战略的基本前提和物质保障，要求提升农业三产融合。这种融合发展能够更好地发挥农业的多功能性，实现农业全产业链增值，将有力促进资源、要素、技术、市场需求等在农村的整合，形成新的农村产业空间布局。这个过程需要以经济合作社的整体统筹推进为基础，通过发展规划强化发展的整体性，有效发挥联合农户、服务整体的作用[4]。YL村基于社员自愿的原则，按每亩耕地每年1300元的标准，将8000多亩耕地的承包经营权统一流转到村集体，由村

---

[1] 唐宗焜：《合作社功能和社会主义市场经济》，《经济研究》2007年第12期。
[2] 参见仝志辉、温铁军《资本和部门下乡与小农户经济的组织化道路——兼对专业合作社道路提出质疑》，《开放时代》2009年第4期。
[3] 王小映：《农业产业化经营的合约选择与政策匹配》，《改革》2014年第8期。
[4] 参见韩旭东、王若男、郑风田《能人带动型合作社如何推动农业产业化发展？——基于三家合作社的案例研究》，《改革》2019年第10期。

经济合作社统一规划。合作社利用先进的技术设备先后建成了占地4000亩的苗木基地、3000亩的粮食基地、400亩的花卉果蔬基地、100亩的特种水产基地、500亩的江南农耕文化园，并分别注册了公司，实行市场化运营。经济合作社在发展现代农业的基础上，打通了种植养殖、农产品加工、销售、餐饮美食、旅游观光等环节，构建起农业全产业链，实现了农业产业的协同、提质、增效。2018年，YL村现代农业创收达2500万元，有效提高了社员的经济收益。可以说，村经济组织发展现代农业和实现三产融合的行动策略是组织行动者积极适应市场化的制度环境并获取资源的理性行为选择。有学者用"策略性嵌入"[1]的概念来描述这一行为。农民经济合作组织正是通过对制度环境的"策略性嵌入"来不断进行资格累积，成为市场环境中无法忽视的参与对象。

二 社区组织的结构变迁和乡村治理服务化转型

（一）社区管理体制的变革

如上所述，"政经不分"体制在社区管理方面的顽疾在于：村集体土地的产权边界是村民的身份和权利边界，也是村级组织的组织和管理边界；外来人口进入村社试图与本地人口争夺土地、产权、福利等利益，这不可避免地将加剧利益冲突；村级组织封闭和排外，外来人口作为"新居民"难以真正融入生活和工作的社区；村级管理和公共服务对象仅限于本村村民，无法对外来人口实施有效管理并供给平等的基本公共服务，最终导致村级组织管理的真空[2]。农村社区组织由村委会向居委会的转变，有效回应了外来人口是否有权参与农村社区的自治事务、如何保障这些外来人口的经济、社会与政治权益以及他们如何承担相应的义务和责任等问题。社区制不同于传统的封闭而排外的村民自治管理体制，其管理和服务可以容纳社区全体居民，赋予所有在乡村生产和生活的居民以公共事务的参与权和管理权，最大限度地保障社区居民的民主权利，同时也能够有效规范居民行为，使他们承担应尽的责任和义务。由此看来，以"居民自治"为核心的新型社区治理模式更具民主

---

[1] 熊万胜：《合作社：作为制度化进程的意外后果》，《社会学研究》2009年第5期。
[2] 参见项继权、李增元《经社分开、城乡一体与社区融合——温州的社区重建与社会管理创新》，《华中师范大学学报》（人文社会科学版）2012年第6期。

性和广泛性。

(二) 社区社会生活共同体建设

"乡政村治"格局下村委会的行政化色彩颇为显著，村民的自治性和参与性不足，实际情况往往是"尽管村民参与村委会组织选举，但村民个体的分散性使选举后村民难以参与公共事务的管理，从而导致村民自治变为村委会干部自治"[①]。村民自治在实践中的主体缺位，造成农村社区共同体建设的基础薄弱。基于这种现实，农村社区建设自提出以来在政策体系方面始终强调重建"社会生活共同体"的价值指向。有学者指出，村民自治体制下的农村社区是一种"生产—行政共同体"[②]，以强化国家对乡村基层的调控能力为目标。如果这一命题成立的话，那么，社区制所倡导的"社会生活共同体"建设更加注重以人为本和群众自治的价值理念，也更接近"共同体"的原意，即基于共同的历史、传统、信仰、风俗及信任而形成的一种"共同商量，一起切磋，亲密无间"[③]的人际关系。关于农村社区建设的政策制定和实践推行，也始终致力于加强公共服务供给、培育文化认同和改善人居环境等内容，力图将农村社区打造成利益相关、守望相助、共生共荣的生活共同体。

(三) 农村社区治理的服务化转型

在这种价值理念指引下，农村社区成为承接政府公共服务的组织载体，以社区服务中心等平台为组织依托，实现公共财政支持下的公共服务向下延伸。在YH社区，"以人为本、真诚服务"是居委会的工作准则，社区通过"管理规范化、服务精细化、环境优美化、活动经常化"的"四化"建设，为社区居民提供了多样的"人性化服务"，逐步建立起社保、调解、居家养老、婚育服务等功能齐备的社区服务体系；并着力实施居民文明素质提升工程，培育社区特色文化，营造和谐的社区人际关系。由此，社区文化和人际关系不再局限于过去的村庄熟人社会，本地人口和外地人口成为新型农村社

---

① 徐勇：《村民自治的成长：行政放权与社会发育——1990年代后期以来中国村民自治发展进程的反思》，《华中师范大学学报》(人文社会科学版) 2005年第2期。

② 张帆：《共同体重建：新世纪中国乡村自治政策的演进与升级》，《社会科学战线》2019年第11期。

③ [德] 斐迪南·滕尼斯：《共同体与社会——纯粹社会学的基本概念》，林荣远译，北京大学出版社2010年版，第60页。

区社会关系网络的共建者。政策设计方面积极推行的各项公共服务依靠社区平台向农村的下沉不再区分"本地人"和"外地人",社区居民的均等化受益有助于加快社区整合、人际交往与社会生活共同体建设。

三　多元组织的共建共治和乡村治理协同化转型

（一）协同化的乡村治理组织结构

乡村治理的组织结构变迁要求相应的新型社会治理模式与之匹配。一方面,城镇化社区已从传统的自给自足型村庄转型为开放的、多组织的、具有城乡双重性质的社区;另一方面,"政经分离"改变的不只是乡村治理中的经济组织和社区组织形态,它还重塑了乡村治理中其他治理主体的结构功能以及各主体之间的组织关系。"政经分离"的本质是"通过分权的方式改革农村基层治理结构,使得农村基层各个治理主体之间理顺关系、各归其位,更好地形成分权制衡的治理体系"[1]。这一治理体系呼唤乡村治理的协同化转型,强调在地位平等的基础上协调行动者之间的关系,使其就公共事务管理中出现的问题走向合作、取得认同并达成集体行动以获得秩序。在社区治理的实践场域中,协同治理要求厘清多元治理主体的各自职能并使其互相尊重、各司其职和相互协作。因此,在"政经分离"视域下考察乡村治理多元主体的协同关系,不应将视野局限于农村经济组织和社区组织,还要关注到基层党组织、基层政权组织和社会组织等治理主体。

（二）基层党组织的角色转变

在"政经不分""村企不分"的传统体制下,村支部书记兼任企业老总和村委会主任,这种身份叠加导致了党政企一体化的乡村治理格局与党组织、社区组织和企业组织之间模糊的职责边界。基层党组织建设主要体现为尽可能赋予农村党组织绝对的权力来加强党的领导,其结果可能是,党的领导在实践中异化为农村党组织书记的个人领导和大权独揽,而且在对党组织的监督机制缺位的情况下,容易生成村支部书记的腐败空间,难以对其形成有效监督。"政经分离"后,村党组织从集体经济事务中解脱出来,不再负责集体经济的具体经营和分配,其职能转变为"总揽全局、协调各方",即从整体上引领村庄发展,对村庄多元主体之间的利益矛盾和冲突予以调解,进而成为

---

[1]　陈亚辉:《政经分离与农村基层治理转型研究》,《求实》2016年第5期。

乡村治理体系的中心力量，统筹各方资源共谋发展，形成党委领导下多元主体协同共治的局面。当前，YL村已形成"1+5"治理模式，即村党委领导下，N镇社会管理服务中心YL分中心、YH社区、经济合作社、Y钢集团与社会组织"五位一体"的乡村治理格局。

（三）基层政权组织的机构下设

2009年3月，N镇社会管理服务中心YL分中心挂牌成立，N镇政府在YL村派驻了公安、交通、消防、司法、城管、卫监和工商等行政机构和人员，使基层政府的管理和服务力量下沉到农村社区。政府机构的下设源于农村社区组织的"力不从心"。比如在农村社区治安管理中，随着Y钢集团的发展壮大，人流量、车流量随之增加，YL村投入160万元在村域内设立了5个治安卡口、8处红绿灯，但由于缺乏执法权，即使高清摄像头拍到了车辆超速、闯红灯、乱停放等现象，也无权管理。可见，行政力量嵌入根源于农村社区的治理需求与治理权限之间的不对等。基层政府的科层化嵌入是一种旨在实现行政力量在社区场域中治理在场的组织化手段，以形成基层治理"纵向到底"的政府治理形态。这种组织嵌入再造了基层政权在农村社区的治理空间，便于国家的制度供给、政策执行和资源下沉[1]，同时也回应了农村社区组织因权限不足导致的很多社区公共事务无权管理而又亟须管理的问题。因此，嵌入后的基层政府成为提供农村社区公共管理和服务的重要主体。

（四）社会组织的有效介入

为了提供专业化的社会服务，近年来YH社区先后成立了惠邻社工、为民基金会、惠民服务中心、志愿者联合会等社会组织。2017年，YH社区将计生、民政等37类、72项职能打包交由惠邻社工承接，由专业社工针对不同人群开展个性化的服务活动，建立了"一口受理、全能社工、综合服务"的"一站式"服务模式；为民基金会通过统一筹集村域内单位和个人的捐赠资金，建立老弱病残扶贫济困档案，使互助关爱、扶贫救济工作常态化、规范化；惠民服务中心通过招募辖区内专业服务人员和志愿者，为老年人提供居家养老、日间照料服务；志愿者联合会的在册志愿者达2445名，提供爱心送餐、爱心家教、爱心理发等服务。总之，这些社会组织以社区内低保家庭、

---

[1] 参见吕德文《乡村治理空间再造及其有效性——基于W镇乡村治理实践的分析》，《中国农村观察》2018年第5期。

老年人、青少年等群体为重点服务对象，运用社会工作的专业方法来整合社区资源，为社区居民提供公益服务。社会组织的有效参与在为社区居民提供全方位和高质量社会服务的同时，也缓解了政府组织和社区组织的公共服务供给压力。

协同治理既不同于"作为管治"的治理，即政府通过"行政覆盖"或"行政吸纳"等方式与其他组织行动者建立"控制—服从"型关系，进而寻求秩序的过程[1]，"治理的规则完全由政府单方面制定，而且政府的治权几乎是不受约束或无所不能的"[2]；也不同于"无政府"的治理，即一种"缺乏等级式统治，处于一种不考虑普遍原则、规范、规章和程序而各行其是的状态"[3]。从 YL 村的治理实践来看，协同治理在基层党组织、政府组织、经济组织、社区组织和社会组织之间塑造了一种平等、规范且稳定的治理网络。经济组织重拾经济职能、壮大集体经济以实现社员的利益最大化；经过组织和治理模式变迁后的社区组织提高了社区公共管理和公共服务能力；基层党组织引领乡村发展、协调各方关系、统筹治理资源；政府组织以下设机构和下沉资源的方式参与社区管理和服务；社会组织的有效参与进一步提升了社区公共服务的水平。乡村治理的协同化是在融合多元力量的基础上实现不同治理主体共建共治的过程。

总的来看，YL 村从"政经合一"到"政经分离"的历时性演变在组织行为与结构面向上凸显出一种鲜明的对照特征（见表 9-2）。乡村治理为乡村社会内部的组织行动者提供了一种空间场域。在集体理性的驱动下，村级组织基于社会资本的公共理性行为和基于集体分利的经济理性行为为乡村创造了巨大的经济财富，保障了村民利益的最大化，并构建了"政经不分"的管理体制。但这一体制下的利益分配主要基于以村籍制度为基础的产权确认，导致村民自治的封闭性和排他性，使得伴随着集体经济发展和村庄规模扩大而涌入的大量外来人口被排斥在村级管理和公共服务的范畴

---

[1] 参见刘辉《管治、无政府与合作：治理理论的三种图式》，《上海行政学院学报》2012 年第 3 期。

[2] 吴理财：《乡镇改革与后税费时代乡村治理体制的构建》，《中共福建省委党校学报》2007 年第 1 期。

[3] ［美］詹姆斯·N·罗西瑙主编：《没有政府的治理》，张胜军、刘小林等译，江西人民出版社 2001 年版，第 3 页。

之外，弱化了乡村治理能力并对乡村治理有效性构成挑战，也提出了加快乡村治理转型的诉求。这时，集体理性导向下的村居转型形塑了村庄内部的组织理性行为。由村民自治向居民自治的转变意味着村级组织形态的重塑与组织功能的分化，实现了农村社区的"政经分离"和乡村治理转型，主要表现为经济组织开始重拾经济职能并推动了乡村经济的农业产业化转型；以"居民自治"为核心的社区管理体制已然形成，且更具民主性和广泛性，其主要任务定位于乡村公共服务以实现社区居民的均等化受益；为提高农村社区的管理和服务水平，基层党组织的角色转变、基层政府组织的机构下设、社会组织的有效介入，丰富了乡村治理中的组织行动者，也打造了多元组织各司其职、共同参与的乡村治理格局，推动着乡村治理的协同化发展。

表9-2　　YL村"政经不分"与"政经分离"的组织行为与结构对比

	行为类别	表现形式	组织特性	组织管理和服务对象	乡村治理格局
"政经不分"	公共理性行为；经济理性行为	发展经济；集体分利	封闭、排外	拥有村籍的村民	党政企一体
"政经分离"	组织理性行为	村居转型	广泛、自治	全体居民	社区组织、经济组织、基层党组织、基层政府组织、社会组织共建共治

表格来源：作者自制。

乡村治理有效需要乡村社会中的组织行动者在集体理性的指引下，以农村社区变化中的需求为导向，审慎而果敢地作出行为选择。"政经分离"作为组织行动者集体理性的产物，有效回应了乡村治理的实际需求，在此基础上构建的协同化的乡村治理格局，可以最大限度地整合乡村资源、调整利益关系、增进人际交往、凝聚社区共识，进而形成理想的社会生活共同体。以此为参照，乡村治理有效的实现应努力培育乡村组织的集体理性，既要充分发挥村庄能人在乡村经济发展中的引领作用，在政策制定和资金投入方面对其予以支持；在集体分利的过程中对村民投入的劳动和资本进行合理确认；还应加快农村社区"政经分离"的进程，增强社区治理的广泛性和自治性，使全体社区居民共同参与、共享服务，使多元组织充分发挥各自职能、共建共治以实现协同治理。

第十章
政策试点与村民自治的有效实现形式[*]

村民自治作为乡村基层治理的基本制度，其施行效果关系到乡村治理是否有效以及乡村振兴战略能否顺利实现。由于村民自治难以有效落地的现象普遍存在，社会亦发出"自治已死、改革无望"[①]的悲观呼号。在此情形下，中央启动了村民自治试点工作。2014年中央一号文件《关于全面深化农村改革加快推进农业现代化的若干意见》提出，"探索不同情况下村民自治的有效实现形式，农村社区建设试点单位和集体土地所有权在村民小组的地方，可开展以社区、村民小组为基本单元的村民自治试点"，这也是2015年到2018年中央一号文件的规定性任务[②]。直至2019年，中央一号文件《关于坚持农业农村优先发展 做好"三农"工作的若干意见》未再提开展或继续开展以村民小组或自然村为基本单元的村民自治试点工作一事。以村民小组或自然村为基本单元的村民自治试点进入国家的顶层设计但又最终淡出，如何对这一政策现象进行理解呢？对于村民自治有效实现形式的实践探索而言，这种

---

[*] 本章以《政策试点与村民自治的有效实现形式》为题，发表于《理论与改革》2020年第3期。
[①] 冯仁：《村民自治走进了死胡同》，《理论与改革》2011年第1期。
[②] 2015年2月1日，中共中央、国务院《关于加大改革创新力度加快农业现代化建设的若干意见》规定："在有实际需要的地方，扩大以村民小组为基本单元的村民自治试点，继续搞好以社区为基本单元的村民自治试点，探索符合各地实际的村民自治有效实现形式。"2015年12月31日，中共中央、国务院《关于落实发展新理念加快农业现代化实现全面小康目标的若干意见》规定："在有实际需要的地方开展以村民小组或自然村为基本单元的村民自治试点。"2016年12月31日，中共中央、国务院《关于深入推进农业供给侧结构性改革加快培育农业农村发展新动能的若干意见》规定："开展以村民小组、自然村为基本单元的村民自治试点工作。"2018年1月2日，中共中央、国务院《关于实施乡村振兴战略的意见》规定："继续开展以村民小组或自然村为基本单元的村民自治试点工作。"

政策试点又具有何种经验价值呢？

第一节　解读村民自治有效实现形式

自探索村民自治的有效实现形式进入研究视野以来，其必要性、合理性和可操作性引起学界的广泛关注。研究者或是从村民自治发展的阶段性历程和乡村振兴战略的时代呼吁中阐释探索村民自治有效实现形式的实践意义；或是基于对产权利益、地域空间、文化基础、适度规模、群众意愿的多维思考来探讨村民自治有效实现形式的构成要素；或是立足于村民自治"基本单元"的调整和以村民理事会为代表的新型自治组织的构建来说明重塑乡村基层治理组织结构的重要价值。本章将以上研究路径具体归纳为"价值说""要素说""单元说"和"组织说"。

第一，"价值说"。随着农村社会的发展变迁，以行政村为单元实施村民自治的困境日趋显现，表现为合村并组后的行政村规模普遍较大，自治乏力；行政村村民委员会行政色彩浓厚，自治能力羸弱；村民对于行政村层面自治的认同感淡化，村干部与村民的日常联系脱节等[1]。这就需要在村民自治中不断探索相应的实现形式，进而"找回自治"[2]。其核心做法就是使村民自治回归并活跃于自然村，寻求最适恰的组织形式。

第二，"要素说"。这种观点认为，村民自治的有效实施和运行需要特定的基本要素，如利益、文化、地域、规模和个人意愿等。有学者将"利益相关""群众自愿""地域相近"分别视为村民自治有效实现的经济基础、主体基础和外部条件；"文化相连""规模适度"则是村民自治有效实现的内在要求[3]。以这些要素为导向，就要使得村民自治单元与利益紧密相关的所有制单位大体一致；强调"地域相近"的自然村开展村民自治的价值；根植于乡土

---

[1] 参见汤玉权、徐勇《回归自治：村民自治的新发展与新问题》，《社会科学研究》2015年第6期。

[2] 徐勇、赵德健：《找回自治：对村民自治有效实现形式的探索》，《华中师范大学学报》（人文社会科学版）2014年第4期。

[3] 参见邓大才《村民自治有效实现的条件研究——从村民自治的社会基础视角来考察》，《政治学研究》2014年第6期。

社会的自治文化，逐步将传统文化融入现代治理结构之中①；寻找适度规模的自治基本单元，把握"组织规模性较小，利益相关性较强"②的实践原则；还要激活群众参与，提高农民群众的参与能力。

第三，"单元说"。以村民小组和自然村为基本单元的村民自治试点实际上是村治单元下沉的一种尝试。然而，"单元下沉"是否合理这一问题在学术界仍存在很多争议。赞成者认为，自治单元划小到村民小组或自然村能在乡村共同体形塑、文化培育、群众参与、资源集中、村庄党建、政策落地等诸多方面显现优势，具有更高的自治效能。相左的观点认为，村民自治的治理难题无法通过"单元下沉"的方式得以解决，"单元下沉"在理论逻辑上是矛盾的，"以村民小组为基本单元的村民自治并非有效实现形式，其理由、依据并不充分"③。还有学者提出了"单元上移"或"单元扩大"的论点，指出在现代化进程中，"发达国家对农村基层建制单元调整的思路普遍是上移或扩大"④。在中国治理语境中，以"单元上移"的形式构建"乡镇自治"⑤的治理形态，才是未来乡村治理的正确走向。

第四，"组织说"。随着政策试点的推进，以村民理事会为代表的新型村民自治组织已成为当前探索村民自治有效实现形式的重要组织载体，村民理事会建设也已成为村民自治试点工作的核心内容。作为一种农村社区社会组织，村民理事会是对行政下乡所导致的村干部职业化、村级组织科层化、服务型村级组织建设和村民自治功能虚化的有效回应⑥。它在反映和维护自然村落村民的利益、参与和协助村民委员会工作、激活村庄社会积累的内生性资源等方面具有重要作用，同时由于其非法定基层群众性自治组织的身份，在

---

① 参见任路《文化相连：村民自治有效实现形式的文化基础》，《华中师范大学学报》（人文社会科学版）2014年第4期。

② 史亚峰：《规模与利益：中国农村村民自治基本单元的空间基础》，《东南学术》2017年第6期。

③ 唐鸣、陈荣卓：《论探索不同情况下村民自治的有效实现形式》，《当代世界社会主义问题》2014年第2期。

④ 李华胤：《走向治理有效：农村基层建制单元的重组逻辑及取向——基于当前农村"重组浪潮"的比较分析》，《东南学术》2019年第4期。

⑤ 陈明：《村民自治："单元下沉"抑或"单元上移"》，《探索与争鸣》2014年第12期。

⑥ 参见赵晓峰、魏程琳《行政下乡与自治下沉：国家政权建设的新趋势》，《华中农业大学学报》（社会科学版）2018年第4期。

承载村民自治下沉方面又表现出明显的局限性①。

综上所述，关于村民自治有效实现形式具有何种意义、应具备哪些要素、应形塑哪种单元、应组建哪种组织等方面的研究无不展现出基于理想化形构和侧重于应然性论证的研究进路。可见，既有研究对"探索村民自治有效实现形式"之应然性的关注超越了对政策试验实然性的关注。质言之，作为一种探索性实践，全方位的实证观察在该领域的研究中显然被边缘化了。事实上，以村民小组或自然村为基本单元的村民自治政策试点呈现出过程的动态性和结果的复杂性。本章试图从政策试点的研究视角切入，将以村民小组或自然村为基本单元的村民自治试点实践作为考察对象，剖析该项政策试点的阶段性发展历程，在此基础上探究村民自治有效实现形式的实然性进路。本章的经验材料主要来源于华中师范大学"以村民小组或自然村为基本单元的村民自治试点研究"课题组对相关试点单位的调研。

第二节 政策试点：一种基于地方经验的政策试验模式

政策试验是中国政策实行过程中一种特有的政策测试与创新机制，包括立法试验、试验区和试点等不同类型，其中，"试点"是最为典型和普遍的一种政策试验模式，是指"在一定时间段和一定范围内所开展的一种局部性政策试验活动"②。党的十八大以来，以习近平同志为核心的党中央高度重视顶层设计与基层探索有机互动，将改革试点作为治国理政的一项重要方法。习近平总书记指出："摸着石头过河，是富有中国特色、符合中国国情的改革方法。摸着石头过河和加强顶层设计是辩证统一的，推进局部的阶段性改革开放要在加强顶层设计的前提下进行，加强顶层设计要在推进局部的阶段性改革开放的基础上来谋划。"③尤其是十八届三中全会后，党中央部署开展了一系列重大改革

---

① 参见项继权、王明为《村民理事会：性质及其限度》，《福建论坛》（人文社会科学版）2017年第9期。

② 周望：《"政策试验"解析：基本类型、理论框架与研究展望》，《中国特色社会主义研究》2011年第2期。

③ 《习近平谈治国理政》（第一卷），外文出版社2014年版，第67—68页。

试点，为顶层设计积累了一批地方创新经验，形成了新时代中国特色政策试验实践探索。

作为具有中国特色的政策创新模式，政策试点带有浓厚的试验性，它既不是漫无目的的试错，也不是先入为主的试对，而是中央主导下的"政策求解"[1] 过程，试点即为这种政策求解的工具。政策试点又是一种"分级制试验"[2] 的政策创新模式。在政策实行过程中，地方政府首先进行地方试验，这是一种前置于中央政府或上级政府正式试验的"地方预先自主试验"[3]，随后争取上级支持，中央决策者根据试验效果筛选"试验典型"并起草"试点"方案，之后多地同时实行"试点"，并由点到面地铺开，再获得试验效果的反馈。可见，政策试点具有阶段性特征，阶段性的政策试点过程往往表现为从地方经验到国家政策调适与试点铺开再到政策试点的反馈（见图 10-1）。这种阶段性的政策试点过程为本章的研究提供了可操作化的参照标准，以便于考察以村民小组和自然村为基本单元的村民自治试点的发展进路，从其阶段性演变中剖析探索村民自治有效实现形式的基本问题。

地方预先自主试验 ⇒ 政策调适与试点铺开 ⇒ 政策试点的反馈

图 10-1　阶段性的政策试点过程

图片来源：作者自制。

第三节　村民自治政策试点的过程解析

村民自治政策试点是乡村治理创新的一个微观缩影，而乡村治理创新一直是中国政策实行过程的重要内容。回顾村民自治的发展历程，从改革开放

---

[1] 梅赐琪、汪笑男、廖露等：《政策试点的特征：基于〈人民日报〉1992—2003 年试点报道的研究》，《公共行政评论》2015 年第 3 期。

[2] Sebastian Heilmann, "From Local Experiments to National Policy: The Origins of China's Distinctive Policy Process", *The China Journal*, No. 59, 2008, pp. 1-30.

[3] 刘伟：《政策试点：发生机制与内在逻辑——基于我国公共部门绩效管理政策的案例研究》，《中国行政管理》2015 年第 5 期。

初期由广西宜州合寨村成立第一个村民委员会，到宪法明确村民委员会作为基层群众性自治组织的法律地位，直至村民自治制度自上而下地在全国扩散，这一历程展示出乡村治理创新一贯秉持的发展传统。在新时期，农村改革试验区进行了一些局部的探索试验，如"政经分离"、农村土地"三权分置"、村民自治重心下移等，这些有价值的试验也源源不断地反馈到国家政策制定过程中[①]。其中，旨在实现村民自治重心下移的以村民小组或自然村为基本单元的村民自治试点就是一个很好的例证。

一 地方预先自主试验：广东清远的试验发起

"在政策试点过程中，地方政府创新是中央政策学习的来源，为中央政策的制定提供了选择性方案。"[②] 以村民小组或自然村为基本单元的村民自治试点源于广东清远进行的农村综合改革试验。2012年11月，清远印发了《关于完善村级基层组织建设推进农村综合改革的意见（试行）》，提出推进村民自治下移，将现有的"乡镇—村—村民小组"调整为"乡镇—片区—村（原村民小组或自然村）"的基层治理模式，原村民委员会改为乡镇派出机构——片区党政公共服务站，在片区下以1个或若干村民小组（自然村）为单位设立村民委员会。2013年10月开始，清远选择英德市西牛镇、连州市九陂镇、佛冈县石角镇作为"深化村建工作试点镇"，重点推进试点工作分属这3个镇的6个试点村正是在这一过程中改变了面貌：西牛镇在原小湾村、花塘村的基础上建立了2个党政公共服务站和党总支，将原37个村民小组调整为24个村民委员会，对应成立24个党支部、24个村民理事会，并建立37个经济合作社。九陂镇在原白石村的基础上成立了白石片区服务站和党（总）支部，以白石村原20个村民小组为基础成立了20个村党支部、村民委员会、村务监督委员会和村民理事会；在原四联村的基础上成立了四联片区服务站和党（总）支部，以原四联村18个村民小组为基础成立了18个村党支部、村民委员会、村务监督委员会和村民理事会。石角镇原三八村建立社会公共服务站，以自

[①] 参见杨正喜《中国乡村治理政策创新扩散：地方试验与中央指导》，《广东社会科学》2019年第2期。

[②] 王绍光：《学习机制与适应能力：中国农村合作医疗体制变迁的启示》，《中国社会科学》2008年第6期。

然村为单元设立6个党支部、6个村民委员会;原冈田村建立社会公共服务站,以原村民小组为单元设立17个党支部、17个村民委员会。

清远的做法无疑是对当前村民自治组织体制与治理体系的重大突破。村民自治重心的下移是结合当地实际情况而采取的"微自治范式"[1]。作为这种范式的单元载体,村民小组和自然村就是"一个天然的利益共同体"[2]。在村民小组和自然村一级成立村民委员会旨在解决纵向上村级组织结构之间的矛盾和自治规模过大的问题,以贯通组织上下结构,将权力下放到更微观的一级自治单位,进一步调动村民参与治理的积极性[3]。改革后的村民委员会成为农村集体经济组织及产权单位,实现了村民自治组织与集体经济组织的一体化;村民理事会的设置有助于充分吸纳村落精英,激发村民的主动性,提高村民小组和自然村的自治能力与组织化水平;片区公共服务站的设立加强了片区范围内的管理和服务能力,无须再承担村级集体经济经营管理,实现了形式上的"政经分离"。

清远"先试先行"的农村综合改革试验得到了中央的认可和政策响应。2014年中央一号文件首次提出集体土地所有权在村民小组的地方,可开展以村民小组为基本单元的村民自治试点。当时参与文件起草的中央农村工作领导小组办公室的张建军在解读这项政策的时候曾明确指出:"一些地方的村民自治单位范围很大、人口较多、居住分散,一个自治单位往往有十几个甚至几十个村民小组,也就是我们习惯所说的自然村。这些年加大了对农村基本服务的覆盖力度,但公共服务和重要公共设施一般都在村委会所在地,其他村民就很不方便。同时,现在许多地方,农村集体土地所有权在村民小组,这样就形成村民自治权与土地所有权分离的状态,不利于保护农民的土地权益。因此,近几年,一些地方选择村民较多、具备自治基础的村民小组,开展建立村民委员会的试验,目的在于探索实现土地所有权、村民自治权的统一,推动基本公共服务的下沉。在充分总结各地实践的基础上,今年一号文件指出,农村集体土地所有权在村民小组的,可开展以村民小组为基本单元

---

[1] 赵秀玲:《"微自治"与中国基层民主治理》,《政治学研究》2014年第5期。
[2] 程同顺、赵一玮:《村民自治体系中的村民小组研究》,《晋阳学刊》2010年第2期。
[3] 参见肖滨、方木欢《寻求村民自治中的"三元统一"——基于广东省村民自治新形式的分析》,《政治学研究》2016年第3期。

的村民自治试点。就是说可以在符合条件的村民小组,依照法律组建村民委员会。"[1] 可见,以村民小组或自然村为基本单元的村民自治政策试点的提出实际上是将清远"村民自治重心下移"的地方预先自主试验上升为一项中央政策。

二 政策调适与试点铺开:全国性的地区试验扩散

2016 年 10 月,《关于以村民小组或自然村为基本单元的村民自治试点方案》(以下简称《试点方案》)正式出台;2017 年,国家层面 24 个试点单位、省级层面 26175 个试点单位得以确认,标志着政策试点迈入全国性地区试验扩散阶段。由上文可知,本源意义上的"以村民小组或自然村为基本单元的村民自治"就是借鉴清远的做法"在村民小组或自然村建立村民委员会"。然而,就《试点方案》的内容来看,"以村民小组或自然村为基本单元的村民自治"的含义已然发生变化,村民自治试点的主要任务已转变为"在村民小组或自然村建立村民理事会等组织",这与清远的改革重点明显不符。那么,中央为何没有全盘移植或扩散清远经验呢?

究其原因,一方面,清远改革有着现实且具体的地方治理情境。清远市地处粤北山区,粤北农村属于典型的家族式村落,村民小组或自然村大多是以家族繁衍为发展脉络而自然形成的村落共同体,具有天然的地缘、血缘、族缘、业缘等联系纽带,也是较为紧密的地域、文化和社会共同体。相较于行政村,村民小组或自然村的村民之间具有较为直接的利益关联、较强的信任关系和心理认同感,因此作为自治单元的基础更为牢固。因此,清远将村民委员会下沉到村民小组或自然村的改革试验具有地域性和独特性,这种政策创新形式如果向中西部地区进行简单的移植或是扩散,很可能会出现"水土不服"的现象。另一方面,从清远村民自治试点的实际运行情况来看,在村民小组或自然村这个层次设立村民委员会,似乎完成了探索村民自治有效实现形式的组织优化工作,但其实质是将村民自治的实现简单化约为村民委员会的下沉。殊不知清远改革不仅遭遇了体制上的障碍,还面临党建、财政、人事等方面的一系列问题,这使得村民自治的效

---

[1] 张建军:《构建中国特色的乡村社会治理机制》,《农村·农业·农民》(A 版)2014 年第 5 期。

果大打折扣①。事实证明,不能将村民自治与村委会的组织和活动直接、简单地画等号。不是说在村民小组这个层次只有成立村委会才能把村民自治落到实处,村民自治的组织和活动可以是多样的。此外,下沉到村民小组和自然村的村民委员会存在再行政化的可能,尤其是当政府财政无力承担组织调整所产生的治理成本之时,那么大量的行政事务又会下移到新组建的村民委员会,再加上片区党政公共服务站与村民委员会之间的考核和补贴机制②,这意味着新的自治单元很可能又会被纳入行政体系之中,导致乡村治理"内卷化"③。

参考清远改革,中央作出政策调适;同时,在试点铺开之后,国家层面的其他试点单位④也无一效仿清远的做法。大多数试点单位在保持现有村民委员会设置格局不变的前提下,不撤销行政村村民委员会,而是在村民小组或自然村或"片区"增设村民理事会等组织,其相同做法为:在村民小组或自然村层面建立党小组或党支部、村民理事会、村民监事会或村民监督小组以及村民民主决策制度、村民民主协商制度和公开制度,等等。其不同做法主要体现于村民自治的组织模式设定方面:试点单位或是在行政村一级也建立村民理事会(中兴村),理事长由村党总支书记担任,理事会成员由村"两委"成员、各党小组组长、各屯屯民理事会成员组成;或是构建"一核五会、合作共治"的机制(少峨村、治和村),党小组核心引领,代表会提议,理事会协商,小组会决策,监事会监管,股东会经营;或是组建"十户一体"(建设村、七里冲自然村),把十户左右居住相邻的农户捆绑为一个整体,从中选出一名村民担任户长或中心户长;或是实行"一组两会"制度(金沙村、龙凤

---

① 参见项继权、王明为《村民小组自治的实践及其限度——对广东清远村民自治下沉的调查与思考》,《江汉论坛》2019 年第 3 期。
② 参见刘成良《微自治:乡村治理转型的实践与反思》,《学习与实践》2016 年第 3 期。
③ 参见吕德文《乡村治理 70 年:国家治理现代化的视角》,《南京农业大学学报》(社会科学版)2019 年第 4 期。
④ 除广东清远的 6 个试点村外,国家层面的其他试点单位还包括:北京市密云区穆家峪镇辛安庄村、延庆区千家店镇千家店村,黑龙江省延寿县加信镇新建村、方正县大罗密镇中兴村、铁力市王杨乡建设村、望奎县后三乡正蓝前三村,上海市金山区吕巷镇夹漏村,安徽省全椒县石沛镇大季村,湖南省浏阳市大瑶镇杨花村,广西壮族自治区贵港市覃塘区大岭乡金沙村和覃塘镇龙凤村平田屯,四川省宜宾市叙州区柏溪镇少峨村和安边镇治和村,贵州省威宁县石门乡团结村二组七里冲自然村,云南省洱源县茈碧湖镇永兴村吉菜自然村和牛街乡福和村北村自然村,甘肃省瓜州县布隆吉乡布隆吉村,宁夏回族自治区盐池县花马池镇高利乌素村井沟组。

村平田屯），自然村（屯）重大事务的决策由党小组提议、自然村（屯）全体户主或户主代表组成的户主（代表）会协商议决、村民理事会执行落实，等等。

杨花村和大季村则是在"片区"建立村民理事会等组织。这里的"片区"与清远的"片区"完全不同，它不是乡镇政府的派出机构和高于行政村的一级行政组织，而是在行政村之下，又超出村民小组或自然村的范围，将全村地域进行模块式划分并由若干村民小组或自然村组成的一种自治组织形态。杨花村按照村民居住地，将全村19个村民小组划分为6个片区。根据村民选举委员会确定的各片区村民代表名额，由片区村民通过民主选举产生片区村民代表（片区村民代表同时担任片区自治理事会理事），再由片区理事选举产生片区自治理事会常务理事3名，村民委员会根据其得票情况和其他条件综合考虑后确定理事会主任。片区自治理事会作为村级组织的一个管理层级，在村党总支和村民委员会领导下，依法对本片区进行自治管理。考虑到村民小组内田土山水等权属管理需要，保留村民小组，民主选举村民小组长，但只负责管理本村民小组内田土山水等权属关系。大季村则是将全村33个村民小组划分为11个片区，对应整合成立11个村民理事会，其中9个片区各包含2—3个村民小组，另外2个片区各由1个村民小组、1个集中居住点构成，形成了全村"9+1+1"村民理事会结构。

从清远改革到全国性村民自治政策试点的铺开，保持现有村民委员会设置格局似乎逐渐成为探索村民自治有效实现形式的央地共识。清远的改革虽具有突破性意义但也呈现出明显的问题，在此基础上中央政府在政策制定过程中主动调整政策内容并出台导向性政策，进而为全国范围内的政策试点提供方向指引和行动合法性以实现政策扩散。可以说，政策试点能否有效推广、政策创新能否有效实现，主要取决于中央政府的认可和推动[1]。这种自上而下的中央政策导向与中央指导下的地方试验在政策扩散过程中发挥着主导作用。

三 政策试点反馈：政策维系或是中断

在试点全面铺开后，大多数试点单位着手于在村民小组或自然村组建村民理事会等组织的实践。伴随着政策试点的深入推进，村民理事会逐渐成为

---

[1] 参见定明捷、张梁《地方政府政策创新扩散生成机理的逻辑分析》，《社会主义研究》2014年第3期。

村民自治重心下沉的最重要的组织载体。2002年，安徽省望江县118个行政村最早以村民小组为单位组建了村民理事会，作为管理村落事务的自治性组织。随后，江西、山东、福建、湖北、湖南和广东等地区纷纷效仿这种做法（这些地区或称村民理事会为"村民事务管理理事会""村庄理事会""新农村建设理事会"等）。《试点方案》从开展和进行试点的角度对村民理事会作了较为全面的规定，包括建立的地理和经济前提（处于独立居民点且拥有集体土地所有权的村民小组或自然村）、产生方式（通过民主推选产生，可采取村民代表推选方式，也可采取直接选举方式）、村组地位（向村民小组会议负责并报告工作，在村党组织的领导和村民委员会的指导下开展活动）等。可见，村民理事会是在村民小组或自然村的基础上成立的、旨在实现村民自我组织与管理的组织形式。

根据调研情况，"在村民小组或自然村建村民理事会等组织"试点的主要成效表现在以下几点。第一，村民自治的组织关系网络更加完善。一方面，村民小组或自然村层面的村民理事会等组织与村民距离更近，更便于向村民宣传党和国家的方针政策，也更便于听取村民的意见和建议以及处理民间纠纷。另一方面，村民小组或自然村的村民理事会等组织能有效解决各自内部的自治事务，进而减轻了村民委员会的工作压力，使村民委员会获得更多的时间和精力做好全村范围的自治事务并协助乡镇政府开展工作。第二，村民自治的内生性资源得以挖掘。村民理事会是更具民间性的社会自治组织，理事会成员利用自身的能力资源和本村落的文化传统，能够构建起村民之间的横向联系，增强共同体的内聚力和认同感。村民遇到问题后，由"跑路找村干部反映解决"变为"家门口的事自己协调解决"。通过"熟人办熟事、熟人管熟人"的方式，土地纠纷、邻里矛盾等"政府管不好、干部管不了、社会无人管"的老大难问题，在村民理事会的协调下更易于得到解决。

总之，转换或扩展意义上的"以村民小组或自然村为基本单元的村民自治"，即"在村民小组或自然村建村民理事会等组织"，在试点过程中取得了一定的成效。政策试验具有良好的绩效是获得中央认可的重要因素，中央更容易识别和吸纳试验效果显著的政策。然而，取得了一定成效的"在村民小组或自然村建村民理事会等组织"的政策试点为何最终又淡出了中央的顶层设计呢？显然，试点政策能否升级为一项正式制度，其主要参照依据在于集成效与问题于一体的政策试点实际反馈结果。中央政府会对这种反馈进行权衡，以决定政策维系或是中断。

试点反馈显示，铺开后的政策试点涌现出一些组织性难题。其一，村民理事会的组织能力较为薄弱。农村年富力强的人常年外出务工经商，难以物色到能力强、年轻、素质高、有热情、有威信的人作为村民理事会成员人选，致使推选出来的理事会成员年龄偏大、能力偏低。其二，村民理事会的组织功能较为有限。就村民理事会和村民委员会的关系而言，虽然相关政策规定了村民小组或自然村的村民理事会在村民委员会指导下进行工作，二者相辅相成、相互支持，但在实际的乡村公共事务治理中，村"两委"可能会给村民理事会分摊或转移行政事务，也可能会通过利用考核村民理事会工作绩效的权力，或是经济补助的方式从财力上钳制村民理事会的活动[1]。这样一来，村民理事会的自治功能很可能会被行政权力消解或吸纳，进而削弱了村民自治效能。

在中央的"选择性控制"[2]下，如果政策试点取得显著成效，中央就会对其政策效果进行评估和总结，再将该项政策推广到更多的地区进行效仿，经过反复的扩散和评估，直到成为全国通行的政策。相反，当政策试点遭遇的问题凸显且治理成本巨大时，这种政策试验很难继续被认可和推广下去。因此在很多时候，某些政策试验工具虽然是由中央确定的，但政策试验的结果也可能无法得到中央的认可[3]。正如"在村民小组或自然村建村民理事会等组织"以探索村民自治有效实现形式的政策试点，尽管已在试点过程中完成了主要含义和内容的调适，但由于显现出的一些组织性难题，影响着政策创新的治理效能和扩散能力，导致该项政策最终淡出中央的顶层设计。

创新驱动下的政策试点面临着差异化的命运：政策可能就此扎根，成为一项常态化的制度；也可能就此搁浅，成为政策创新中的"孤岛"或"烟花"[4]。探索村民自治有效实现形式是一项未竟的事业，还存在着很多问题亟

---

[1] 参见严宏《村民理事会与村级协商民主建设的探索——以安徽省H村为例》，《中共福建省委党校学报》2016年第7期。

[2] 刘培伟：《基于中央选择性控制的试验——中国改革"实践"机制的一种新解释》，《开放时代》2010年第4期。

[3] 参见石晋昕、杨宏山《政策创新的"试验—认可"分析框架——基于央地关系视角的多案例研究》，《中国行政管理》2019年第5期。

[4] 参见卢福营《论农村基层社会治理创新的扩散》，《学习与探索》2014年第1期。

须通过实践探索、理论研究和政策选择加以解决。在组织性难题还未找到有效解决方案之前，政策试点不适宜被更广泛地推广和普及，因此当前顶层设计方面对于政策试点的审慎抉择是一种理性考量。就政策试点本身而言，无论是本源意义上的还是转换意义上的"以村民小组或自然村为基本单元的村民自治"，无论是"在村民小组或自然村建村民委员会"还是"在村民小组或自然村建村民理事会等组织"，其共同点都是通过改变村民自治的组织结构以实现村民自治的有效运转，但无不面临组织能力薄弱和组织功能发挥受限等问题。

　　本章认为，探索村民自治的有效实现形式，不应将创新重点仅仅置放于村民自治的外在组织结构方面，还应观照与组织建设相配套的其他方面，否则政策创新难免会陷入形式化的吊诡之中。政策试点只有构建起一套全方位的激励保障机制，才可能获得持久的生命力。具体而言，旨在探索村民自治有效实现形式的以村民小组或自然村为基本单元的村民自治政策试点一方面要加强组织能力建设方面的配套措施，不断优化村民理事会组织成员结构，加大基金扶持力度，将更多的能干事、想干事的年轻人和乡村能人吸纳到新型自治组织之中；另一方面要实现对于村民理事会的"增权赋能"，充分保障其自治功能的有效发挥，进而摆脱"形式上有权、实际上无权"的村治困境。

第十一章

"片区自治"：村民自治有效实现形式的新探索[*]

党的十九大报告高度强调推进乡村治理体系和乡村治理能力现代化。2019年6月23日，中共中央办公厅、国务院办公厅印发的《关于加强和改进乡村治理的指导意见》指出，实现乡村有效治理是乡村振兴的重要内容，需要"推进乡村治理体系和治理能力现代化，夯实乡村振兴基层基础"。在新形势下，巩固和发展村民自治制度、探索村民自治的有效实现形式成为优化乡村治理体系和提高乡村治理能力的重要环节。自2014年中央一号文件提出"可以开展以村民小组或自然村为基本单元的村民自治试点"以来，村民自治试点在政策和实践领域不断推进。2016年，《关于以村民小组或自然村为基本单元的村民自治试点方案》（以下简称《试点方案》）正式出台；2017年，国家层面的试点单位正式确认。各试点单位在实践探索中不断创新地方经验，结合当地实际打造出独特的治理模式。

乡村治理单元是乡村治理结构调控的组织载体。考察试点具体做法不难发现，"片区"作为一种独特的治理单元，已经成为一些试点单位进行村民自治试点的新型治理工具。其共同做法是将人为划分的"片区"嵌入乡村治理结构，使之成为"村"（行政村）与"组"（村民小组）之间的一种非正式治理单元。以此实现村民自治单元的适度下沉，进而重塑治理单元的配置模式以及促进乡村治理结构层级化和弹性化，有利于提高乡村治理的效能和结构适应性，克服乡村治理结构的潜在惰性，释放村民自治的内在活力。这种典

---

[*] 本章以《"片区自治"：村民自治有效实现形式的新探索》为题，发表于《探索》2020年第1期。

型经验做法可概括为"片区自治"。

第一节 认识"片区自治"

随着探索村民自治有效实现形式的实践推进,如何优化村民自治的基本单元逐渐进入学术研究的视野。总体来说,这类研究大致可归纳为"单元上移"(或"单元扩大")与"单元下沉"(或"单元缩小")两种理论立场。秉承"单元上移"立场的学者认为,在现代化进程中发达国家对农村基层建制单元调整的路径普遍是上移或扩大[1],原因在于扩大单元规模可以"雇佣到职业化和专门化的公共管理人才"[2],进而提升行政效率。他们认为以村民小组为基本单元的村民自治并非村民自治的有效实现形式,其理由、依据并不充分[3],"单元下沉"在理论逻辑上是矛盾的,以"单元上移"的形式构建"乡镇自治"的治理形态才是未来乡村治理的正确走向[4]。而持"单元下沉"立场的学者认为,自治单元划小到村民小组或自然村能在乡村共同体重构、文化培育、群众参与、资源集中、村庄党建、政策落地等诸多方面凸显优势,具有更高的自治效能。自探索村民自治的有效实现形式与以村民小组或自然村为基本单元的村民自治上升为国家的顶层设计之后,"单元下沉"开始由研究思路演变为实践指南,成为指导地方村民自治实践的一种基础范式。

然而,地方试验尽管表现出将自治单元下沉到村民小组或自然村的共性认知,但主要做法又有差异。基于调研发现,以村民小组或自然村为基本单元的村民自治试点的做法主要分为两类。一类以广东清远为代表,主要是改变现有村民委员会设置格局,撤销原行政村村民委员会,在村民小组或自然村设立村民委员会。一类以其他大多数试点单位为代表,保持现有村民委员

---

[1] 参见李华胤《走向治理有效:农村基层建制单元的重组逻辑及取向——基于当前农村"重组浪潮"的比较分析》,《东南学术》2019年第4期。

[2] [德]赫尔穆特·沃尔曼:《德国地方政府》,陈伟、段德敏译,万鹏飞校,北京大学出版社2005年版,第43页。

[3] 参见唐鸣、陈荣卓《论探索不同情况下村民自治的有效实现形式》,《当代世界社会主义问题》2014年第2期。

[4] 参见陈明《村民自治:"单元下沉"抑或"单元上移"》,《探索与争鸣》2014年第12期。

会设置格局不变,不撤销行政村村民委员会,在村民小组或自然村或"片区"增设村民理事会等组织。既有研究围绕以上两种不同做法分析了实践效果。对于第一种做法而言,村民委员会下沉到村民小组或自然村并不能改变"村级治理半行政化"[①]的格局,而且在体制、组织、财政和人事等方面遭遇很多困难,与村民自治、集体经济、国家治理体系和治理能力现代化整体的发展方向背道而驰[②]。对于第二种做法而言,已有研究集中探讨了村民理事会等新型村民自治组织在乡村治理中的组织化功能。村民理事会等组织的设立不仅是对村民自治组织网络的"横向拓展"[③],还有助于推动村民自治组织的多元化,促进村民自治组织的开放性[④],进而推进村民自治"从'精英主政'到'协商治理'"[⑤]、从单一化结构向多元化结构的转变。

在村民自治单元下沉的研究议题上,学术研究的侧重点似乎已从村民委员会的下沉转移到以村民理事会为代表的多元化村民自治组织的构建。本章正是在这一研究背景下探讨"片区自治"的实践探索。作为一种独特的地方创新经验,"片区自治"在保持现有村民委员会设置格局的前提下,丰富和完善了乡村治理结构的组织网络。那么,"片区自治"何以生成,又何以运转,运转效果又如何?本章结合笔者所在团队对安徽省全椒县石沛镇大季村的调研案例,探究"片区自治"的生成逻辑和运转机理,指出当前"片区自治"面临的主要难题,并在此基础上提出优化"片区自治"的建议。该村位于全椒县东部,属丘陵地带,村域面积15.2平方公里,共有33个村民小组,1328户,4227人。自2017年该村被确认为国家层面的试点单位,试点工作正式启动,到2018年底试点完成,"片区自治"模式已成型。可以说,大季村的"片区自治"是管窥村民自治实践的一个窗口,对这一案例的呈现和解读便于

---

① 王丽惠:《控制的自治:村级治理半行政化的形成机制与内在困境——以城乡一体化为背景的问题讨论》,《中国农村观察》2015年第2期。

② 参见项继权、王明为《村民小组自治的实践及其限度——对广东清远村民自治下沉的调查与思考》,《江汉论坛》2019年第3期。

③ 贺海波:《村民自治的社会动力机制与自治单元——以湖北秭归双层村民自治为例》,《华中农业大学学报》(社会科学版)2018年第6期。

④ 参见杨一介《我们需要什么样的村民自治组织?》,《首都师范大学学报》(社会科学版)2017年第1期。

⑤ 章荣军:《从精英主政到协商治理:村民自治转型的路径选择》,《中国行政管理》2015年第5期。

更清晰地了解我国村民自治的地方创新经验,更明确地掌握村民自治有效实现的难点和重点。在实践层面,"片区自治"也为其他地区探索村民自治有效实现形式提供了参考和借鉴。

第二节 "片区自治"的生成逻辑

将行政村划分为若干片区的做法,实际上打破了国家权力进入乡土社会之后对基本治理单元进行建构的传统格局。在当前的基层治理语境中,"村"一般指的是行政村,而村民小组或自然村是基层治理的自然单元[①]。"将基层治理单元划小下沉到距离家户更近的自然单元,有利于回归村民自治的本质属性。"[②] 可以说,划分片区的做法本质上是乡土社会基层治理单元向自然单元的适度回归,丰富了治理单元的层级,旨在确保治理单元的弹性。有效的自治单元兼具两种属性,即特定地域和规模的地理空间属性与有着稳定而联结的社会关系的社会属性。由此,把握"片区自治"的生成逻辑要追溯其社会根源,综合考察体制性、政策性、认同性和组织性的诸多因素。

一 村治体系困境:"片区自治"生成的体制性因素

早在1983年中共中央、国务院联合发布的《关于实行政社分开建立乡政府的通知》就已规定,在原来的"生产大队"和"生产队"一级相应地建立"村民委员会"和"村民小组","村民委员会是基层群众性自治组织……村民委员会要积极办理本村的公共事务和公益事业。协助乡人民政府搞好本村的行政工作和生产建设工作"。随着《中华人民共和国村民委员会组织法》由试行到修订再到实施以来,"乡政村治"[③] 的农村治理体系最终得以确立。在"乡政村治"的村治格局下,村民自治体系体现为"村委会—村民小组"两级自治。1998年颁布的《中华人民共和国村民委员会组织法》取消了村民委

[①] 参见印子《乡村基本治理单元及其治理能力建构》,《华南农业大学学报》(社会科学版)2018年第3期。

[②] 吴昊、郑永君:《规则落地与村民自治基本单元的选择》,《南京农业大学学报》(社会科学版)2018年第2期。

[③] 张厚安:《乡政村治——中国特色的农村政治模式》,《政策》1996年第8期。

员会一般设在自然村的规定,设立村委会的"村"是"建制村"(通常被称为"行政村"),是"国家统一规定并基于国家统一管理需要的村级组织"①。村民自治的决策权集中于建制村,村民小组只是村民委员会与村民群众的联系者,其职责主要是在村委会的领导下贯彻执行村民会议决定和村委会布置的工作②。建制村的村委会作为自治性组织兼具自治功能和行政功能。一方面要组织农村群众参与公共事务治理;另一方面又要承担上级政府下派的各项行政事务。

然而,税费改革前村委会承担着繁重的税费征收任务,大大削弱了自治功能。"乡政"或是直接向村委会发布行政命令或是干预村委会选举或是通过目标考核、财务管理等方式来控制村委会的运转,导致村委会沦为一种准行政组织③。税费改革后,国家权力以项目制、下派第一书记、加强农村基层党建、财政支付村干部报酬等途径全面介入乡村社会,进一步加深了村委会的行政化④。这种"行政下移"已是村委会面临的常态,使村委会逐渐被吸纳到国家正式权力体系之中,成为乡镇政府在基层的"工作抓手"。在这种政治生态下,村干部的行事风格与政府机关的正式官员越发接近,许多村干部不再将其所承担的维护村民利益、为村集体提供公共服务等视为最重要的职责,工作重心已异化为在乡镇政府和自然村之间传达行政任务、贯彻和落实方针政策。

此外,合村并组致使行政村范围扩大,由多个自然村构成的行政村超出了"熟人社会"的范畴。当行政村成为自然村事实上的"上级"时,行政村本身就会存在管理幅度的问题,同一行政村的村民已不再像之前那样相互熟识,难以继续仅凭乡土社会的非正式权威进行柔性治理,而需借助于制度建设、召开会议等行政化的方式实现对所辖自然村的约束⑤。具有

---

① 徐勇:《基层民主:社会主义民主的基础性工程——改革开放30年来中国基层民主的发展》,《学习与探索》2008年第4期。
② 参见徐勇《中国农村村民自治》,生活书店出版有限公司2018年版,第78页。
③ 参见吴理财《乡镇改革与后税费时代乡村治理体制的构建》,《中共福建省委党校学报》2007年第1期。
④ 参见景跃进《中国农村基层治理的逻辑转换——国家与乡村社会关系的再思考》,《治理研究》2018年第1期。
⑤ 参见徐明强、许汉泽《村落复权、政党拓展与耦合调整》,《华南农业大学学报》(社会科学版)2018年第5期。

"半熟人社会"①特性的行政村无疑承受着村级组织管理和自治的巨大压力。同时,"家庭承包经营制度在物质基础层面弱化了农村之间的利益关联与社会关联,使得高度松散化、原子化的乡村社会难以形成对村级组织权威的认可"②。税费改革也无意中加剧了农民个体与村庄集体的疏离,农村社会的"个体化""空心化"等一系列新问题对村民自治提出新挑战③。在此情形下,村民自治开始寻求自身的生长空间,一个基本策略是将自治单元下沉,在村民小组或自然村层面探索有效方案,"片区自治"正是在这一现实背景下应运而生。

二 政策试点空间:"片区自治"生成的政策性因素

党的十八大以来,党中央高度重视顶层设计与基层探索有机互动,将改革试点作为治国理政的一项重要方法。尤其是十八届三中全会后,党中央部署开展了一系列重大改革试点,为顶层设计积累了一批地方创新经验,形成了具有中国特色的政策试验实践探索。"试点"是最为典型和普遍的一种政策试验模式④,政策试点既不是漫无目的的试错,也不是先入为主的试对,而是中央主导下的"政策求解"⑤过程。村民自治政策试点是乡村治理创新的一个微观缩影,而乡村治理创新一直是中国政策实行过程的重要内容。旨在实现村民自治重心下移,以村民小组或自然村为基本单元的村民自治试点就是一个很好的例证。

为了尽可能地规避政策试点的风险性,政策本身往往比较灵活,这也为试点工作的展开制造了充足的政策空间。村民自治政策试点的灵活性源于中央政府对广东清远村民自治改革试验的选择性借鉴。在政策试点过程中,地方政府创新是中央政策学习的来源,为中央政策的制定提供了选择性方案。2012 年广东清远"先试先行"的农村综合改革试验将村民委员会下沉到村民

---

① 贺雪峰:《论半熟人社会——理解村委会选举的一个视角》,《政治学研究》2000 年第 3 期。
② 杜姣:《村治主体的缺位与再造——以湖北省秭归县村落理事会为例》,《中国农村观察》2017 年第 5 期。
③ 参见吴理财《中国农村社会治理 40 年:从"乡政村治"到"村社协同"——湖北的表述》,《华中师范大学学报》(人文社会科学版)2018 年第 4 期。
④ 参见周望《"政策试验"解析:基本类型、理论框架与研究展望》,《中国特色社会主义研究》2011 年第 2 期。
⑤ 梅赐琪、汪笑男、廖露等:《政策试点的特征:基于〈人民日报〉1992—2003 年试点报道的研究》,《公共行政评论》2015 年第 3 期。

小组一级，将权力下放到最微观一级的自治单位（村民小组），用于克服行政村自治规模过大的问题，进一步调动村民参与治理的积极性[1]。清远试验得到了中央的认可和政策响应。2014年中央一号文件首次提出集体土地所有权在村民小组的地方，可开展以村民小组为基本单元的村民自治试点，将清远"村民自治重心下移"的地方预先自主试验上升为一项中央政策。然而，清远试验遭遇了体制上的障碍，还面临党建、财政、人事等方面的一系列问题，这使得村民自治的效果大打折扣。由此，中央参考清远改革而作出相应的政策调适，在2016年的《试点方案》中强调，通过开展试点，在村民小组或自然村探索村民自治多种有效实现形式。在此政策背景下，大季村结合自身实际，把全村的村民小组整合为若干片区，并以此作为独特的村级组织实践形态开展村治工作。片区成为试点单位在政策试点空间中探索村民自治有效实现形式的组织化产物。

三　社会关系网络："片区自治"生成的认同性因素

片区是基于村民小组或自然村这一最微小的治理单元而构建的。村民小组或自然村一般以地缘关系作为划分依据，同一小组或自然村内部基于地缘关系的长期人际互动与以土地调整、分配为基础的生产资料调配构成理想的"熟人社会"[2]。"村民小组或自然村的居民地域相近、利益相关、文化相连，具有共同体的基础且便于自治。"[3] 相比于行政村，片区与村民小组或自然村的关联更为紧密，片区设置的主要依据是若干村民小组或自然村的群居情况。根据组与组相连、水路相通等原则，大季村以划分片区的方式将村民自治单元划小，并在片区一级成立村民理事会，以形塑与村委会不同的另一个"代言人"。在有些村民看来，行政色彩浓厚的村委会不能真正代表村民的利益，也不能切实为村民发声。而片区理事会则不同，理事会成员由片区内村民选举产生且都是"家门口"的熟人，就像村民说的，"几十年的感情，互相知根

---

[1]　参见肖滨、方木欢《寻求村民自治中的"三元统一"——基于广东省村民自治新形式的分析》，《政治学研究》2016年第3期。

[2]　李祖佩、杜姣：《分配型协商民主："项目进村"中村级民主的实践逻辑及其解释》，《中国行政管理》2018年第3期。

[3]　徐勇、赵德健：《找回自治：对村民自治有效实现形式的探索》，《华中师范大学学报》（人文社会科学版）2014年第4期。

知底，在一起聊聊天，问题就解决了"。

行政化的村委会改变了村民对法定意义上的村民自治组织的认同，行政村作为乡村基层治理核心单元的角色和功能在实现村民自治的过程中逐渐式微。只有当治理单元回归村民自治的原初形态（村民小组或自然村）时，这种认同才会重新得以激发。当前，地域相近的自然村仍然是农民日常交往最主要的区域。"片区自治"之所以能够重塑村民对于村级组织的认同，正是源于地域相近的村民小组或自然村村民之间传统互信互惠的社会关系网络。从这点来看，村庄传统地理分布上的地域相近使群居的村民小组或自然村在整体上构成一个物理空间相连和社会关系网络互构的治理单元，以此延续村民自治的社会基础与传统。

四 适度规模效应："片区自治"生成的组织性因素

人口和空间构成治理单元的基本要素，也是村民自治的组织基础。适度的人口和空间构成适度的治理规模。"治理规模越小利益相关性越强，越容易形成有效的自治基本单元。"[①] "行政村规模过大可能会稀释村民小组的社会资本和利益相关性。"[②] 而利益是自治的基础和核心，"治理单元的自治水平是由利益相关性所决定的"[③]。进一步推论，对于乡村基层治理而言，随着治理单元（村民小组或自然村—片区—行政村）组织规模的扩大，组织内部的利益相关性逐步趋于弱化，自治效力也会逐步降低。由此，我们可以得出治理单元的组织规模与自治效力之间的一种负相关关系（见图11-1）。在治理单元的序列中，行政村的组织规模最大，但自治效力最弱；村民小组或自然村的组织规模最小，自治效力最强。然而，旨在寻求自治效力最大化而将治理单元直接下沉到村民小组或自然村的"清远式"做法并不值得提倡。当村委会下沉到村民小组致使自治规模过小时也可能强化家族势力，激化村落中不同家族之间的冲突和矛盾，这不但消解了乡村治理的整合和动员能力，还可能出现与自治相悖的传统封闭血缘群体的复归。

---

① 史亚峰：《规模与利益：中国农村村民自治基本单元的空间基础》，《东南学术》2017年第6期。
② 杜鹏：《乡村治理结构的调控机制与优化路径》，《中国农村观察》2019年第4期。
③ 陈向军、徐鹏皇：《村民自治中村民政治参与探讨——基于利益与利益机制的视角》，《宁夏社会科学》2014年第1期。

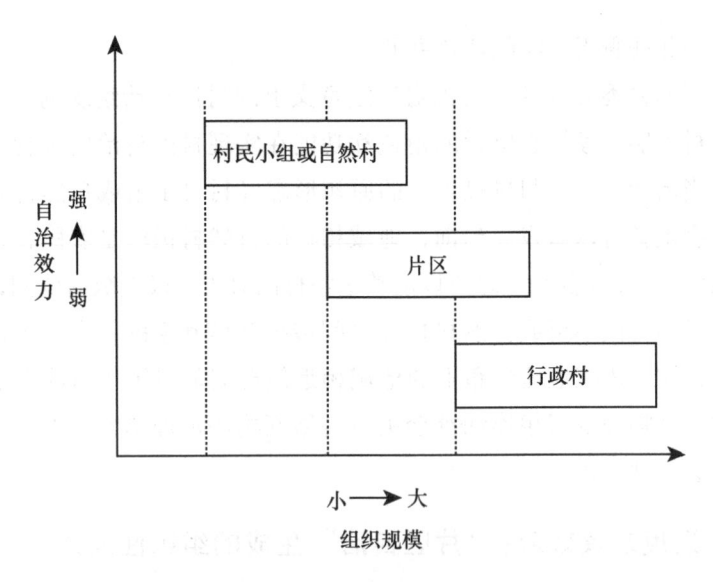

图 11-1　治理单元的组织规模与自治效力

图片来源：作者自制。

　　片区的组织规模和自治效力处于村民小组或自然村与行政村之间的折中位置，其优势在于既能够保证自治单元的适度下沉，充分发挥片区内村民小组或自然村的自治性，还可以克服村民自治"内卷化"的顽疾，摆脱自治组织"没有实际发展的变革和增长"①的困境，进而有效承接村级管理的相关事务，扮演好片区作为村委会协助者的角色。这种协助功能发挥的前提是片区组织能够保证和维持自身的独立性。在大季村，各片区一般包括2—3个村民小组、30—80户村民、1—2平方公里的地域面积。大季村明确规定村委会成员不得兼任片区村民理事会成员。同时，适度的人口和空间增加了村民直选产生"本区域内有威望、有能力、公道正派"的片区村民理事会成员的可行性。

第三节　"片区自治"的运转机制

　　从"片区自治"的生成到运转，关乎这种新型治理模式产生之后如何维

---

① 贺东航：《中国村民自治制度"内卷化"现象的思考》，《经济社会体制比较》2007年第6期。

系的问题。这既涉及外部力量的推动,也包括新生事物内部力量的自我调适。就外部力量而言,"片区自治"的运转得益于行政力量的持续助推;就自我调适而言,"片区自治"通过基层党组织建设、新型自治组织的营造和治理规则的创制等途径得以存续和发展。

一 动员式治理下的行政力量持续助推

动员式治理是我国基层政府的一种常规化的治理技术[1]。当以官僚机构为基础的行政组织无法有效应对基层社会的治理难点时,以"领导小组"为代表的各种临时机构便成为动员式治理的组织载体。这种临时机构嵌入官僚机构的缝隙之中,使政府治理结构得以优化,治理能力得以提高[2]。村民自治试点正是基层动员式治理的典型案例。大季村被确认为试点单位之后,全椒县为统筹协调和指导试点各项工作,成立了全椒县村民自治试点工作推进领导小组,由县委常委、组织部部长担任领导小组组长,县委常委、政法委书记和县政府副县长、县公安局局长担任副组长,成员包括县委、县政府各部门的相关负责人。领导小组办公室设在县民政局,由县民政局局长兼任办公室主任。领导小组在试点推进过程中负责帮助指导试点镇研究和解决出现的新问题,并与上级有关部门保持沟通,对把握不准的政策性问题及时请示。随后,石沛镇成立镇村推进试点工作领导小组,镇级层面由镇党政主要负责人担任组长,党委副书记担任副组长,组织、纪检、宣传、民政、司法等部门负责人为成员,村级层面村党总支书记为第一责任人。就这套组织架构而言,县级职能部门是村民自治试点工作的主要发起者和推动者,通过对试点工作的业务指导和督促检查以及对试点工作给予适当的财政补贴等方式,确保试点顺利推进。显然,"领导小组"在加强横向职能部门的协调性与整合行政资源的同时,也构建了"县领导小组—镇领导小组—村级责任人"这样一种纵向治理结构,这种结构无疑带有积极行政色彩和强烈的动员性。

二 党建单元下沉的基层党组织建设

"片区自治"的实现是治理单元和党建单元双重下沉的过程。《试点方

---

[1] 参见欧阳静《论基层运动型治理——兼与周雪光等商榷》,《开放时代》2014年第6期。
[2] 参见汪卫华《群众动员与动员式治理——理解中国国家治理风格的新视角》,《上海交通大学学报》(哲学社会科学版)2014年第5期。

案》指出,加强村民小组或自然村党组织建设,加强村党组织对村民小组或自然村全部工作的领导。具体要求为:党员人数较多、下设党组织较多的村党支部,可改建为党总支或党委;符合条件的村民小组或自然村,可建立党小组或党支部;不符合条件的可两个及以上村民小组或自然村建立联合党小组或党支部。根据这一要求,大季村在试点工作中高度重视党建工作,对村党组织进行优化调整,每2—3个村民小组设立1个党小组,3个党小组设立1个党支部,确保每个片区村民理事会都建立党小组,充分发挥基层党组织的指导和监督作用。11个片区有40名党员当选村民理事会成员,占比73%,其中党小组长与理事会成员"一肩挑"的有14名。党员与理事会成员交叉任职,推动了党组织与自治组织有机融合,小到垃圾处理、邻里矛盾,大到田屋权属、征地拆迁,党组织广泛参与农村各项事务决策。截至2018年试点工作完成,11个片区村民理事会的党员理事共提出涉及办理公益事业、维护村民权益、倡导文明新风、服务生产生活等方面的议题60个。

这种做法其实是对村党组织处于两难处境的一种回应。随着村委会的行政性日趋增强,村党组织肩负的社会化服务职责与党建为民的服务功能被"闲置"。村委会的行政性在很大程度上侵占了构成村庄民主政治核心内容的村庄党建和村民自治形塑的民主空间,削弱了村民自治的自主性,最终导致村民自治的"悬空"和"虚化"与乡村治理的低绩效[1]。因此,推进乡村治理的过程应注重党建功能发挥与村民自治的有机结合,以此促成基层党组织和村级组织原本功能的归位[2]。党建单元的下沉强化了村庄党组织作为乡村社会权力主体和村庄民主建设领导者的身份,也强化了党组织的政治领导和服务群众的功能,扭转了村民自治长期以来"无核心缺主体"的困局。

三 村治主体重塑下的新型自治组织营造

当前,村民理事会被视为村民自治单元下沉的组织载体,能有效弥补村委会在村民自治中的主体缺位。它是村委会内部的一种村民自组织形式,不是取代而是协助村委会的工作,是在村党支部和村委会的领导下,由农民自

---

[1] 参见李勇华《乡村治理与村民自治的双重转型》,《浙江社会科学》2015年第12期。
[2] 参见徐建宇《村庄党建嵌入村民自治的功能实现机制:一种实践的主张——基于上海J村"巷邻坊"党建服务点的分析》,《南京农业大学学报》(社会科学版)2018年第5期。

已通过选举产生的一种社会自治组织①。村民理事会一般是在村民小组或自然村的基础上成立的，但对于大季村这种管理半径过大、村民小组众多、人口规模庞大的村庄而言，以片区为单元成立村民理事会具有更高的合理性与可操作性。在试点工作中，大季村按照群众推荐、组织把关的原则，制定了村民理事会选举办法，由群众投票产生建议人选名单，在片区公布听取意见后，由村民代表会议讨论通过，形成当选理事会成员、理事长名单。根据较大片区配备5—7人、较小片区配备3—5人的规格，11个片区共选出村民理事会成员55名。这些成员大多是老村干、老党员、老教师或致富能手，能够在涉及本片区村民利益的各项服务中更好地发挥代言和牵头功能。片区理事会的主要工作方法是"以理治事"，比如在解决安置房屋顶漏水的问题上，理事会成员通过走访村户征求和协调村民意见，做工作、讲道理、做解释，最终确定的补偿方案获得村民的一致认可。

"有事找理事会"已成为大季村村民在表达自身利益诉求时的直接反应。从这点来看，村民理事会能够反映和维护自然村落村民的利益，"将分散化的利益表达整合为组织化的利益表达"②。这种新型自治组织的营造在乡村社会织密了横向到边、纵向到底的基层工作网络和社会关系网络，也为村民个体提供了组织化和制度化的利益表达渠道，有助于"防止人们通过原子化的非制度化的利益表达方式去寻求利益的实现"③，也有助于推动乡村组织性社会力量的成长，增强村民自治的自主性和内聚力。村民理事会将本片区原有的各村民小组或自然村的村民进行整合，合理吸纳不同利益主体及其诉求，进一步拓宽了村民自治的自主空间，在有效保障村民主体性的同时，也在片区层面积极配合和协助村委会的工作。

四 制度嵌入下的治理规则创制

制度作为政治过程的表达载体，在乡村治理场域中展示出浓厚的实践属

---

① 参见张艺、陈洪生《村民理事会：以社会资本理论为分析视角——以江西省幸福社区为例》，《甘肃行政学院学报》2008年第3期。

② 项继权、王明为：《村民理事会：性质及其限度》，《福建论坛》（人文社会科学版）2017年第9期。

③ 黄冬娅：《组织化利益表达：理论假设与经验争论》，《中山大学学报》（社会科学版）2013年第1期。

性。优化乡村治理的制度构成、设置制度化的村民自治机制是乡村治理实现"治理有效"的保障，也是乡村政治规则化、乡村治理法治化的内在要求。村民自治试点中的制度嵌入本质上是"行政权主导下的乡村自组织制度设计"①，是国家将制度、意志和政策等调控工具和外部要素输入乡村社会的过程。制度嵌入的目的是以制度规约的形式规范非正式治理单元的运转，将治理事务纳入制度、规范和程序的框架之内，从而限制乡村社会的模糊空间，降低村民自治运行的监督成本。当完成这种制度嵌入或规则输入之后，非正式治理单元中新型自治组织的运作方可实现有章可循、有制可依。在政策试点过程中，基层政府和组织越发重视治理规则创制在乡村治理创新中的重要作用，这点可从其工作方案中得到印证。

在全椒县制定的《关于开展以村民小组或村民集中居住点为基本单元的村民自治试点工作实施方案》中明确规定了"建立健全工作制度体系"是试点工作的一项核心任务。在这种制度嵌入下，与"片区自治"相关的规则创制以健全村民自治的工作机制为主旨。围绕片区村民理事会的日常运作，大季村的村治工作坚持依法依规，不逾越法律法规和村规民约的边界，制定了《村民理事会章程》《村民理事会工作职责》《村民理事会议事规则》《日常管理制度》《财务管理制度》《议事协商制度》《工作报告制度》等。在村民理事会的工作方法方面，实施"六步理事法"，即村民"提事"→村"两委""定事"→理事会组织户代表民主"议事"→村民集体讨论"决事"→理事会受村民委托"办事"→村民对理事会办事过程和结果"评事"。这些治理规则的创制保证了村民自治中协商民主的制度化、规范化和程序化。

在外部和内部力量的共同作用下，"片区自治"取得的显著成效主要表现为以下三个方面。一是党在农村基层的领导核心地位得到强化。党建单元的下沉使基层党组织的触角延伸到片区和村民小组，使得党员之间、党员与群众之间的联系更加紧密，强化了党组织的核心引领作用和党员的模范带头作用。二是村民自治组织网络更加完善。村民理事会自身协助功能的有效发挥，便于村民自治下沉以更贴近村民，调动村落精英和社会资源。三是村民自治能力有所提升。"片区自治"在片区层面实施农民的自我管理、自我教育、自

---

① 陈寒非：《嵌入式法治：基于自组织的乡村治理》，《中国农业大学学报》（社会科学版）2019年第1期。

我服务、自我监督，为农民提供了利益表达、民主协商和平等参与的公共空间，在一定程度上提升了农民参与村民自治的主动性。

第四节 "片区自治"的限度及其优化路径

"农民是乡村振兴的主体力量，必须确立农民在乡村的主体地位。"[1] 乡村社会"个体化"和"空心化"日益凸显、农村社会公共性消解、农村基层组织软弱涣散等因素消解了农民的主体性地位。为摆脱农民主体缺位的现实吊诡，以农民组织化为初衷的基层治理创新实践势在必行，将农民组织起来也是实行乡村振兴战略的基本前提[2]。要将农民组织起来，必须立足于乡村实际，承认不同区域乡村治理内容的异质性，探索多元化的乡村治理模式。"片区自治"正是基于农民组织化原则，通过村民自治单元的适度下沉来重塑乡村的共同体基础，与乡村振兴战略所强调的"治理有效"的目标相契合，应当对其创新价值给予肯定。然而，这种试点型的乡村社会治理创新实践毕竟是探索性的、零散性的、非连续性的。试点若想由点及面地铺开，形成系统性、体制性和持续性的创新成果，就要在发现问题症结的基础上对自身不断进行优化。当前的"片区自治"更像是一场未竟的实验，在农民主体性建构方面仍面临不少难题，如"片区自治"的内生动力不足、自治权能混乱、组织能力薄弱等。因此，激活内生动力、厘清自治权能、提升组织能力成为"片区自治"得以优化的必要路径。

一 激活"片区自治"的内生动力

大季村"片区自治"的内生动力不足主要源自两个方面。一是该村集体经济缺乏持续"造血"功能。当前维持基础设施建设和基层治理主要依靠村集体收入，而很大一部分村集体经济收入来源于农业产业化企业的土地租让租金，过度依赖于企业的经济效益，导致大季村收入来源过分单一，经济基础依然薄弱，这无疑深刻影响"片区自治"的施行动力和治理成效。二是片

---

[1] 黄祖辉：《准确把握中国乡村振兴战略》，《中国农村经济》2018年第4期。
[2] 参见贺雪峰《农民组织化与再造村社集体》，《开放时代》2019年第3期。

区理事会的组织功能尚未得到充分发挥。《试点方案》虽对村民理事会的功能作了较为完整的规定,包括开展协商议事、办理公益事业、调解矛盾纠纷、维护村民权益、倡导文明新风、服务生产生活等。在服务生产生活方面又具体规定有构建基层综合公共服务平台,开展基本公共服务事项委托代理,为村民提供市场信息、生产技术、转移就业、土地流转、生产资料等方面的服务等。然而,在大季村片区理事会的实际工作中,政策宣传和纠纷调解几乎消耗了理事会成员的全部精力,再加上自身组织能力薄弱、经验不足和资源有限,大大限制了片区理事会的功能发挥,同时也弱化了村民自治的内生动力。

"片区自治"的发起依托于运动式治理下行政力量的助推,其发起者仍是地方政府而非村民个体。尽管提升乡村的自我发展能力需借助政府主导、制度供给等外力支持,但这并不意味着政府和制度的力量是内因,最根本的举措是提升农民主体的"可持续发展能力"[1]。主要依靠地方和基层政府的行政助力不是长久之计,要改变当前乡村治理"季节性""事件性"[2]的治理惯性,必须真正提升乡村治理的内生动力。只有彻底解决农民的不在场、隐身乃至虚化的主体性问题,才能培育和激发乡村社会的内生活力,使农民真正成为乡村治理的行动主体。"片区自治"为村民表达自身利益需求和参与村庄公共事务提供了一种组织平台,但这也只是形式上的组织再造,并不意味着村民的主体性已被彻底激活。要扭转农民在乡村振兴和村民自治中失语的处境,就应当彻底激活农民的主体性和内生动力。对于"片区自治"来说,一方面要壮大集体经济,夯实集体经济基础,开辟多渠道的收入来源,加强土地流转和规模化经营,实现产业兴旺。只有当农民感到生活富足之后,他们才可能具有参与村庄公共事务的内生动力。另一方面,当片区理事会这样的组织工具打造完成之后,应通过制度设计激发理事会成员全面履行职责的动力,充分发挥其角色功能,与村民小组长、村民小组成员积极互动,主动应对与村民自治相关的多方面问题。如果片区理事会的组织功能发挥受阻,无法吸引更多的村民参与村治事务,那么"片区自治"只会沦为徒有形式的空壳,也容易陷入乡村治理"内卷化"的危机。因此,问题的关键不在于外在

---

[1] 刘碧、王国敏:《新时代乡村振兴中的农民主体性研究》,《探索》2019年第5期。

[2] 吕德文:《乡村治理70年:国家治理现代化的视角》,《南京农业大学学报》(社会科学版)2019年第4期。

组织结构的调整和变化，而在于内生动力是否真正得以激活。

二 厘清"片区自治"的自治权能

在大季村"片区自治"的实际运行中，片区内的村民小组及村民经常从本片区或本村组的利益出发，争取自治权力和自身利益，导致所决定的一些事项与行政村的整体决策发生矛盾，其结果往往是村民委员会介入片区公共事务的决策，进行统筹规划和协调干预。在坚持村"两委"对村民理事会等自治组织的思想领导与工作指导的基本原则下，很难规避村"两委"对村民理事会事务的过度干预。这种现象的根源就在于没有真正实现村民委员会与村民理事会"行政与自治"的职能分离。尽管在政策层面村"两委"只是领导、指导和支持村民理事会开展工作，但这种规定实际上也是对二者权限界分的模糊处理。在实际的乡村公共事务治理中，村"两委"可能会给村民理事会分摊或转移行政事务，也可能利用考核村民理事会工作绩效的权力或以经济补助的方式从财力上钳制村民理事会的活动[1]。这样一来，作为乡村"微自治"[2] 主要载体的村民理事会的运行就会被行政权力消解或吸纳。在此情况下，"片区自治"仍无法有效摆脱"形式上有权、实际上无权"的村治困境，也无法有效弥补农民主体性的缺失。

破解农民主体性缺失困境的关键就在于"增权赋能"，增加和落实农民在乡村振兴中的财产权利和政治民主权利，提升农民的社会合作能力、综合技能和文化选择能力，重塑农民在乡村振兴中的主体地位[3]。农民主体性的发挥还需要相应的法律保障。与村民委员会和村民小组不同，法律没有赋予片区理事会法定的不受外界干预且相对独立的民主自治权，这就很难保障其自身权能的有效发挥。因此，应在立法层面厘清村民理事会与村民委员会之间的权能。一方面，要确保村民小组或自然村或片区在村民自治中的主体地位，尽可能地压缩行政干预的空间；另一方面，赋予村民理事会法定自治权不意味着撼动或侵蚀了村"两委"在村民自治中的核心地位，村"两委"始终应

---

[1] 参见周波、陈绍玖《探析新农村建设长效发展的一个有益载体——村民理事会》，《农业经济问题》2006年第11期。

[2] 赵秀玲：《"微自治"与中国基层民主治理》，《政治学研究》2014年第5期。

[3] 参见陈晓莉、吴海燕《增权赋能：乡村振兴战略中的农民主体性重塑》，《西安财经学院学报》2019年第6期。

当是整个村庄村民自治活动的中心。唯有把握好以上原则，才能充分保证"片区自治"的良性运转。

三 提升"片区自治"的组织能力

乡村劳动力外流导致"空心化"的格局和乡村治理的组织资源困境，对片区村民理事会的组织建设造成很大压力。在大季村，大批青壮年常年在外务工经商，外出人口占到了村常住人口近一半，11个片区理事会的成员年纪普遍较大，集中在50岁至65岁，50岁以下理事会成员比例较低，仅有3人。主要原因在于该村无产业经济支撑，青壮年如果留守参选理事会成员，将难以解决个人及家庭生存发展问题。很多青壮年一年通过外部流动就能获得不低于村干部年薪的收入，而且他们大多数已经习惯外部流动的生活方式[①]。另外，"巧妇难为无米之炊"，经费缺乏和资金扶持力度不足成为制约"片区自治"能力提升的关键。村民自治单元的适度下沉只是试点的第一步，接下来，如何加大对片区的资金扶持力度，如何实现"费随事转"，如何通过"以奖代补"等方式来推进"片区自治"的组织建设，如何将更多的能干事、想干事的年轻人和乡村能人吸纳到新型自治组织之中，还需要构建和完善相关的激励机制。

新型村民自治组织的发展必须以人为基础，抛开村民谈自治无异于"缘木求鱼"。因此，要回归于片区村民理事会的组织能力建设，一方面要优化组织成员结构，适当引导乡村有能力、有良好教育背景的年轻人进一步回流，鼓励中坚农民、本土乡贤、返乡力量等共同参与村民理事会选举，成为理事会成员，并依据能力大小、专业特长进行合理分工。另一方面，可以通过聘任专业性人才定期到村培训的方式来提高理事会成员运用政策和技术的能力，尤其是信息化技术的能力。在条件具备和技术成熟的地方，进行网上开会、网上表决、网上投票等，可能会成为村民自治有效实现的新形式，使理事会会议、村民小组会议、村民会议难以或无法召开等问题迎刃而解。此外，应完善相关的激励措施和配套政策，进一步加大对"片区自治"的扶持，探索建立"市县支持、镇村奖补、村民自筹"的资金筹措机制，保障片区村民理

[①] 参见蒋英州《内卷与外舒：乡村社会稳态式发展的一种机制解释框架——基于A村的十年观察》，《江西师范大学学报》（哲学社会科学版）2018年第4期。

事会的日常工作开支。同时，可以授权片区理事会提取一定比例村民小组集体经济收入作为理事会日常工作经费。

在乡村振兴战略背景下实现"治理有效"的目标，需要不断探索村民自治的有效实现形式，鼓励以村民小组或自然村为基本单元的村民自治地方创新实验。"片区自治"将分散的村民小组整合为若干片区，在"村"与"组"之间重构了一种非正式的治理单元。"片区自治"具有特定的生成逻辑和运转机制，但面临农民主体性缺失的难题。任何组织化的探索都要回归于个体和"人"本身，都要以激发人的主体性为根本旨向。乡村振兴战略的实施应坚持将促进农民对美好生活的追求，切实维护农民群众的根本利益，实现农民共同富裕，提升农民获得感、幸福感和安全感作为出发点和落脚点。以组织化来重塑农民主体性，是新时代乡村振兴的基础性路径。要真正实现乡村振兴，村民自治的实践探索应力求找到最适合的组织形式，同时应在加强农民组织化的基础上，依托农民主体性建设彻底提升农村内生发展动力，增强农民的认同感、积极性和参与度。

第十二章
敏捷治理驱动的乡村数字治理*

数字乡村是伴随网络化、信息化和数字化在农业农村经济社会发展中的应用，以及农民现代信息技能的提高而内生的农业农村现代化发展和转型进程。学术界围绕数字乡村的价值目标和实践路径已展开热烈讨论。就价值目标而言，作为乡村发展和乡村建设中的重要一环，数字乡村建设的核心内涵是"破除区隔城乡的不平等和不合理体制机制障碍，构建城乡一体化和均等化的社会权利和机会体制"①。城乡之间发展不平衡不仅体现于经济发展和居民收入差距方面的"经济鸿沟"，也体现于城乡居民之间在"信息基础设施的接入程度、电子资源的获取机会、信息通信设备的支付能力、数字信息的应用意识和使用能力等方面"的"数字鸿沟"，即"信息富有者与信息匮乏者之间在信息获取与处理方面的差距"。② 以数字乡村建设弥合城乡数字鸿沟，有助于增加乡村获取信息资源的机会，使乡村摆脱"数字化生存"的危机，进一步发挥信息技术创新的扩散效应、信息和知识的溢出效应以及数字技术释放的普惠效应③。

就实践路径而言，在乡村建设过程中，国家的总体目标是不可忽视的决定性和方向性力量④。中共中央办公厅、国务院办公厅印发的《数字乡村发展战略纲要》为数字化、信息化、网络化和智能化的乡村数字治理做出了顶层

---

* 本章以《敏捷治理驱动的乡村数字治理》为题，发表于《华南农业大学学报》（社会科学版）2021 年第 4 期）。

① 王春光：《乡村建设与全面小康社会的实践逻辑》，《中国社会科学》2020 年第 10 期。
② 吕普生：《数字乡村与信息赋能》，《中国高校社会科学》2020 年第 2 期。
③ 参见陈潭、王鹏《信息鸿沟与数字乡村建设的实践症候》，《电子政务》2020 年第 12 期。
④ 参见李向振、张博《国家视野下的百年乡村建设历程》，《武汉大学学报》（哲学社会科学版）2019 年第 4 期。

设计。这种顶层设计的导向性意义在于，以技术治理手段将互联网、物联网、云计算、大数据、人工智能、区块链等现代信息技术成功嵌入乡村社会之中，赋予乡村治理数字化的组织行为体系，构建新型治理模式与治理规则，"以推进乡村数字经济社会建设和实现村民数字化美好生活的新型智能治理活动"①。国家主导下的乡村数字治理所依赖的技术治理模式，"使基层社会的实质空间和数字空间交叉融合，并结合信息化和数字化发展的规律与特点，将复杂的社会运行体系映射在多维、动态的数据体系之中，实时、量化、可视化地观测社会运行规律、社会诉求变化以及政府回应效果，进而提升社会治理的有效性"②。

　　国家的整体规划在乡村数字治理的推进过程中发挥着主导性作用，"数字化变革主要由中央政府推进，较低层级的政府缺乏实现技术变革的技能或能力"③。2020 年 7 月，中央网信办等七部委联合印发了《关于开展国家数字乡村试点工作的通知》，以政策试点推进数字乡村建设由点到面的转换。政策试点作为政策试验和创新的典型模式，是中央引导和支持下的地方与基层进行政策求解和自主创新的有效工具④。在政策试点过程中，地方自主试验是中央政策学习的来源，能够为国家改革事业提供源源不断的灵感和选择性方案，为中央制定正式的制度规范供给多样化的地方经验和样本⑤。由此，数字乡村战略在具体施行过程中的地方自主性同样是我们审视乡村数字治理实践样态的一个关键变量。

第一节　何为敏捷治理

　　全国各地区的基层政府在乡村数字治理领域已贡献了多元化的实践形式，

---

① 刘俊祥、曾森：《中国乡村数字治理的智理属性、顶层设计与探索实践》，《兰州大学学报》（社会科学版）2020 年第 1 期。

② 韩瑞波、唐鸣：《基层社会治理智能化的潜在风险与化解防范——基于 Y 市 Z 区的案例研究》，《宁夏社会科学》2021 年第 1 期。

③ Thomas M. Vogl, Cathrine Seidelin, BharathGanesh, et al., "Smart Technology and the Emergence of Algorithmic Bureaucracy: Artificial Intelligence in UK Local Authorities", *Public Administration Review*, Vol. 80, No. 6, 2020, pp. 946-961.

④ 参见［德］韩博天《红天鹅——中国独特的治理和制度创新》，石磊译，中信出版社 2018 年版，第 5 页。

⑤ 参见董雪兵、李霁霞、徐曦磊《政策创新：来自地方自发试验的力量》，《经济社会体制比较》2020 年第 2 期。

例如在线政务服务平台、政府服务热线、政务云、"互联网+党建"、智慧社区、智慧村庄综合管理平台、农村"雪亮工程"、数字农业、电商扶贫等。这些都是基层政府以乡村治理数字化和智能化为导向，以回应、解决地方性问题为目标，创新其组织机制形式和工作方法的积极探索。"基层政府的自主性和能动性使其能够有效识别地方性问题并选择合理的治理形式，主动适应制度要求和环境变化。"[①] 基层政府借助于现代信息技术和治理手段，将敏捷治理（Agile Governance，AG）应用到乡村数字治理的实践场域之中，使基层治理体系运转更为灵活高效。

敏捷治理是一种针对人工智能、大数据和云计算等新兴产业进行监管而提出的治理理念。该理念强调政府需要通过创建新的数字系统以适应内外部环境的变化，使其能够清晰地审视社会发展现状与趋势，预测这种发展对政府组织本身的潜在影响，并快速地学习如何改变其运作方式与程序。政府组织在流程设计、项目管理、软件开发、公共服务等方面越来越多地采用了敏捷方法[②]。有学者将敏捷治理定义为"一套具有柔韧性、流动性、适应性的行动或方法，是一种自适应、以人为本，以及具有包容性和可持续性的决策过程"[③]。这种治理范式的优势可归结为以下几个方面：强调治理情境的复杂性与不稳定性；具有超越行政层级和克服信息不对称的自适应结构；赋予足够的自由裁量权以增强组织行动的灵活性；鼓励持续性的自我反思和快速学习；为形塑新的治理流程提供必要的程序和知识。[④] 敏捷治理理念为政府治理转型设定了方向，要求政府基于社会公共价值的表达和实现来主动接受改革，在数字化治理进程中，将"敏捷"方法嵌入治理空间和工作流程之中，以更有效的方式应对和整合不断变化的社会需求。治理空间的弹性、治理机制的灵活性以及治理流程的协同性，构成敏捷治理的核心要素。

近年来，浙江、湖北、贵州等地的基层治理实践是敏捷治理驱动下的乡

[①] 孙柏瑛、张继颖：《解决问题驱动的基层政府治理改革逻辑——北京市"吹哨报到"机制观察》，《中国行政管理》2019年第4期。

[②] 参见 Ines Mergel, Gong Yi Wei, John C. Bertot, "Agile Government: Systematic Literature Review and Future Research", *Government Information Quarterly*, Vol. 35, No. 2, 2018, pp. 291–298。

[③] 薛澜、赵静：《走向敏捷治理：新兴产业发展与监管模式探究》，《中国行政管理》2019年第8期。

[④] 参见 Ines Mergel, Sukumar Ganapati, Andrew B. Whitford, "Agile: A New Way of Governing", *Public Administration Review*, Vol. 81, No. 1, 2020, pp. 161–165。

村治理体系创新的典型案例。本章以浙江 D 县"数字乡村一张图"（以下简称"一张图"）为个案，尝试讨论基层政府如何将敏捷治理嵌入乡村治理体系，进而形塑乡村治理智治新模式的问题。

第二节 敏捷治理驱动的"数字乡村一张图"平台建设

浙江省 D 县以"全域数字化治理试验区"建设为契机，以"发现问题智能化、处理过程自动化、事件管理全流程"为导向，面向政府部门、村级组织、市场组织和村民等治理主体，着力打造数据资源整合集聚的乡村治理数字化平台，划分出"一张图"、乡村治理数据管理系统、数字生活服务平台、治理决策中枢等板块。"一张图"是依托地理信息系统、大数据技术、数字孪生技术等打造的多场景、多业务协同、动态交互的数字乡村全景图，用于实时动态呈现和分析乡村规划、经营、环境、服务、治理的运行状况，成为乡村治理的展示分析单元和辅助决策工具。目前，D 县已基本实现"一张图"在全域内行政村的全覆盖，制定和实施了《"数字乡村一张图"数字化平台建设地方规范》和《乡村数字治理指南》两项县级地方标准规范，以现代信息技术手段不断推动数字乡村的迭代升级，形成了可借鉴、复制和推广的地方经验。本章将基于敏捷治理理论对"一张图"的整体智治模式加以解读，探讨该模式下的乡村治理空间、治理机制与治理流程。

一 弹性再造乡村治理空间

乡村治理有效性与基层政府拥有的治理空间紧密相关。乡村治理空间的再造，是指基层政府"在履行国家治理职能、形塑国家治理合法性的过程中，建构一个相对独立的、完整的政策执行体系"，其合法性"不仅源于国家治理体系的制度供给，也源于对乡村治理需求的有效回应"[1]。在数字乡村建设政策执行过程中，基层政府致力于加大数字化基础设施建设投入力度，建立乡

---

[1] 吕德文：《乡村治理空间再造及其有效性——基于 W 镇乡村治理实践的分析》，《中国农村观察》2018 年第 5 期。

村治理各领域数据采集、共享、传输等方面的标准体系,解决业务管理条块化、政务服务分割化、"信息孤岛"和"数据壁垒"等问题,加强数据安全管理,以特定的技术手段再造弹性化的乡村治理空间。"制图"作为官僚体系进行公共事务治理的一种技术工具,是将纷繁复杂的实际空间简化为可分析和控制的抽象空间,并对其进行计算、规划、控制和监督的过程,这一空间重组的过程体现了制图者的主观意图①。

基层政府以"制图"的方式力求将纷繁复杂的基层治理事务加以分类和简化,由此实现了对乡村治理空间的分解和再造,同时打造了新的乡村治理形态。"一张图"力求对乡村公共事务进行模块处理,以个性化定制治理和服务项目。例如,在应急管理方面,通过遥感监测、卫星定位、基础测绘等技术统一采集数据,对人口、房屋、自然资源等地理要素进行统计,实施水域环境、火灾隐患、空气质量、地质灾害的实时监测和反馈;在疫情防控期间,运用"一张图+健康码"图码结合的网格化精密智控系统,结合电子围栏和视频监测,使辖区内人员"健康码"动态自动标注。在产业发展方面,将从事水产养殖的水田以图斑的形式录入数据库,并配有翔实的地理坐标,与卫星图片进行叠加后即可探测水域动态。

乡村治理空间的弹性再造反映出基层政府在数字平台设计中针对区域特点灵活应对乡村公共事务的敏捷思维。基层政府根据各区域不同的公共需求进行应用程序的开发与运行,以数字化技术的创新运用来寻求公共治理和服务供给的绩效改善。对于公共需求的精准识别、整合与分析,是敏捷治理的初始环节,也是基层政府由被动回应转向主动治理的前提条件。与"回应性治理"不同的是,敏捷治理不再满足于"通过提高服务效率来提升民众体验,通过加强问责来约束治理偏误"②,而是基于公共需求的多元化来设计数字技术的应用情境,追踪需求的变化以弥合回应滞后的缺陷,从而提高乡村治理的靶向能力。

"治理空间的情境化预示着政府治理在目标制定和操作程序等方面趋于专

---

① 参见杜月《制图术:国家治理研究的一个新视角》,《社会学研究》2017年第5期。
② 李大宇、章昌平、许鹿:《精准治理:中国场景下的政府治理范式转换》,《公共管理学报》2017年第1期。

业化。"① 具体而言，数字化的基层政府可以通过建构不同的治理情境来准确收集治理需求，在需求矛盾大规模集聚之前就可捕捉到公共问题，系统挖掘和分析问题的特征、实质与成因，进而形成服务供给对公共需求的精准匹配，有效解决矛盾集聚后的治理滞后问题。

二 灵活设置乡村治理机制

国家政权建设进程中的"行政下乡"② 将国家权力下沉至乡土社会，使科层体制嵌入传统的乡村治理格局之中。乡村治理逐渐突破村庄基本治理单元的范畴，并依赖于县、乡、村不同层级的协同③。为推动乡村治理的制度化与规范化，国家向乡村社会持续性输入现代公共规则，制定了越发具体而复杂的资源使用规范以防止基层资源的滥用，极大限制了村级治理主体的主动性④。日益行政化的村级组织和职业化的村干部，不仅要遵守来自科层制的组织规定和权力规则，也要应对自上而下的痕迹管理与督查考评，这无疑进一步加强了乡村治理的行政属性。在当下的乡村治理格局中，以第一书记为核心的党政统合权力极易造成对村级自治权力的替代和覆盖，抑制乡村内生的自治动力，进而导致乡村治理机制僵化的问题⑤。

此外，在乡村数字治理情境中，新兴信息技术逐步融入乡村治理机制，通过上下级之间的信息联通强化对治理终端数字化信息的获取，"以事本主义为主要原则建立了一套标准化、规范化、程序化的技术治理机制"⑥。这一机制在强化国家对基层权力的监控能力、规范村级治理行为的同时，也带来了政府责任无限化、基层治理能力弱化以及农村居民自治体系瓦解的风险。在

---

① Tomasz Janowski, "Digital Government Evolution: from Transformation to Contextualization", *Government Information Quarterly*, Vol. 32, No. 3, 2015, pp. 221–236.
② 徐勇：《"行政下乡"：动员、任务与命令——现代国家向乡土社会渗透的行政机制》，《华中师范大学学报》（人文社会科学版）2007年第5期。
③ 参见杜鹏《一线治理：乡村治理现代化的机制调整与实践基础》，《政治学研究》2020年第4期。
④ 参见贺雪峰《规则下乡与治理内卷化：农村基层治理的辩证法》，《社会科学》2019年第4期。
⑤ 参见周少来《"权力过密化"：乡村治理结构性问题及其转型》，《探索》2020年第3期。
⑥ 杜姣：《重塑治理责任：理解乡村技术治理的一个新视角——基于12345政府服务热线乡村实践的考察与反思》，《探索》2021年第1期。

此背景下，调整乡村治理机制，实现机制本身的"策略性自我重组"[①]，被置于基层治理变革的优先位置。乡村治理机制的优化升级要求其从僵化转向灵活，改变传统由政府主导的线性管理模式无法对复杂的乡村事务给出有效应对方案的局面，不断增加村级组织的治理权力，打破村级组织"权小责大"的失衡性权责配置格局，使其真正发挥治理与服务功能，以有效应对现代治理技术对乡村自治的消解。

据观察，"一张图"系统为乡村治理机制的优化以及村级组织充分发挥其治理效能创造了可能。一方面，村级组织的治理技术得以强化，对村民利益诉求的回应度显著攀升。以"一张图"系统和其他辅助类数字化平台为载体，村民的个体利益诉求、村务监督诉求和村务管理诉求得到实时呈现和分类处置。另一方面，村级组织的服务效能得以提升。例如，在"一张图"的乡村服务模块，围绕村民出生、入学、就业、医疗、教育等"一生事"，村级组织会进行主动跟踪服务，并展示村民办理事项的详细说明。总之，乡村数字治理实现了乡村治理事项和服务事项的清晰分类，使村级组织积极承担起维系乡村公共秩序和供给乡村公共服务的治理责任。

由观察可知，治理机制的优化主要基于对村级组织的技术赋权以及对乡村事务的模块建构。"技术赋权依托社会全面信息主义的转向，通过在信息网络中的各个物理节点（各类组织或个体）之间建立关联，使组织或个体之间产生协作效能，这不仅使公共治理活动样态得以改变，也在一定程度上催生了某种权力功能，遏制并矫正政府对于其他治理主体自上而下的僵化的指令式控制。"[②] 技术赋权使村级组织成为信息技术的应用主体与乡村治理实体性的权力主体，在增强乡村治权的同时，也分担了基层政府的属地管理职责，形塑出一种新型的协作治理机制。以治权重塑为导向的乡村治理机制优化过程体现了敏捷治理思维所强调的"多元合作治理"内涵，即"治理主体或多元利益相关方之间的协同合作"，"在面对难以预知的风险和复杂情境时，多元合作治理是一种提高适应性并有效规避风险的治理

[①] 孙宇凡、蔡弘：《政府文本中的"机制"——基于历史化与理论化分析范式的研究》，《社会发展研究》2018 年第 1 期。

[②] 朱婉菁、刘俊生：《技术赋权适配国家治理现代化的逻辑演展与实践进路》，《甘肃行政学院学报》2020 年第 3 期。

机制"①。

三 协同参与乡村治理流程

"基层政府处于科层体制的最末端,当其承接自上而下的任务和政策时,在压力型体制和目标管理责任制的多重压力下,必须保证治理任务的精准落实。"② 从当下的乡村治理实践来看,基层政府所要完成的治理任务极为多元且繁重,然而有限的治理资源和能力使基层治理绩效无法得到保障。乡村治理中的"包干责任制"便于村级组织进行任务发包,化解自上而下的治理压力,但在督办、考核等行政手段影响下,包干村干部出于减压或避责的动机,往往会出现对治理任务的选择性执行,将不纳入督办或考核范围的村庄"小微"事务置于治理末位。但这些事务又与村民的生活紧密相关,如若得不到及时处理,村民便会通过投诉或上访等方式直接向政府部门表达诉求③。同时,开放式信息发布平台和网络空间极大降低了社会舆情的生成和传播成本,民众的态度、情绪、观点、意见均可通过网络无限放大,进一步滋生了基层政府的退缩、卸责和回避行为④。

数字乡村建设作为一项系统工程,涉及开展数字乡村整体规划设计、完善乡村新一代信息基础设施、探索乡村数字经济新业态、探索乡村数字治理新模式、完善"三农"信息服务体系、完善设施资源整合共享机制以及探索数字乡村可持续发展机制等方面的内容。政策内容的广泛性意味着基层政府和村级组织在政策执行层面将背负巨大的科层制问责压力。为抑制基层避责行为,提升政策执行的有效性,需将更多的治理主体纳入乡村数字治理的行动框架之中,创建协同参与的治理流程。敏捷的政府对于治理有效性的追求,要求"在政府与非政府行动者之间建立决策、参与和问责的共享流程"⑤,以

---

① 葛天任、裴琳娜:《高风险社会的智慧社区建设与敏捷治理变革》,《理论与改革》2020 年第 5 期。

② 狄金华:《农村基层政府的内部治理结构及其演变——一个组织理论视角的分析》,《北京大学学报》(哲学社会科学版) 2020 年第 2 期。

③ 参见金江峰《乡村治理中的"包干责任制"及其影响》,《探索》2020 年第 2 期。

④ 参见倪星、王锐《权责分立与基层避责:一种理论解释》,《中国社会科学》2018 年第 5 期。

⑤ Cancan Wang, Rony Medaglia, Lei Zheng, "Towards A Typology of Adaptive Governance in the Digital Government Context: the Role of Decision-making and Accountability", *Government Information Quarterly*, Vol. 35, No. 2, 2018, pp. 306 – 322.

减轻科层制运作的成本与负担,有效回应社会个体的利益偏好。

数字乡村建设要建立"政府负责、社会协同、村民参与"的治理模式,因地制宜地发挥好政府、市场和村民在乡村数字治理流程中的主体性功能。作为数字平台开发与运维的主体,市场应为乡村治理的结构性变革和智能化改造提供必要的技术性支持。在"一张图"开发过程中,政府以购买服务的方式委托相关技术企业完成了信息平台的总体架构。在村民参与方面,"一张图"系统为村民搭建了网上决策与监督的平台,保障其对乡村公共事务决策进行投票和评判的权利。村民也可在微信小程序上以"随手拍""随心问"的形式反映问题和提出建议,形成了"收集—交办—办理—反馈"的闭环处理流程。可见,治理流程中的协同参与正在改变政府与其他治理主体之间的互动形态。多元主体在乡村数字治理中的协同参与,一方面能够充分发挥市场组织在技术供给方面的优势,另一方面也为民众表达诉求提供了有效空间,进而打破科层治理的阻碍、迟滞和资源限制,整合基层治理资源。

第三节 敏捷治理驱动下的乡村数字治理实践取向

现如今,互联网带来的信息社会是"正在加速变成现实的技术形态"[①]。为回应并适应复杂多元的信息社会,数字乡村建设的实践探索力图将新型技术工具嵌入乡村治理体系之中,建构出有效的乡村数字治理模式。D县的"一张图"平台建设将敏捷治理思维和方法运用于乡村治理转型和变革进程中,贡献了治理空间情境化、治理机制协作化、治理流程协同化等思路的经验样本。具体而言,在敏捷治理驱动下,基层政府基于区域特点和公共需求的多样化,弹性再造治理空间;基于强化乡村治权以及对乡村事务的模块建构,灵活设置治理机制;基于政策执行的有效性与整合治理资源,使多元主体协同参与治理流程。可以说,D县的数字平台建设经验为我们更加深入地探讨我国乡村数字治理的实践取向提供了有力注脚。本章将这种实践取向解读为以下几个方面。

[①] 孙伟平、赵宝军:《信息社会的核心价值理念与信息社会的建构》,《哲学研究》2016年第9期。

一 乡村数字治理的智治主义取向

敏捷治理承认现代信息社会复杂的技术变化，主张运用互联网和大数据等技术进行机制建构和数据分析，不断增强社会治理的精准性。"一张图"数字化平台是以"平台基础层—服务支持层—应用扩展层"的多层次的信息技术架构为支撑的。具体而言，平台基础层为数字化平台提供必需的信息基础设施，包括物联感知设备、各委办局业务系统数据、第三方厂家业务系统数据以及其他基本软硬件设备；服务支持层为数字化平台提供数据处理系统，包括数据集成、数据清洗和数据归集；应用扩展层为数字化平台提供各类业务功能系统与接口，包括乡村规划、乡村经营、乡村环境、乡村服务和乡村治理等应用领域。这一技术架构使现代信息技术得以具象化，改变了治理空间内信息的生产、传输和处理方式，推进了信息技术与乡村治理的有效耦合，打造了"整体智治"的乡村治理实践形态。

"整体智治"是"整体治理"与"智慧治理"的有机结合，强调政府部门、社会组织、民众个人和市场机构等治理主体之间的有效协调，以及治理主体对数字技术的广泛运用，突破信息传递的物理空间限制，将信息技术用于分析公共治理数据，辅助治理主体更加精细地梳理、整合、回应治理需求，减少治理供给与治理需求之间的信息不对称[1]。该模式下的乡村治理旨在实现基层政府内部各部门及与上级政府和各村居之间的信息共享，"在推进信息数据互联互惠的基础上对部门主义带来的'孤岛效应'进行技术化和工具化的修正，提高信息对接的有效性，以此摆脱条线衔接碎片化的困局"[2]。同时，整体智治导向下的乡村数字治理将公共需求的多元化视为乡村治理情境设计的参照标准，对区域治理特点和民众个性化需求进行实时和可视化的观测，在此基础上完成乡村治理的模块建构，个性化定制治理和服务项目以实现"靶向治理"[3]。

二 乡村数字治理的简约主义取向

技术治理对现代信息技术的追求，以及技术工具与社会治理的不断耦合，

---

[1] 参见郁建兴、樊靓《数字技术赋能社会治理及其限度——以杭州城市大脑为分析对象》，《经济社会体制比较》2022年第1期。
[2] 金祖睿、金太军：《基层政府治理的碎片化困境及其消解》，《江汉论坛》2020年第1期。
[3] 余敏江：《整体智治：块数据驱动的新型社会治理模式》，《行政论坛》2020年第4期。

形塑了社会治理的事本主义逻辑。其潜在风险在于,"以治理手段标准化和规范化为基础的科层行政理性思维进一步扩散,进而强化了政府不同层级之间与政府对基层社会的控制力度"[1]。基层政府对村级组织的指令式控制、村级组织的行政事务密集与治权萎缩成为乡村治理的常态。行政力量主导的乡村治理格局使乡村社会的内生力量游离于治理流程之外,基层组织的行政性与乡村社会的公共性相冲突,多元主体之间的协同效应发挥受到抑制。如何在乡村治理的利益相关主体之间平衡权责、寻求共识与合作,是乡村数字治理能否取得成效的关键命题。敏捷治理主张吸纳更多的利益相关者参与到治理流程之中,达成治理者与多元利益相关方的协同合作,以强化治理体系的适应性和风险规避能力。

敏捷治理驱动下的乡村数字治理试图以乡村主体性替代政府本位,通过数字化平台的建构为村级组织配备技术化的治理资源和手段,有针对性地解决村民在日常生产生活中所遇到的各项难题,提升其回应村民诉求和公共服务供给的能力。这种村级权力的再造在一定程度上体现出乡村数字治理的简约主义取向。这一取向可追溯至基层治理的简约主义传统,呼吁一种简约的正式官僚机构,强调国家与社会之间的互动合作和相互依赖关系,以及社会内生性力量的基层治理功能[2]。乡村数字治理场域中的简约主义要求正视基层行政与基层自治的结构性冲突,尊重乡村作为基层治理单元的相对自主性,而不是将其看作嵌套于行政治理系统中的底层环节;要求以技术赋权的方式给予乡村足够的与其责任相匹配的治权,实现村级组织在公共事务治理中的真正在场,推进行政输入式治理资源向内生性社会治理活力的转化。基于治权重构的乡村数字治理,不仅有利于减轻科层制运作的负担,规避政策执行无效的困境,也有利于做到乡村公共事务的"细事细治"[3],实现乡村治理和乡村服务的精细化。

---

[1] 渠敬东、周飞舟、应星:《从总体支配到技术治理——基于中国30年改革经验的社会学分析》,《中国社会科学》2009年第6期。

[2] 参见黄宗智《集权的简约治理——中国以准官员和纠纷解决为主的半正式基层行政》,《开放时代》2008年第2期。

[3] 陈玉生:《细事细治——基层网格化中的科层化精细治理与社会修复》,《公共行政评论》2021年第1期。

三 乡村数字治理的人本主义取向

数字化治理面临的一项难题是，如何消除"数字化中的不平等"[1]，使信息技术福利普遍惠及民众。信息技术及其运算逻辑带有标准化的性质，存在"数据暴政"和"技术霸权"隐患。基于信息技术的权力运作将技术掌握者的权力意志以标准化的形式下沉至基层社会，强制性规定了民众表达和参与的内容和形式，也制造了大量的"信息弱势群体"[2]。数字化治理蕴含的"技术治国"思维容易导致决策者在面临某项政策议题时求助于少数的研究者、专家或技术人员，而不是组织民众共同参与议题的讨论，进而造成社会民主性的缺失[3]。敏捷治理理念试图对这一社会现象做出修正，即秉持社会平等和民主的价值观，将民众需求和偏好作为决策的出发点和落脚点，重视民众的声音，平等地对待社会群体及其变化的需求，构建政府与民众之间的良性协作关系。

从个案中可以看出，"一张图"系统为村民参与治理流程和评判治理绩效提供了数字化平台。这无疑打通了信息传递和政情民意双向互动的通道，将政策执行效果和基层行政组织的作为置于民意或舆论的剧场中，使民意表达快速上升为公共议题成为可能。借助数字化平台，民意自下而上的传递也更为直接，由此减少了人为干预下治理需求信息生产、表达以及处理机制的扭曲，进而有效提升了民意的可见度和准确性。公共议题在网络技术空间中的深入讨论和广泛传播，正不断发挥着治理信息的生产和处理、理性民众的培育和训练，以及良性政民互动方式的形成等功能[4]。基于民意表达的民众参与，是形成"积极公民"[5] 必要路径，也是维系乡村社会民主性和公共性的

---

[1] Karl K. Larsson, "Digitization or Equality: When Government Automation Covers Some, but not All Citizens", *Government Information Quarterly*, Vol. 38, No. 1, 2021, pp. 1–10.

[2] 韩志明：《技术治理的四重幻象——城市治理中的信息技术及其反思》，《探索与争鸣》2019年第6期。

[3] 参见肖滨、费久浩《政策过程中的技治主义：整体性危机及其发生机制》，《中国行政管理》2017年第3期。

[4] 参见孟天广《政府数字化转型的要素、机制与路径——兼论"技术赋能"与"技术赋权"的双向驱动》，《治理研究》2021年第1期。

[5] 邓大才：《积极公民何以形成：乡村建设行动中的国家与农民——以湖北、山东和湖南五个村庄为研究对象》，《东南学术》2021年第1期。

前提条件,体现了"人本主义"的实践取向。这一取向强调"以民众为中心"的治理原则,要求公共服务以民众需求作为设计和供给的首要标准,依赖民众与政府的共同生产,尽可能地实现公共服务供给与民众真实需求的匹配。能否依循"人本主义"的核心价值,尊重民众在乡村治理中的知情权、参与权、决策权和监督权,捍卫民众的利益共识与合理诉求,是衡量治理有效性的重要参照指标。

在中国乡村建设的历史进程中,始终展示出"一种反应性和保护性的多元化实践"[①]。数字乡村建设正是这种"多元化实践"的当代呈现,它是在乡村振兴战略背景下围绕农村全域和生产生活各个面向开展大规模"数字革命"的整体性部署。乡村数字治理是推进数字乡村建设和实施乡村振兴战略的重要内容。如果说乡村振兴战略回应的是"乡村如何更好发展"[②]的议题,那么乡村数字治理回应的则是"乡村如何更好治理"的议题。浙江 D 县的基层治理实践探索表明,敏捷治理在推进乡村治理数字化的进程中扮演着重要角色。基层政府通过整合和运用现代信息技术和治理手段,将敏捷治理方法成功嵌入乡村治理体系之中,借助数字化平台弹性再造乡村治理空间、灵活设置乡村治理机制、有效形塑乡村治理流程,不断强化乡村治理体系的回应性和适应性,建构了乡村数字治理的独特模式。

进一步反思实践取向,有助于为典型经验的推广提供参照。敏捷治理驱动下的乡村数字治理表现出智治主义、简约主义和人本主义的实践取向。智治主义的实践取向指涉运用先进的信息技术工具建造乡村治理的数字化平台,打造完善的信息基础架构和治理模块,变革治理信息的生产、传递和处理方式,在此基础上构建"整体智治"的乡村治理实践形态;简约主义的实践取向指涉重拾乡村主体性,增强乡村治权,赋予村级组织必要的治理权力和资源,不断激活社会内生性力量的基层治理活力;人本主义的实践取向指涉基于"以民众为中心"的基本原则,秉持社会平等和社会民主的价值观,使民众成为参与治理流程和评判治理绩效的主体,将民众的需求和偏好作为乡村

---

① 潘家恩、温铁军:《三个"百年":中国乡村建设的脉络与展开》,《开放时代》2016 年第 4 期。

② 叶敬忠:《乡村振兴战略:历史沿循、总体布局与路径省思》,《华南师范大学学报》(社会科学版)2018 年第 2 期。

数字治理的决策依据和运行基点。

有鉴于此,在实践中回答"乡村如何更好治理"的问题,应坚持敏捷治理思维,不断升级和优化乡村数字治理的行动和方法,着眼于以下三种关系的调适。第一,技术与治理的关系。加强数字技术与乡村治理的耦合性,着力优化乡村治理的数字化平台,更加精准地观测公共需求的变化,更加科学地设计数字技术的应用情境。第二,行政与自治的关系。缓解基层行政和基层自治的结构性张力,改变乡村治理以事为本、权威为主的运行逻辑,以技术赋权的形式强化村级组织在乡村治理中的自治主体性地位,构建行政组织与自治组织之间的协同合作机制。第三,政府与民众的关系。调整政府与民众之间单向的、固定的、被动的、静态的和信息不对称的关系,利用数字技术加强与民众之间的沟通和联系,广泛听取民众的意见和建议,了解民众变化中的公共服务需求,创新及改进公共服务方式,通过数字化路径扩大民众对乡村公共事务的参与。

第十三章
技术治理驱动的数字乡村建设及其有效性分析*

数字乡村既是乡村振兴的战略方向,也是建设数字中国的重要内容。2018年9月发布的《乡村振兴战略规划(2018—2022年)》提出实施数字乡村战略;2019年5月,中共中央办公厅、国务院办公厅印发《数字乡村发展战略纲要》,明确数字乡村建设在推进国家治理体系与治理能力现代化进程中具有重要的战略地位;2020年7月,中央网信办等七部委联合印发《关于开展国家数字乡村试点工作的通知》,要求积极探索数字乡村发展的新模式;党的十九届五中全会审议通过的《中共中央关于制定国民经济和社会发展第十四个五年规划和二〇三五年远景目标的建议》明确提出,实施乡村建设行动,把乡村建设摆在社会主义现代化建设的重要位置。在此背景下,我国数字乡村建设的实践探索正在如火如荼地展开。

既有研究从不同维度探析数字乡村的表现形态。数字技术赋能下的乡村治理是以"乡村生产数据化、治理透明化、生活智能化和消费便捷化"[①]为目标的治理共同体的构建过程。这种技术赋能可以划分为三个层次:其一,通过提升信息素质、增强互动能力与保障资源获取,实现农村居民的个人技术赋能;其二,通过优化政府组织管理服务、市场组织配置供给和社会组织公共服务,实现各类组织的技术赋能;其三,通过完善政策设计、健全管理

---

* 本章以《技术治理驱动的数字乡村建设及其有效性分析》为题,发表于《内蒙古社会科学》2021年第3期。

① 夏显力、陈哲、张慧利等:《农业高质量发展:数字赋能与实现路径》,《中国农村经济》2019年第12期。

体系、重塑治理结构以实现社区技术赋能。① 有效的技术赋能可以改变乡村治理的生活形态,形成一种交互式的群治理模式,使以"群"为核心的复合群组关系结构取代传统的以家户为核心的单一的线性关系结构,借助动态的群组模块将原子化和碎片化的乡村社会整合为利益共同体。②

以上研究试图解答数字技术如何嵌入乡村治理的问题,集中探讨了现代数字技术与乡村治理之间的耦合性,强调技术赋能在增强这种耦合性上的中介作用。然而,这些研究将数字乡村建设中的技术赋能片面地解读为数字技术对乡村治理的包装或修饰,却没有对技术赋能背后的技术治理逻辑进行系统性剖析,难免在论证中存在视域局限。进言之,考察数字乡村建设中的技术赋能要纠正过分注重数字技术形塑乡村治理的研究偏颇,追溯深层的技术治理逻辑,将技术治理模式下的国家和社会关系作为论证起点。

由此,本章将数字乡村建设视为以实现乡村振兴和基层治理现代化为目标、以技术治理为路径,对乡村社会进行改造的重大工程。在这项工程的实施过程中,技术治理的载体并不仅仅限于以互联网、大数据、云计算、物联网等为代表的现代信息技术,而是延伸至国家为推进数字乡村建设、以科层制治理体系为支点而综合运用的一整套技术工具,即"人们为了完成任务要涉及的大量技术活动——技巧、方法、步骤、程序"③。技术治理驱动下的数字乡村建设的实质是国家不断地以信息化技术和科层化技术实现对乡村社会的改造。从这一内涵出发,如何在技术治理的视域下理解数字乡村建设的具体样态,如何评判数字乡村建设的有效性,这就是本章要回应的核心命题。

第一节 国家与社会之间的技术治理

治理的概念有狭义和广义之分,狭义的治理关注以国家和政府为主体的

---

① 参见沈费伟《乡村技术赋能:实现乡村有效治理的策略选择》,《南京农业大学学报》(社会科学版)2020年第2期。

② 参见陈明、刘义强《交互式群治理:互联网时代农村治理模式研究》,《农业经济问题》2019年第2期。

③ [美]兰登·温纳:《自主性技术:作为政治思想主题的失控技术》,杨海燕译,北京大学出版社2014年版,第8页。

治理方式的运用与实效；广义的治理则拓展了关注对象，将注意力置于政治权力与社会权力的互动关系。① 从广义的治理概念看，治理本身重新界定了社会领域国家与社会之间的权力关系。社会治理的最终要求是为国家与社会等多元主体提供基于社会共同体的价值导向和行为规范的制度，从而建构一种可预期的秩序模式或契约型关系结构。在传统社会治理转向现代社会治理的进程中，国家与社会之间的关系形态由单向管控转变为良性互动。这种转变需要一定的中介机制，即不断革新的治理方式和治理规则。

随着技术化社会的来临，现代国家治理越发表现出"技术装置"② 的特征。一方面，国家将科层制嵌套于社会管理和服务的各个领域，将不同类型的物理空间改造为科层制场景，配套以行政目标责任制，践行多重指标的量化考核，实现以治理手段标准化、规范化为基础的科层行政理性思维的扩散，进而加大科层体系自上而下的控制力度；另一方面，依托信息技术的发展，尤其是以"互联网+"为标志的移动政务和以机器学习与音像识别为表征的人工智能，以及以大量、多样、高速、真实为特点的大数据等技术的涌现与应用，为国家的技术治理供给了新的治理工具，使现代社会治理的精准化成为可能。由此，技术治理模式逐渐成型。

作为社会治理的一种工具，技术治理的基本主张是"将科学技术运用于社会变革和改造活动中，实现社会运行的理性化，特别是政治运作的科学化"③。技术治理驱动下的社会治理实践是打通"技术进步同社会的生活实践之间的联系"④ 的过程，这意味着国家和政府需要通过治理方式的技术化来提高治理效能。在此过程中，国家与社会之间的权力关系将被重新定义，社会治理场域中的国家在场形式和社会在场形式也将被重新形塑。国家与社会关系的调适可从技术治理的演进脉络中看出端倪。其一，为了实现社会管理的目标而采取"技术性"方式，强调对工具化的权力技术和多元化的治理策略

---

① 参见张虎祥、仇立平《社会治理辨析：一个多元的概念》，《江苏行政学院学报》2015年第1期。

② 吕德文：《治理技术如何适配国家机器——技术治理的运用场景及其限度》，《探索与争鸣》2019年第6期。

③ 邱泽奇：《技术化社会治理的异步困境》，《社会发展研究》2018年第4期。

④ ［德］尤尔根·哈贝马斯：《作为"意识形态"的技术与科学》，李黎、郭官义译，学林出版社1999年版，第96页。

的运用；其二，为了更好地提升社会治理和服务的效能，不断将信息技术手段融入社会治理，将互联网、物联网、大数据、云计算、区块链等先进技术应用于社会治理的各个方面。从以上两种演进脉络中不难看出，技术治理既注重对策略工具的运用，又注重对信息技术的应用。[①]

技术治理在塑造现代社会的治理形态与提升复杂社会治理效能等方面的成效日益显现。与此同时，学界开始审慎地看待技术治理可能存在的风险。首先，技术本身具有脱离控制的自主性，其引发的技术风险主要表现为数据缺陷、算法歧视、数据侵犯、信息安全风险与制度政策配套不足等。[②] 其次，技术治理可能赋予技术专家以直接影响决策的权力，甚至出现"少数派专权"的结果，造成社会民主性的缺失。[③] 在此情境下，我们可能会看到这样一种现象，当面临某项政策难题时，决策者会求助于专家，而非求助于公众参与和公共辩论。[④] 再次，技术治理以风险控制为优先原则，将治理创新始终锁定在风险系数较低的行政技术层面，而习惯于以技术手段的革新应对各项体制性难题，往往会导致社会领域的赋权不足。[⑤] 最后，技术治理通过识别和处理源源不断的问题，将社会呈现于国家面前，实现了国家对社会复杂性的化简。在此过程中，作为技术操作者，国家实际上是在"制造其眼中的社会"[⑥]，进而形塑国家与社会之间的支配与被支配关系，其可能的结果是使社会治理走向民意的反面。

基层社会治理的转型与变革要求规避技术治理可能带来的风险与误区，在政府行政的程序性、规范性与乡村治理的自主性、公共性之间找到契合点，由此呼唤一种高效而简约的乡村治理机制。乡村治理的高效性体现在以技术、资源、规则、信息等要素的输入实现社会治理的重心下沉，形塑乡村社会的精细化治理模式，有效提升乡村治理能力和治理效能；乡村治理的简约性体

---

① 参见陈天祥、徐雅倩《技术自主性与国家形塑：国家与技术治理关系研究的政治脉络及其想象》，《社会》2020年第5期。
② 参见黄新华、陈宝玲《政府规制的技术嵌入：载体、优势与风险》，《探索》2019年第6期。
③ 参见肖滨、费久浩《政策过程中的技治主义：整体性危机及其发生机制》，《中国行政管理》2017年第3期。
④ 参见 Lawrence C. Walters, James Aydelotte, Jessica Miller, "Putting More Public in Policy Analysis", Public Administration Review, Vol. 60, No. 4, 2000, pp. 349-359。
⑤ 参见黄晓春、嵇欣《技术治理的极限及其超越》，《社会科学》2016年第11期。
⑥ 彭亚平：《技术治理的悖论：一项民意调查的政治过程及其结果》，《社会》2018年第3期。

现在以实质性的社会赋权充分发挥社会内生性力量的基层治理功能，塑造国家与社会之间相互合作、相互依赖的良性关系。以建构高效而简约的乡村治理机制为导向，乡村治理变革情境下的技术治理将致力于最大程度地发挥其正向效应、消解其负向效应。本章基于技术治理逻辑审视当前的数字乡村建设，把握数字乡村建设的改革动因和实践策略，展开对此类基层治理变革有效性的深度探讨。

第二节　动因与策略：技术治理驱动的数字乡村建设

在技术治理的驱动下，数字乡村建设的推行源于对当下乡村治理问题的剖析及其治理路径的选择，包括数字乡村建设的必要性与可行性两种面向。就必要性而言，城乡之间的数字鸿沟凸显、多元主体的功能发挥受限、乡村社会的内生动力不足等问题是数字乡村建设的实践动因；就可行性而言，在实践层面建构整体框架、选取改革路径、扩散实践经验等使数字乡村建设由问题认知环节转向行动策略环节，从而催生出实体性的技术治理形态。

一　数字乡村建设的实践动因

第一，弥合城乡之间的数字鸿沟。数字鸿沟是信息富有者与信息匮乏者之间在信息获取与使用方面的差距，既可能表现为网络终端硬件设施的"接入差距"，也可能表现为数字技术场景应用的"使用差距"，还可能表现为城乡居民处理和创造数字资源的"能力差距"。[1] 造成这些差距的原因主要包括：农村地区硬件设施不足，互联互通的数字化平台尚不健全；乡村数字技术应用场景较少，无法有效回应农村居民的多元化需求；农村居民整体上缺乏数字素养，数字化平台和应用程序的使用能力较弱，等等。数字鸿沟在城镇和农村居民之间形成了一种在获取和使用信息资源上的机会与能力的不平等状态，从而导致在农村地区出现了数字贫困现象。既有研究表明，数字鸿沟与贫困之间存在显著的正相关，即"数字鸿沟越明显的地区贫困程度越深，

---

[1] 参见吕普生《数字乡村与信息赋能》，《中国高校社会科学》2020年第2期。

贫困程度越深的地区数字鸿沟越明显"①。可以说，城乡之间的贫富差距使二者之间的数字鸿沟越发凸显。数字乡村建设试图通过提升农村居民信息获取与使用的能力来弥合城乡之间的数字鸿沟，使城乡居民平等共享数字经济发展的福利。

第二，发挥多元主体的效能优势。技术治理内涵的赋权逻辑要求重新构建社会治理的基本格局，在各个治理主体之间合理地分配权力，加深治理领域的协同合作。在信息化时代，以平台或科技企业为代表的市场力量开始介入社会公共事务之中，成为政府公共权力之外的实体性权力来源。市场力量在充分发挥其技术禀赋的基础上，与政府主体建立一种新型互动机制，以向用户提供信息资源的方式提供社会服务，进而代替政府承担部分公共权力职能。② 然而，当前乡村社会中的技术治理存在多元治理主体的功能效应无法充分发挥的问题。究其原因，在技术治理手段的运用过程中，政府习惯于大包大揽，政府部门的业务管理条块化、政务服务分割化的沉疴依然没有得到有效解决；作为最重要的市场力量，企业在数字化平台的开发与运维、数字资源的采集与分析等方面的优势并没有充分显现。数字乡村建设应致力于发挥多元治理主体的协同效应，在优化政府科层治理流程的同时，发挥市场在资源配置中的决定性作用，实现科层与技术之间的有机结合。

第三，激活乡村社会的内生动力。技术嵌入社会治理的过程彰显的是以事为本、以权威为主的运行逻辑，在一定程度上削弱了社会参与的价值和社会公共性的增长。③ 这无疑成为当前数字乡村建设面临的一大挑战。数字乡村建设以"解放和发展数字化生产力、激发乡村振兴内生动力"为主攻方向，其实践原则不是实现国家政权对乡村社会的"数字整合"④，而是在尊重社会治理主体的自主性与能动性的基础上，鼓励社会表达和社会参与，捍卫乡村社会的公共价值。这就需要以激活乡村社会的内生动力为目标，摒弃那些抑

---

① 罗廷锦、茶洪旺：《"数字鸿沟"与反贫困研究——基于全国 31 个省市面板数据的实证分析》，《经济问题探索》2018 年第 2 期。

② 参见朱婉菁、刘俊生《技术赋权适配国家治理现代化的逻辑演展与实践进路》，《甘肃行政学院学报》2020 年第 3 期。

③ 参见应小丽、钱凌燕《"项目进村"中的技术治理逻辑及困境分析》，《行政论坛》2015 年第 3 期。

④ 郭明：《互联网下乡：国家政权对乡土社会的"数字整合"》，《电子政务》2020 年第 12 期。

制农村居民表达需求的不利因素，增强其民主决策、参与、评价和监督的能力；发挥擅于运用数字技术提升乡村生产和经营效率的乡村能人在数字乡村建设中的示范和动员作用，有效整合技术、资金、劳动力、物资等各种要素；补足数字乡村治理的各类组织载体，如新农村居民创业创新中心、乡村数字化培训中心、农民合作社规范运作法律服务中心等，为农村居民自主性的发挥和信息技能的提升提供支持。

二 数字乡村建设的行动策略

第一，以系统性思维建构数字乡村建设的整体框架。基层社会治理是一项由诸多要素构成的庞大而复杂的系统工程，与社会治理具有内在契合性。复杂系统理论要求转变政府主导的线性管理模式，克服这种传统模式所带来的成本高而效率低的现实缺陷，强调以系统性、整体性、协同性思维对复杂的社会问题给出有效的解释和应对方案。[①] 基层治理创新中的系统性思维摒弃了政府简单的政策调整，呼吁社会治理在机制、体制与技术层面的系统性变革。[②] 系统性思维指导下的数字乡村建设被纳入国家乡村振兴战略的整体框架，聚焦于开展数字乡村整体规划设计、完善乡村新一代信息基础设施、探索乡村数字经济新业态、构建乡村数字治理新模式、完善"三农"信息服务体系、建立设施资源整合共享机制以及探求数字乡村可持续发展机制等方面的内容。数字乡村建设的目标在于，将数字乡村建设融入乡村经济、政治、文化、社会等建设的全过程，全方位提升乡村治理能力；促进信息化与乡村治理的深度融合，加大统筹协调与资源整合的力度，激发乡村内部发展动力，优化数字乡村的治理机制、共享机制和发展机制。

第二，以解决问题驱动数字乡村建设的改革路径。具体而言，就是在目标设定的基础上，以公共事务治理中存在的问题为中心，将问题识别和解析作为组织决策和执行的出发点，科学合理地构想解决问题的方案，突破既有的管理局限并寻求更为高效、规范的组织与资源运作方式，以求高效地解决治理难题。行动过程包含三个相互衔接的环节。一是识别和诊断问题，剖析问题形成的内在机理；二是选择治理机制，敲定治理流程，主要涉及运行机

---

① 参见范如国《复杂网络结构范型下的社会治理协同创新》，《中国社会科学》2014年第4期。
② 参见肖唐镖《基层治理亟待走向系统性改革》，《国家行政学院学报》2015年第4期。

制、权责配置、方案制定等；三是对治理效果进行评价，总结行动经验，反思有待进一步解决的问题。① 以上述三个环节观照数字乡村建设的改革路径，数字乡村建设应坚持问题导向，着力解决制度设计缺失、基础设施薄弱、资源统筹不足等问题，以优良的制度设计、健全的基础设施以及牢靠的资源统筹能力填平城乡之间的数字鸿沟，真正实现乡村社会的信息赋能；应加强治理机制的创新，深化"放管服"改革，重新分配多元治理主体之间的权力和责任，使政府、市场与社会三方力量在治理实践中实现功能互补和有效协同；应设计和构建效果评价体系，以科学合理的考核机制研判数字乡村建设取得的成效与存在的问题。

第三，以试点示范推广数字乡村建设的实践经验。韩博天将中国治理语境下的政策制定模式界定为"分级制政策试验"，包括三个步骤。首先，在地方设立"试点"或"试验区"；其次，从试点项目中挑选出成功的项目，确定为"典型经验"；最后，将成功的项目在更广泛的地区"由点到面"或"以点带面"地加以推广，以此检验新政策是否具有普遍性，或者是否需要作进一步调适。② 可见，政策试点是地方在中央引导和支持下进行政策求解和自主创新的工具。③ 在政策试点过程中，地方自主地探索试验是中央政策学习的来源，能够为国家改革事业提供源源不断的灵感和选择性方案，为中央制定正式的制度规范提供多样化的地方经验和样本。④ 作为中国独特的制度创新模式，政策试点在基层社会治理场域中得到了广泛应用。国家在开展数字乡村试点工作的实施办法中指出，要统筹兼顾试点先行与全面推进的逻辑关系，推进数字乡村建设由点到面的转换。这就需要系统集成数字乡村建设领域相关试点示范的经验做法，鼓励试点地区结合本地实际和资源禀赋，主动探索不同类型的数字化发展模式，统筹推进乡村的新型基础设施、数字经济、数字农业农村、农村科技创新、乡村数字治理、信息惠民服务等方面的建设。

---

① 参见孙柏瑛、张继颖《解决问题驱动的基层政府治理改革逻辑——北京市"吹哨报到"机制观察》，《中国行政管理》2019年第4期。

② 参见［德］韩博天《红天鹅——中国独特的治理和制度创新》，石磊译，中信出版社2018年版，第5页。

③ 参见梅赐琪、汪笑男、廖露等《政策试点的特征：基于〈人民日报〉1992—2003年试点报道的研究》，《公共行政评论》2015年第3期。

④ 参见董雪兵、李霁霞、徐曦磊《政策创新：来自地方自发试验的力量》，《经济社会体制比较》2020年第2期。

第三节　数字乡村建设的有效性分析

对数字乡村建设的有效性进行判断和评估，创建科学的评价标准，需要充分考量全国农村地区发展水平和发展模式的差异，要求各地区在推进数字乡村建设的过程中因地制宜、分类施策，即构建不同的指标体系来衡量数字乡村建设的成效。无论何种形式的指标体系，都应考虑关于数字乡村建设的相关政策能否准确落地，农村居民的需求是否得到满足，乡村治理能力是否得以强化。为了解答以上问题，本节从政策执行的精准度、居民需求的回应度和治理体系的适应度三个方面设定数字乡村建设有效性评估的基本变量。

一　政策执行的精准度

现代信息社会充斥着各种不断增加且关联密切的复杂要素，这无疑增加了社会治理的难度。在此背景下，"精准性"成为社会治理追求的特质。社会治理场域中公共政策的精准性要求社会治理以技术化治理手段为支撑，做到精准决策与精准施策，立足于个体信息的获取、整合与分析，使政策不偏离民众的需求，做到政策预案与治理需求之间的精准匹配。[①]对于施策环节而言，政策执行的精准程度关系到政策能否取得实效，这就要求确保执行主体按照预期的方式规范政策实施活动以取得理想效果。[②]然而，公共政策在执行过程中经常会出现偏差，即执行主体曲解、规避甚至违背政策制定的初衷，进而导致政策执行结果偏离政策目标。执行主体的权责不等及其自身的自利性成为导致政策执行偏差形成的主要因素。

要实现政策执行的精准性，应克服政策执行过程中存在的偏差，赋予执行主体相应的权力与责任，进而增强政策执行能力。提升数字乡村建设在政策执行层面的精准度，应不断地以技术赋权实现政策执行程序的规范化、标

[①] 参见李大宇、章昌平、许鹿《精准治理：中国场景下的政府治理范式转换》，《公共管理学报》2017 年第 1 期。

[②] 参见王春城《政策精准性与精准性政策——"精准时代"的一个重要公共政策走向》，《中国行政管理》2018 年第 1 期。

准化和体系化，建构一体化的政策执行系统；应强化执行主体的行政能力，着重增强基层政府与村级组织对农村社会基本信息的获取能力，补齐乡村治理的信息化短板，构建与治理对象相匹配的信息网络，对乡村社会的个体化数据进行全面掌握并探索适宜的数据分析平台，精准匹配农村居民的治理需求；应进一步规范治理资源的使用程序，杜绝基层干部占用和滥用治理资源的非理性行为；应明晰治理职责，防止产生智能化社会治理过程中的"技术怠工"问题，即"执行主体将很多的行政职责交由智能技术处理，当问题出现时将责任推给技术设备，将责任问题转变成更新和升级智能设备、程序和算法的问题"①；应通过建立行政问责和绩效考评机制来监督政策执行情况，健全民主监督的程序与机制，使农村居民成为评判数字乡村建设是否精准的主体，不断提升其对数字乡村建设的认同感。

二 居民需求的回应度

能否有效回应农村居民需求是检验数字乡村建设有效性的又一个关键标准，为此，我们应探索技术治理在基层治理创新实践中的实现路径。一方面，技术治理在一定程度上强化了基层治理体系"对上不对下"的特征，它所依赖的指标化、数字化、标准化和程式化的管理与监督机制使上下级政府之间形成了多任务的委托—代理关系。上级政府及其职能部门通过目标设定、激励分配和督查考核等措施强化了对基层政府的控制权，并无限扩大了基层政府的属地管理责任。在此情境下，"有限权力和无限责任"② 构成基层政府的权责形态。另一方面，基层政府将大量的行政事务转嫁给基层群众性自治组织，导致村级治理的科层化和行政化特征越发凸显，村级组织的自治性因技术化的指标管理和程序管理而趋于弱化。当村级治理被行政化的外衣所裹挟时，村庄内部的公共性就会受到侵蚀，农村居民集体诉求的表达也将被抑制。总之，技术治理驱动的基层治理创新不在于制造华而不实的现代治理技术，用于包装日益科层化的乡村治理体系，而是应当注重对群众需求的有效回应，使乡村治理的运作契合群众的意愿和基层事务的特点。

---

① 刘永谋：《技术治理、反治理与再治理：以智能治理为例》，《云南社会科学》2019 年第 2 期。
② 韩瑞波、唐鸣：《组织韧性视阈下的乡镇管理体制改革及其逻辑解析》，《社会主义研究》2020 年第 6 期。

要提升数字乡村建设的有效性,应以充分而有效地回应群众需求为依归,通过治理技术的革新改变乡村治理的运行机制,使乡村治理的动力来源由目标管理责任制导向下的行政任务转向乡村社会的内生性治理需求。这就要求我们加强技术治理与乡村治理的深度融合,运用信息化和智能化的手段为农村居民的需求表达提供更可靠的平台。有效的政民互动平台对公众的赋权程度决定了公众参与的主动性,平台议题的设置与公众诉求的匹配程度决定了公众参与的获得感。[①] 借鉴湖北省宜昌市夷陵区的乡村治理智能化实践,通过打造覆盖区、乡、村三级的"基层社会治理智能化平台",将基层治理空间由线下拓展至线上,构建"社情民意一网收集、公共服务一网整合、群众诉求一网办理、矛盾问题一网调处"的新型治理模式。此外,还要建立数字乡村建设科学评价机制,在根据地方实际完善评价方式的同时,以评价主体的多元化为导向,将民众满意度作为考核评价的核心要素,使民众满意度转化为具体的评价指标,借助数字化平台和应用程序广泛地开展居民满意度测评,使其真正地掌握数字乡村建设的评判权。

三 治理体系的适应度

基层社会治理的"适应性"与"韧性"是一对紧密相关的概念。"韧性"一般是指特定系统在经受冲击和干扰的同时"仍可维持其本质上相同的功能、结构、反馈与自我认同"[②] 的能力。"适应性"可视作治理系统增强其韧性的能力,尤其是对于复杂的治理系统而言,其适应能力往往强调多元主体的能动性,而非自上而下的集中控制,这种能动性体现于组织行动者打破自上而下僵化的指令式控制体系,基于风险和问题的识别、认知、反思,尝试制定不同的制度规范,运用有效的备选方案突破现有的治理瓶颈。可以说,治理系统的适应性为其本身提供了最大限度反复试错的机会,允许政策失效和行为失范的存在,同时,积极探索解决问题、应对风险和化解危机的新方法。这种方法鼓励互动和学习,以足够灵活的动态性回应复杂公共事务的情境性、

[①] 参见韩万渠《政民互动平台推动公众有效参与的运行机制研究——基于平台赋权和议题匹配的比较案例分析》,《探索》2020年第2期。

[②] Brian Walker, Lance Gunderson, Ann Kinzig, et al., "A Handful of Heuristics and Some Propositions for Understanding Resilience in Social-ecological Systems", *Ecology&Society*, Vol. 11, No. 1, 2006, pp. 80 – 94.

多样性和不可预测性。

能否有效增强乡村治理体系的适应度直接关系到数字乡村建设的可持续性问题。衡量乡村治理体系适应度的关键在于检视治理主体能否及时调整其行动路径与治理工具，进而应对可能出现的新问题与新风险。例如，我国不同地区乡村治理事务的数量与性质不同，由于东部农村治理事务的数量较多且具有一定的规模效应，便于进行分类化处理，选择科层化和智能化的治理路径效果相对更好；反观中西部农村，由于其治理事务较少且具有分散性和偶发性的特点，难以捕捉治理规律，在这些地区科层化和智能化治理不仅较难取得成效，还可能导致治理资源的浪费。可见，如果盲目追求治理工具的技术性，将东部地区数字乡村建设的经验照搬于中西部地区的农村，很可能造成水土不服的问题。[①] 再如，技术治理在强化国家对基层权力的监控能力、规范村级治理行为的同时，也带来了政府责任无限化、基层治理能力弱化以及农村居民自治体系瓦解的风险。[②] 因此，增强乡村治理体系的适应性与弹性不仅要考虑不同地区治理事务在数量和性质方面的差异、因地制宜地选取治理工具，还要警惕现代治理技术对农村居民自治的消解，在国家技术治理和乡村自主治理之间构筑均衡机制。

第四节　推进数字乡村建设的实践省思

技术治理驱动下的数字乡村建设展现出对乡村治理现状的认知与政策工具选择的实践样态。数字乡村建设以弥合城乡之间的数字鸿沟、发挥多元主体的效能优势以及激活乡村社会的内生动力为实践动因，以系统性思维建构整体框架、以解决问题驱动改革路径、以试点示范扩散实践经验为主要策略。衡量数字乡村建设的成效，需要参考政策执行的精准度、居民需求的回应度以及治理系统的适应度等基本变量。在此基础上，反观数字乡村建设的技术治理，科层化和信息化的技术治理路径将一个规模庞大的行政体系置于社会

[①] 参见杨华《农村基层治理事务与治理现代化：一个分析框架》，《求索》2020 年第 6 期。

[②] 参见杜姣《技术消解自治——基于技术下乡背景下村级治理困境的考察》，《南京农业大学学报》（社会科学版）2020 年第 3 期。

建设和社会治理的经验问题之上，在践行国家意图和推进政策实施方面具有明显优势。然而，治理手段的技术化也导致行政权力对社会生活各个领域的过度覆盖，进而压缩了社会自主成长的空间，造成了社会治理"内卷化"的风险。有鉴于此，数字乡村建设应在以行政力量为主导的技术治理与以社会力量为主导的自主性治理之间寻求平衡点。

首先，要将各级政府行为纳入规范化和程式化轨道，强化数字乡村建设中政府行为的规范程度，改善行政层面的技术设计和结构设置，再造政策流程和治理机制。在政策流程方面，加快各级政府数字乡村建设规划的编制及其实施方案的制定，实现信息、资源、技术、规则等要素的精准下沉，以实质性的技术赋能创新乡村社会的技术治理模式。在治理机制方面，加强不同层级政府数据平台之间的有效衔接，避免重复规划和建设，营造上下联动的发展机制；将解决实际问题作为创新起点，突破条块分割、责任推诿的科层制困境，建立以管理对象为中心的工作模式。在这种工作模式下，"信息的碎片化、条线化分布结构被改造为以个体为中心的'块状结构'"，"每一个需要特别关注的对象会生成单独的'账号'，智能化技术可以自动判断'账号'的异常状态，并调动专业部门共同处置"[①]。

其次，要为乡村数字经济发展和乡村治理的结构性变革提供技术支持，使市场主体成为数字乡村建设中不可或缺的一环。通过大力发展农村电商等数字经济，扶持有影响力和辐射力的农村电商公司，使更多的优质农产品"网上走"，加大对贫困户农产品销售的帮扶力度，通过组织培训指导农民在数字经济平台上进行销售，推动传统农业向标准化、品牌化、产业化的现代农业转型升级；要开发应用场景，鼓励电信运营商、云计算企业、大数据企业、现代物流企业和金融科技企业开展面向乡村场景的研发和建设，加快乡村信息基础设施建设以及数字技术在乡村治理中的推广与应用；要优化服务供给，使农村社区服务系统具备足够的技术能力，及时、快速地捕捉、甄别、分类、筛选、传递、处理和反馈农村居民的服务需求[②]；将城市公共服务资源通过信息化技术延伸到农村，触发农村公共服务的流程再造，实现农村公共

---

① 容志：《结构分离与组织创新："城市大脑"中技术赋能的微观机制分析》，《行政论坛》2020年第4期。
② 参见张贵群《社区服务精准化的实践困境与实现机制》，《探索》2018年第6期。

服务的智能化供给；推进乡村人口数字化管理服务平台建设，适应城乡人口双向流动的趋势，打破管理距离、手段、媒介、身份等因素的限制，实现脱域治理，排除制约农村公共服务供给的各种阻碍。

最后，要注重以自治组织为载体的农村公共事务治理，维系农村社会生活的公共性。公共性指涉特定空间范围内人们的共同利益与价值、就共同关注的问题开展讨论与行动、社会参与程序的规范与开放、维护公共利益和价值取向的精神等。农村社会公共性的维系要求我们尊重农村居民的利益共识和合理诉求，保障其通过社会参与的民主程序共同治理村庄公共事务的权利，最大限度地调动其参与乡村治理的自主性。因此，数字乡村建设不能仅仅依赖于行政系统，而是需要借助社会力量的有效支持，以技术手段形塑公共平台，培育农村居民或群体参与公共事务治理的主动性。具体而言，数字乡村建设需要形成高效、有生命力的数字乡村发展生态系统，推动各类技术、商品交易、物流、法律、金融、培训服务市场主体和乡村居民自组织的积极参与；培育更多的乡村示范引领者，为充分发挥乡村能人效应提供更多的政策性支持；加强乡村干部和农民居民信息素养培训，积极利用多种渠道开展数字乡村专题培训，切实提高农村居民的数字素养和现代管理水平，加快培育造就一支爱农业、懂技术、善经营的高素质农民队伍。

第十四章

引领动员与规则生产：
农村基层协商民主建设的内在逻辑*

作为一种公共事务治理之道的协商民主在具体实践中萌生，并借由政策确认而开始其制度化建设历程。"有事好商量、众人的事情由众人商量"可以视作中国式协商民主最直观的概念阐述[1]，其目的在于寻求民众意愿和诉求的最大公约数，保障人民当家作主的基本权利。中国式协商民主鼓励多元主体自由、平等参与对话协商，是一种"集思广益、寻求共识、真诚合作的低成本、高效率的民主形式"[2]，在理念设定、制度安排、运行模式和推进路径等方面都与西方竞争式民主迥然有别。具体到基层，"协商民主试图构建一种广泛、平等、多层次的政治参与机制，将话语权和决策权真正还归于人民，使持有不同利益和观念的人们表露真实的偏好并转化为公共力量和集体意志"[3]。加强基层协商民主建设是实现全过程人民民主的核心要义，更是深入推进基层群众自治和基层治理现代化的重要举措。

自党的十八大首次将"健全社会主义协商民主制度"写入党的报告以来，"协商民主"就成为中国特色社会主义民主发展的重要内容。党的十八届三中

---

* 本章以《引领动员与规则生产：农村基层协商民主建设的双重路径——基于31个案例的模糊集定性比较分析》为题，发表于《探索》2024年第2期。

[1] 参见郎友兴、万莼《基层协商民主的系统构建与有效运行——小古城村"众人的事由众人商量"的经验与扩散》，《探索》2019年第4期。

[2] 林尚立：《协商政治：对中国民主政治发展的一种思考》，《学术月刊》2003年第4期。

[3] 何包钢、陈承新：《中国协商民主制度》，《浙江大学学报》（人文社会科学版）2005年第3期。

全会进一步明确了协商民主在基层民主政治发展中的地位和作用，由此确立了"开展形式多样的基层民主协商，推进基层协商制度化"的建设目标。至2015年，中共中央办公厅、国务院办公厅印发的《关于加强城乡社区协商的意见》更是清晰表述了基层协商民主建设的制度化导向，即"按照协商于民、协商为民的要求，以健全基层党组织领导的充满活力的基层群众自治机制为目标，以扩大有序参与、推进信息公开、加强议事协商、强化权力监督为重点，拓展协商范围和渠道，丰富协商内容和形式，保障人民群众享有更多更切实的民主权利"。党的二十大报告指出要"全面发展协商民主"，强调"完善协商民主体系，统筹推进政党协商、人大协商、政府协商、政协协商、人民团体协商、基层协商以及社会组织协商，健全各种制度化协商平台，推进协商民主广泛多层制度化发展"。

农村基层协商民主制度化发展构成了整个协商民主体系制度化发展的基础性工程。既有研究主要围绕以下四种路径展开。其一，许多学者关注到协商个体行为的重要影响，指出应着重提升基层民众的话语表达和理性协商能力，以及基层干部对议事协商的组织、统筹、推动、引导和协调能力[1]。其二，以制度化手段规范协商议事的逐个环节和全部过程至关重要，张等文等就参加者遴选、议题确立、会议议事、结果落实与反馈、监督与问责等方面提出了规范农村基层民主协商程序的诸多措施[2]。其三，协商单元和协商网络是议事协商的载体，其结构适配和功能发挥关乎协商成效。因此，合理划分协商议事的基本单元、科学优化层级结构、构建协商议事组织网络成为推进议事协商专门化科学化、实现多层级议事协商的重要突破口[3]。其四，信息技术不断向基层渗透，使得虚拟公共领域兴起并活跃起来。利用信息技术创新议事协商形式，提升议事协商的开放性、即时性、回应性和广泛性，以数字技术和科技支撑降低议事成本、提高协商效能，将成为未来数字时代发展的

---

[1] 参见郭雨佳、张等文《中国基层协商民主可持续发展——动力来源、阻力因素与路径选择》，《社会科学研究》2022年第2期。

[2] 参见张等文、郭雨佳《乡村振兴进程中协商民主嵌入乡村治理的内在机理与路径选择》，《政治学研究》2020年第2期。

[3] 参见党亚飞、应小丽《组织弹性与规则嵌入：农村协商治理单元的建构逻辑——基于天长市农村社区协商实验的过程分析》，《华中师范大学学报》（人文社会科学版）2020年第1期。

重要方向①。

第一节　问题提出

近年来，农村基层协商民主的实践探索在全国范围内展开，各层级政府争先创新摸索，形成了各具地方特色的民主协商模式，如浙江省温岭市的"民主恳谈"，湖北省秭归县的"村湾夜话"、安徽省巢湖市的"民主评议模式"、广西壮族自治区贵港市的"协商自治模式"等。这些地方性实践在相当程度上实现了农村协商民主的有效运转，也促进了农村政治的民主化发展。但是，随着农村协商民主制度建设不断推进，其民主化和制度化发展也遭遇瓶颈，"事难议、议难决、决难行"等问题广泛存在，严重影响了农村基层协商民主的成效。如何厘定影响农村基层协商民主成效的核心变量，以及提炼农村基层协商民主的运作逻辑，受到学界和实务界的高度关注，这也成为本章讨论和回应的核心研究问题。

有研究指出，民事民意的单一赋权路径和民议民行的双重赋权路径，使得民众在协商参与的角色期待和偏好表达等方面形成差异，进而分化为结果迥异的制度绩效②。搭建协商渠道、构建议事平台、拓展行动边界等措施对协商主体的赋权和赋能，以及对协商过程的规范和明确，也有助于提升基层协商效果③。农村基层协商民主蕴含着集体行动、公共事务治理、乡村振兴等多重命题，其实际成效也受到多方面因素的影响和牵制。为科学判定协商民主是否达到预期目标和实现制度初衷，许多学者尝试采用构建评价标准的方法将协商民主实效指标化。张大维借鉴费什金的协商质量五要素分析，指出协商主体、协商场所、协商实体、传播过程、转化过程、执行过程等要素的完整性和条件拟合程度决定着协商实效的好坏和协商水平的高低。④ 王红艳则将

---

① 参见季乃礼、阴玥《微信群、理性与社区治理——以T市A小区道路维权为例》，《学习与探索》2020年第12期。
② 参见袁方成、侯亚丽《赋权的协商民主：绩效及其差异性——来自社区的经验分析》，《江汉论坛》2018年第11期。
③ 参见黄徐强、张勇杰《技术治理驱动的社区协商：效果及其限度——以第一批"全国社区治理和服务创新实验区"为例》，《中国行政管理》2020年第8期。
④ 参见张大维《社区治理中协商系统的条件、类型与质量辨识——基于6个社区协商实验案例的比较》，《探索》2020年第6期。

协商主体多元化、协商领域和内容广泛化、协商过程深度化、协商工作常态化制度化、协商结果落地化视作衡量"真"协商的五大标准。[1]

尽管诸多学者在多项研究中确证了农村基层协商民主的影响因素或影响机制。但是，与其说是某一特定因素的单一影响致使农村民主协商结果分异，倒不如说是社会复杂环境下多重因素的复合影响更让人信服。此外，对于推进路径的分析虽然丰富，但不甚深入。关乎该议题的讨论多为地方经验的提炼总结，未能言明在何种类型、何种条件下能够选择何种协商民主建设路径，因而在实践中难以转化为可切实借鉴推广的经验做法，存在进一步探讨的空间。究竟哪些影响因素共同发挥作用？其作用程度如何？在多因素组合影响下存在怎样的协商民主发展类型？又如何理解农村基层协商民主建设的内在机理？针对这些问题，本章选择协商系统理论作为研究切入点和分析框架，以模糊集定性比较分析（fsQCA）为研究方法，通过对地方协商议事具体案例的深度挖掘，剖析农村基层协商民主的影响因素和作用机制，并尝试对不同条件组合影响下的实践路径进行类型学处理，以此探寻农村基层协商民主建设的内在机理。

第二节 协商系统理论与分析维度

自 20 世纪 80 年代兴起之初协商民主理论就被奉为"学术新宠"而受到广泛的探讨，并在短短几十年间就经历了三次理论流变[2]。早期的协商民主理论家如尤尔根·哈贝马斯等，多将视线置于对这一新生理论的内涵、外延、组成要素等基本内容的证成上，同时也疲于回应学界对这一理论的质疑。前期的理论探索忽视了现代社会的高度复杂性和流动性而被诟病，因而诸如詹姆士·博曼、丹尼斯·汤普森等第二代理论家则更加关注实操性，尝试在复杂、多元的经验事实与理想、规范的协商民主原则之间搭建理论桥梁。而第

---

[1] 参见王红艳《中国协商民主为什么真？——以标准、条件和效能为视角的分析》，《政治学研究》2022 年第 2 期。
[2] 参见［英］斯蒂芬·艾斯特《第三代协商民主（下）》，蒋林、李新星译，《国外理论动态》2011 年第 4 期。

三代协商民主理论研究则更进一步，从现实的制度设计和经验分析方面展开建构合意的协商民主制度的摸索，重点关注个体的协商参与和反思。进入21世纪，长期微观叙事下的理论发展存在的价值偏离等民主缺陷被敏锐的研究者们察觉，协商民主理论也由此迎来了系统转向。

协商系统理论试图从一个广泛、宏观、系统的视角深度解读具体的协商实践，它将民主过程视作一个整体，关注各部分多元性和分散性特点，强调不同部分之间的相互依赖、分工和配合，以一种连贯的、联结的方法推动大规模协商，以此矫正和纠偏协商民主发展过分关注复杂社会情境下的"微小倾向"，有效调和"协商"和"民主"之间的张力，回归协商民主规范性和正当性的广泛话语与宏大叙事[①]。利用系统的观点，从部分和部分、部分和整体、系统内部与外部环境之间的联系和相互作用中对研究对象展开全方位的精准考察。随着研究视角在不同考察层次的灵活跳转，民主协商的具体实践机制、制度建设逻辑、公共价值导向等多个层面的议题都能置于协商系统的分析讨论之中。这一方法论上的优势致使协商系统理论受到现代协商民主理论和民主政治研究的偏爱，也成为本章选择这一理论作为分析框架的重要原因。

概念化解读"协商系统"是为了更好地发挥它的可行性、实效性，以便将理论转化为分析工具，进而解剖复杂社会事实的深层逻辑。政治系统理论家多从"空间"视角出发，指出协商系统的分析离不开具体的空间场所，以及空间中主体行为的联系。基于此，帕金森从以下六个方面建构协商系统的分析框架[②]。一是协商场所，即介于两者之间的正式或非正式的"中间民主"场所，是各话语实体交互的临界空间。二是协商主体，即持不同立场观点的人和意见。三是协商实体，即协商议题公开辩论的话语表达，是各种主张、经验、价值、规范的碰撞和流动。四是传播过程，即话语实体的传播及其对政策和法律等产生的影响。五是转化过程，即意见共识转化为行动方案的具体过程。六是执行，即协商意见具体实施、落地的历程。协商主体的参与度、

[①] 参见 Dennis F. Thompson, "Deliberative Democratic Theory and Empirical Political Science", *Annual Review of Political Science*, Vol. 11, 2008, pp. 497 – 520。

[②] 参见 John Parkinson, *Conceptualising and Mapping the Deliberative Society*, Political Studies Association 60th Anniversary Conference, Edinburgh, 2010, pp. 1 – 19。

协商场所的包容性、协商实体的科学性、传播过程的敏捷性、转化过程的扩散性以及执行的具体实效都与民主协商的质量息息相关。总体来说，以上论述运用系统思维解读议事协商这一客体，在一定程度上阐明了协商系统的各个组成要件，也言明了各要件内在的价值内涵，能够为深入理解"协商系统"这一概念、把握协商质量的核心变量提供借鉴。

西方协商民主理论固然存在较强的解释力和高度的借鉴价值，但照搬照抄并不可取，还需要将其置于中国的具体情境下作进一步适应性转化。进入新时代，中国农村在政治、经济和社会环境等方面发生了重大变化。面对乡村治理过程中出现的诸多问题，民主协商是农村基层群众自治中民主选举、民主决策、民主管理、民主监督的重要补充。协商议事主体平等而广泛地参与，不同利益诉求被听到并得到理解和尊重，困难群体的参与权和话语权得到保障和提升，这都将赋予村级自治事项决策、执行和管理的合法性，提升村民自治的有效性。在农村基层，协商系统的讨论必将置于基层社会的具体情境之中。因此，除却前文论述的协商系统中的各组成要件，农村基层民主协商系统的外部环境因素不容忽视。考虑到农村环境、制度建设、文化传统等方面的特殊性，本章将从系统外部和系统内部两个方面选取具体的分析维度展开。

第一，协商系统外部环境。农村基层民主协商重点解决的是广大人民群众日常生活中的现实问题，通过民主方法解决民生问题，再由民生问题的解决反向推进民主进程的发展，是民主治理和民主协商双向互动、双赢共进的中国式民主协商。因此，需要充分把握中国特色，立足于中国立场，运用中国的方法理解和分析问题。一方面，农村基层协商议事所处的制度环境不同于其他层级。农村基层是在中国大地上推进国家治理现代化的末梢，不仅受到各级政府的引导和支持，同时也承载着包含技术、资金、政策等丰富多样的协商资源。另一方面，文化传统是一种古老而神秘的力量，中国文化中"和而不同""以和为贵"等经典表述，是协商民主发展的深远背景，而"合情入理""诚信""讲道理"等所蕴含的朴素道理，以及中国古代悠久的调解、商讨、协议等历史传统，也成为现代民主协商建设的文化资源[1]。

---

[1] 参见赵秀玲《协商民主与中国农村治理现代化》，《清华大学学报》（哲学社会科学版）2016年第1期。

第二，协商系统内部要素。协商系统内部的正常运转是为了更加充分地进行意见讨论、凝聚共识。综合前文的讨论，本章将协商系统的内部要素归结为以下三点。其一，协商主体。将与协商议题有关的各利益相关方最大限度地纳入协商过程，鼓励各主体积极发言、充分表达、主动协商、异中求同，是议事协商民主化发展的组织保障。其二，协商空间。空间将各主体连接起来，不同观点和意见表达、聚集、交互、碰撞的空间和场所是议事协商开展的物质基础，而数字技术孵化的虚拟空间平台，能够突破时间和空间的地域限制，为协商主体的广泛、自由参与提供平等的机会。其三，协商程序。协商结果最终是否能够被村民接受和认可，取决于协商流程是否完备、是否规范以及是否符合民意。与票决民主不同的是，农村基层协商民主中的村民参与不仅仅是决策环节的方案选择，还包括议题提出、协商、决策、执行以及公开和监督等环节的参与。此外，根据议题内容的差异，协商议事开始之前亦包含参与者遴选等环节。总体而言，"提、议、决、评"作为议事协商最基础的程序规则已经深入人心并得到广泛认可和应用。

第三节　研究方法与案例选择

一　研究方法

为明晰多因并发性复杂社会问题的因果机制，社会学家查尔斯·拉金充分借鉴组态比较理论与整体论思想，以案例研究为导向糅合定量和定性研究方法的多重优势，破除传统自变量相互独立、单向线性和因果对称的统计技术弊端，创新性地提出和发展了定性比较分析方法（Qualitative Comparative Analysis，QCA）。[①] 不同于定性研究中对少量案例的深度白描，更区别于定量研究中基于大样本容量的抽象分析，QCA尝试通过对中等数量案例样本实证资料的挖掘和剖析，在全面把握宏观因果关系的同时更注重理解深嵌于研究对象之中的微观因果传导机制，以此超越传统定量研究与定性研究的局限，

---

① 参见 Charles C. Ragin, *The Comparative Method*: *Moving beyond Qualitative and Quantitative Strategies*, Berkeley Los Angeles and London: University of California Press, 1987, p. 59。

成为拨开复杂社会事实"迷雾"的有力分析工具[1]。QCA 主张，条件变量并非单一且独立的，社会现象是多变量共同组合、相互作用、效应叠加的结果呈现。正是这一组态分析思维使得具有混合研究方法特质的 QCA 受到越来越多研究者的喜爱和关注。近年来，QCA 方法被广泛应用于城市治理、共享经济、数字治理和民主转型等研究领域，并逐渐发展出清晰集、模糊集、多值集和时序性定性比较分析等四种具体研究方法，为观测社会科学研究中的条件和结果关系作出了突出贡献。

模糊集定性比较分析（fsQCA）除却讨论不同条件变量组合生成的"化学反应"优势，还遵从变量在程度抑或是水平上连续变化的客观现实，通过校准将变量取值转化为 0 到 1 之间的连续值，以便更加充分地捕捉各因素不同程度的变化情况[2]。农村基层协商民主成效受到协商系统内外不同核心变量的复杂影响，对于诸如协商资源、协商文化等内涵要义较为丰富的要素采用简单的二分法（"0"和"1"两种赋值方法），将难以明确而精准地呈现因果要素之间的依赖程度及各变量作用的细微差别。因此，本章采用模糊集定性比较分析方法探究引发农村基层协商民主实效变化的多因素组合路径，并按照该方法具体操作流程依次展开，即"选取典型案例—条件和结果变量的控制及赋值—构建真值表—必要条件检测—条件路径组合分析"五个分析步骤。

二 案例选择

按照 QCA 方法中对案例选择的"最大相似"和"最大异质"要求，本章出于核心议题"农村基层协商民主"的特殊性考虑，制定出以下几个标准以挑选恰当的案例样本。其一，案例的多样性。即案例在发生地域、实践类型、涉及领域等方面需要呈现出多元化特征。其二，案例的典型性。要求案例得到政界、学界、新闻界等社会各界的广泛关注，具备一定的影响力和代表性。其三，案例的时代性。为保障案例之间的可比性，并尽可能丰富研究的时代意义，在确保案例所处政治环境相似的前提之下，选择新时代背景下的协商

---

[1] 参见杜运周、贾良定《组态视角与定性比较分析（QCA）：管理学研究的一条新道路》，《管理世界》2017 年第 6 期。

[2] 参见 John Parkinson, *Democratizing Deliberative Systems*, Cambridge: Cambridge University Press, 2012, p. 151。

民主实践创新案例。其四，案例的时效性。为获取最新资料，保证讨论的有效性，将获取的案例资料时间限定在近五年之内，即2018年1月之后。其五，案例资料的可获取性和全面性。QCA要求基于全面、充分、丰富的实证资料对案例的内在要素和逻辑加以解释，因此选择媒体公开报道且已有大量相关研究的案例十分必要。

有鉴于此，本章从中华人民共和国民政部办公厅《关于同意将北京市海淀区上庄镇李家坟村等单位确认为全国村级议事协商创新实验试点单位的通知》公布的497个试点单位中进行挑选。考虑到全国各地农村政策重心、文化传统、治理资源等方面的差异，为更全面地选取各具地方特色的协商民主创新模式，选择在全国除了港、澳、台以外的其他省级行政单位中随机抽选31个试点单位进行考察。尽可能选择实证资料更为丰富、更易获取的民主协商案例，同时广泛网罗包括媒体报道、学术文章、公众号推送、微博、论坛发帖、图片和相关视频等多种类型的实证资料，确保每个案例直接相关文本不少于8个，单个案例文本不少于1.5万字，并借用三角检定法反复对比、交叉验证，以求最大程度还原案例细节，逼近案例事实，提升案例资料的信度和效度（见表14-1）。

表14-1　　　　　　　　　　研究案例

序号	试点单位	序号	试点单位
1	北京市海淀区上庄镇李家坟村	17	河南省洛阳市汝阳县三屯镇东保村
2	天津市北辰区双街镇双街村	18	湖北省宜昌市秭归县陈家坝村
3	河北省唐山市乐亭县中堡镇鲁家坨村	19	湖南省株洲市芦淞区白关镇卦石村
4	山西省阳泉市郊区河底镇固庄村	20	广东省佛山市高明区更合镇小洞村
5	内蒙古自治区乌海市海南区巴音陶亥镇万亩滩村	21	广西壮族自治区桂林市永福县永福镇曾村村
6	辽宁省营口市老边区边城镇孙家村	22	海南省昌江黎族自治县王下乡三派村
7	吉林省松原市宁江区伯都乡杨家村	23	重庆市合川区土场镇杨柳村
8	黑龙江省鹤岗市绥滨县忠仁镇建边村	24	四川省成都市都江堰市聚源镇双土社区
9	上海市金山区山阳镇中兴村	25	贵州省遵义市余庆县白泥镇满溪村

续表

序号	试点单位	序号	试点单位
10	江苏省常州市溧阳市溧城街道八字桥村	26	云南省昆明市安宁市县街街道雁塔村
11	浙江省温州市永嘉县桥下镇韩埠村	27	西藏自治区林芝市米林县卧龙镇单嘎努觉村
12	安徽省合肥市长丰县下塘镇安费塘社区	28	陕西省铜川市耀州区董家河镇王家砭村
13	福建省三明市将乐县高唐镇常口村	29	甘肃省白银市平川区共和镇毛卜拉村
14	江西省景德镇市昌江区新枫街道三河村	30	青海省海南藏族自治州同德县巴沟乡团结村
15	山东省淄博市淄川区岭子镇小王家庄村	31	宁夏回族自治区石嘴山市平罗县姚伏镇沙渠村
16	新疆维吾尔自治区阿勒泰地区布尔津县也格孜托别乡也格孜托别村		

表格来源：作者自制。

第四节　变量选择与赋值

一　条件变量控制与赋值

运用模糊集定性比较分析法，对农村基层协商民主进行条件变量控制与赋值的前提是确定条件变量。本章根据协商系统的外部环境与内部要素，结合收集和整理的实证材料，将农村基层协商民主建设的条件变量归纳为协商资源整合、协商文化引导、协商主体参与、协商空间营造和协商程序规范。通过对这些条件变量的分析，可以深入了解不同变量组合对农村基层协商民主的影响，找出促进农村基层协商民主发展的关键因素和路径。具体赋值情况如下。

第一，协商资源整合。一项事物的萌芽和发展需要从特定的社会环境中汲取资源和养分。协商民主建设亦是如此，协商理想的实现有赖于协商资源的整合、分配和利用。农村基层协商民主是中国共产党领导的建立在民主集中制基础之上的民主发展形式，中国共产党创立的矛盾学说与统一战线学说是其理论渊源。政策形塑的制度环境为基层协商民主的良好发展和快速扩散提供了丰沃的生存土壤[①]。专项资金的投入不仅能够有效撬动村民参与的积极性，还能够为基层议事协商的有序运行保驾护航。此外，哈贝马斯曾将民主比喻成一个"旋转着的陀螺"，民主的正常运转需要使陀螺旋转起来的外力和抽打技巧。协商民主的高效运转亦离不开诸如"开放空间会议""四民工作法"等丰富多样的民主技术的牵动。不难看出，政党引领、政策支持、资金保障和技术支撑是农村基层协商民主建设可资利用的四种资源。对"协商资源"变量的赋值也将依据这四个方面展开，即同时具备以上四种资源的赋值为"1"，仅具备三种的赋值为"0.75"，具备其中之二和之一的分别赋值为"0.5"和"0.25"，不具备的赋值为"0"。

第二，协商文化引导。协商治理根植于中华优秀传统文化和人民协商民主的实践之中。"乡绅议事堂""篝火议事""瑶老议事""串门聊天""大树底下说事"是农村基层民主协商的代表性传统，其所蕴含的乡土亲族文化对我国议事协商的民主化制度化建设尤为重要[②]。在现代，囊括各类体制外精英人才的新乡贤群体承担了部分基层协商民主实践工作，在基层民众和村"两委"之间架起民主协商的桥梁[③]。"由村民认同生成的村规民约也在道德教化、规范村民行为和培育良好乡风文明等方面展现出强大的生命力。"[④] 从以上三个维度对"文化传统"这一变量进行赋值，同时具备以上三个条件的视为地方协商文化浓郁，即试点单位存在传统协商文化，且在案例宣传中出现新乡贤群体的相关报道，并且在村规民约中对议事协商事宜有所规定的，赋值为"1"。具备以上两个条件的赋值为"0.67"，具备一个条件的赋值为"0.33"，不存在以上三项条件的赋值为"0"。

第三，协商主体参与。农村基层协商民主建设试图通过协商主体广泛、

[①] 参见李强彬、廖业扬《中国语境下协商民主的发展：理由、可能与路径》，《求实》2012年第8期。

[②] 参见李建《十八大以来中共对协商治理资源的开发》，《云南社会科学》2016年第1期。

[③] 参见张兴宇、季中扬《新乡贤：基层协商民主的实践主体与身份界定》，《江苏社会科学》2020年第2期。

[④] 周铁涛：《村规民约的历史嬗变与现代转型》，《求实》2017年第5期。

第十四章 引领动员与规则生产：农村基层协商民主建设的内在逻辑 | 221

有序和积极的参与，以一种直接参与和直接商量的方式，让基层民众尽可能地参与到与自身利益相关的公共事务的决策和治理过程中，以实现真正的村民自治和人民当家作主。"协商主体是中国特色协商民主的主要承载者和建设者，拓宽多元主体平等参与议事协商的渠道，为协商主体创造良好的参与条件和机会是首要的工作内容。"① 而协商主体的个体趋利性特征也要求地方公共部门在推进协商议事的过程中尽可能地丰富相关激励措施和动员手段。进一步提升协商质量还需要系统化认识和精细化分析基层协商机制的"微切口"——"协商主体的分层分流"②，以此构建分层次的制度化协商体系。参与渠道、激励机制和分层协商是考察"协商主体"的重要面向，衡量其作用程度可以基于地方试点方案展开。协商民主试点方案是村"两委"关于协商民主建设的美好设想和理想蓝图，它不仅展现出强烈的地方协商特色，更凸显了村"两委"关于推进基层议事协商工作的注意力分布情况，能够很好地反映出基层议事协商的实践偏好。因此，就试点方案来看，在协商主体参与方面，同时包含拓宽参与渠道、丰富激励机制、推进分层协商和多层级议事衔接三个方面内容的可赋值为"1"，仅涉及其中两项的赋值为"0.67"，一项的赋值为"0.33"，未有涉及的赋值为"0"。

第四，协商空间营造。协商理论的空间转向引发了学界对"协商空间"的关注。协商空间是各种社会关系、价值观念、意识形态、利益诉求充斥的场所，不同意见在此处高频流动、展开论辩和有效融合，共识也由此形成③。协商空间的生产既包括线下具体协商场所的建设，也包括数字时代线上平台的创建和运营，因而可以从线上和线下两个方面对"协商空间"这一变量进行评定。以地方试点方案为基础，在方案中同时对线上线下协商空间营造及规范性建设做出要求的案例赋值为"1"，仅对其中一项做出明确要求的赋值为"0.5"，无涉及的赋值为"0"。

第五，协商程序规范。协商价值内在于程序之中，并借由程序的有效运转而实现其由理念向实践的过渡和转变。对程序的规范和明确标志着农村基层民主协

---

① 张紧跟：《主体、制度与文化：基层协商民主建设的三维审视》，《云南大学学报》（社会科学版）2021年第2期。

② 林学达：《从"主体分层"到"效应叠加"：基层协商机制运行实践研究》，《社会政策研究》2022年第2期。

③ 参见谈火生《基层协商中的空间维度初探》，《治理研究》2021年第4期。

商向制度化建设和高质量发展迈进。健全公众参与的行政决策机制、优化公共参与实践、提升公共治理效能都要求进一步规范和完善协商程序。有学者基于协商系统理论将"议题提出—议题确定—组织协商—环境配套—人员赋能—沟通传播—协商监督和结果运用"[①] 这八个协商程序作为国家考核村级议事协商实验的标准。基于此，本章也从以上八个环节对试点方案中各单位明确规定的协商程序进行一一比照。考虑到"议题提出""组织协商"等环节已经基本形成共识，因此在赋值上采取较为严格的记分方式，即满足所有环节设置的记为"1"，缺少其中一个环节的记为"0.5"，缺少两个环节及以上的记为"0"。

二 结果变量控制与赋值

谈到协商民主成效，"协商质量"这一概念时常被研究者提及。"协商质量"实际上指向的是具体协商实践的好坏，是协商系统运作的质量评估。通常而言，一次好的协商应当达到尊重、去权、平等、理性、共识、趋善、公开、问责、真诚等9项指标要求[②]。实际上，中国式协商民主的实效既是一次次协商议事质量的整体呈现，更是基于全方位、大视野下的协商民主制度化建设的结果。这种对于民主协商制度的总体设计，不仅出于民主政治发展的长远考虑，还立足于较高政治站位来系统规划民主协商制度体系，其制度建设的资源基础、框架设计、价值理念等都更为全面和完善。因此，单单从"协商质量"的角度对协商民主成效进行分析是远远不够的，宏观的、系统的、整体性的民主协商制度设计及其实践成效都应纳入考量之中。有鉴于此，本章根据2015年中共中央办公厅、国务院办公厅印发的《关于加强城乡社区协商的意见》文件内容对各试点单位关于村级议事协商的制度设计进行考察，重点关注制度设计内容是否全面、是否切实可行、形式是否新颖、地方特色是否突出等方面内容；而在具体经验层面把握农村基层协商民主实效较为困难，为确保变量考核的综合性和可信度，本章选择从政府官方立场入手，以"是否在中央、省级、市级民政部门官网、《中国社会报》、《中国社区报》等

---

① 张大维：《高质量协商如何达成：在要素－程序－规则中发展协商系统——兼对5个农村社区协商实验的评量》，《华中师范大学学报》（人文社会科学版）2021年第3期。

② 参见 André Bächtiger, John S. Dryzek, Jane Mansbridge, et al., *The Oxford Handbook of Deliberative Democracy*, Oxford: Oxford University Press, 2018, pp. 2–8。

权威媒体宣传报道"或"是否形成地方经验向外扩散推广"为标准评判农村基层协商民主建设成效，如符合则视为成效良好，反之则定义为成效一般。同时满足以上制度设计和实践成效两个条件的赋值为"1"，满足其中一项的视为"0.5"，不符合的赋值为"0"。随后，根据上述变量控制及赋值情况（见表14-2），将原始数据合成真值表。

表14-2 变量赋值

变量类型	变量视角	变量操作化定义	满足条件数量	赋值
条件变量	协商资源整合	农村议事协商工作开展所依托的资源。从以下四个方面分析： ①政党引领（是否涉及中国共产党的领导） ②政策支持（是否在县—镇层级颁布协商民主建设相关政策） ③资金保障（是否成立协商民主建设专项资金） ④技术支撑（是否涉及协商民主技术创新内容）	4 3 2 1 0	1 0.75 0.5 0.25 0
	协商文化引导	与协商相关的地方文化。从以下三方面分析： ①协商传统（是否存在协商惯习） ②新乡贤群体（是否在宣传报道中涉及新乡贤群体） ③村规民约（村规民约中是否涉及协商议事相关内容）	3 2 1 0	1 0.67 0.33 0
	协商主体参与	参与议事协商的基层民众。从以下三方面分析： ①参与渠道（试点方案中是否包含超过两种以上渠道） ②激励机制（是否包含超过两种以上激励手段） ③主体分层和议事衔接（是否涉及主体分层和议事衔接等内容）	3 2 1 0	1 0.67 0.33 0
	协商空间营造	协商交流的空间场所，从以下两方面分析： ①线下场所（是否涉及线下议事场所规范性建设内容） ②线上空间（是否存在线上议事平台）	2 1 0	1 0.5 0
	协商程序规范	协商议事开展的程序规范，以"议题提出—议题确定—组织协商—环境配套—人员赋能—沟通传播—协商监督和结果运用"八个协商程序为标准进行比对	8 7 6及以下	1 0.5 0

续表

变量类型	变量视角	变量操作化定义	满足条件数量	赋值
结果变量	农村基层协商民主实效	从农村基层协商民主建设的制度设计和实践成效两方面考量： ①制度设计（由专家打分进行评估①） ②实践成效（以"是否在中央、省级、市级民政部门官网、《中国社会报》、《中国社区报》等权威媒体宣传报道"或"是否形成地方经验向外扩散推广"为标准）	2 1 0	1 0.5 0

表格来源：作者自制。

第五节 结果分析

一 单因素的必要性分析

本章将原始数据合成真值表导入 fsQCA3.0 软件进行单因素的必要性分析和多因素的组态分析。必要性分析主要度量"一致性"和"覆盖率"两项指标数值，借此考察所选条件变量中单一因素对结果变量解释的强度和广度。通常情况下，一致性指标数值高于 0.9 则认为该条件变量解释力较强，可以视为结果变量发生的必要条件，即"如果没有 X，Y 就不会发生"；若一致性高于 0.8 低于 0.9，则认为该变量是充分条件。覆盖率则展现的是该因素能够解释的案例数量和比例，即解释的广度。从表 14-3 可以看出，未有条件变量一致性高于 0.9，可以认为不存在农村基层协商民主实效的必要条件，而"协商资源整合"的一致性高于 0.8，可以将其视为农村基层协商民主实效的充分条件，即协商民主的发展依赖于政党、政策、资金和技术等协商资源要素的整合与配置。其余条件变量的一致性均低于 0.8，这表明单一因素对结果

---

① 课题组组织专家小组对各试点单位有关农村基层协商民主建设的制度设计文件内容进行评分，并通过简单平均法获取试点单位的最终分值。而后，将各试点单位专家评分的全部结果汇总并进行排序，取中位数作为分界线。若某一试点单位评分结果高于或等于中位数，则判定该单位制度设计方面满足条件，反之则不满足。考虑到文章篇幅原因，此处的专家评分结果不另作呈现。

变量的解释力有限，协商民主实效受到多因素的复合影响，因此有必要进一步对条件变量进行组态分析。

表 14-3　　　　　　　　　　单因素必要性分析

条件变量	结果变量			
	农村基层协商民主实效		农村基层协商民主实效	
	一致性	覆盖率	一致性	覆盖率
协商资源整合	0.818182	0.729412	0.512500	0.602941
协商文化引导	0.666364	0.563846	0.366000	0.563077
协商主体参与	0.696364	0.511007	0.482000	0.643095
协商空间营造	0.545455	0.428571	0.475000	0.678571
协商程序规范	0.681818	0.589474	0.200000	0.421053

表格来源：作者自制。

二　多因素组态分析

根据组态分析操作流程，在单因素必要性分析之后，将进一步对真值表进行标准分析，并将一致性高于0.75的设置为"1"，反之则编码为"0"，由此得出简单解、中间解和复杂解三种结果，最终将条件组态分析结果按照QCA图示法呈现，如表14-4所示。为更加全面、完整把握前因条件组合关系，本章选择复杂解作为分析结果，并辅之以中间解和简单解以明确各前因条件的作用程度。从计算结果来看，解的一致性达到0.83，覆盖率为0.61，也就意味着生成的前因组合路径能够解释61%的案例，该实证分析结果具备一定的解释力和参考价值。

唯一覆盖率体现了该条件组态路径的解释能力，是QCA多因素组态分析的关键指标。由表14-4可以看出，组态1和组态3的唯一覆盖率分别为0.13和0.12，远高于组态2和组态4，这就表明组态1和组态3的条件组合关系较为典型，有必要对以上两种组态路径结果进行详细阐述。结合组态1和组态3的条件变量组合情况，并回到案例文本中，充分考量案例呈现出来的综合特征，将组态1和组态3分别归纳总结为"引领动员型"和"规则生产型"，即提升农村基层协商民主建设实效的两种选择路径。

表 14-4　　　　　　　　　　多因素组态分析

条件变量	条件组态			
	组态 1	组态 2	组态 3	组态 4
协商资源整合	▲	▲	▲	△
协商文化引导	△	△	★	-
协商主体参与	△	△	-	▲
协商空间营造	★	-	△	★
协商程序规范	-	★	△	▲
一致性	0.882338	0.760288	0.787224	0.768543
原始覆盖率	0.370909	0.257273	0.362727	0.256364
唯一覆盖度	0.1309091	0.0709091	0.1154545	0.0527273
解的一致性	0.83	注：△或▲表示条件组态中该条件存在，△表示核心条件，▲表示辅助条件。核心条件是对结果变量影响较大的变量。在 QCA 运算结果中，"中间解"与"简约解"中共同出现的变量，被视为核心变量。★表示"非"、不存在或缺席。-表示可有可无。		
解的覆盖度	0.61			

第一，引领动员型①。该路径对 37% 的案例具有较强的解释力，其中 13% 的案例仅能通过该前因组合路径得到解释，主要包括湖北省宜昌市秭归县陈家坝村、广西壮族自治区桂林市永福县永福镇曾村村、天津市北辰区双街镇双街村、福建省三明市将乐县高唐镇常口村等案例内容。"引领动员型"主要呈现出协商系统外部变量有机组合、动员主体参与以提升协商实效的路径特征。在该路径之下，协商议事成效受到资源支撑、文化引导、主体参与

---

① 本章将组态 1 归纳总结为"引领动员型"主要出于以下考虑：在组态 1 中，基于前期真值表构建过程中发现，"协商资源整合"变量存在于每一个案例之中，且最低赋值为"0.25"（这种赋值设定源于各案例中"政党引领"子变量的存在），因此在类型提炼过程中考虑将"政党引领"作为普遍性的制度背景，以便突出中国式协商民主建设的关键特征。同时，对组态 1 具有唯一解释力的四个案例进行深度解读发现："政党引领"的功能意义不只局限于为各试点单位开展协商民主动员提供政治支持，还可有效供给必要的组织和文化资源，因而需要在组态 1 路径的提炼总结中加以凸显。

等多种前因变量的复合影响。基层党组织借助嵌入型引领、整合型引领、文化型引领等多重动员机制，以扩大协商网络的边界覆盖，形塑极具包容性和公意色彩的治理架构，尽可能地将多元协商主体纳入议事流程，充分激活协商成员在议题确立、利益表达与共识决策等方面的主体意识，使协商成果更加体现群众基础和合法意涵。

  天津市双街村通过实施积分兑换和量化考核方法，优先激励党员干部积极投入议事协商实践，通过发挥"领头雁"的模范带头功能，强化自身在协商网络中的权威地位以及党员身份和群众身份的双重属性，有效带动普通群众围绕村庄公共事务表达看法，使之不再成为"沉默的大多数"。广西曾村村则将试点工作重点置于协商组织建设之上，在基层党组织的统筹领导下，组建专门性的村级议事协商组织，即村民议事理事会，并在界定组织功能、人员构成、权责分配和开展日常工作等方面给予充分引导和扶持。无独有偶，湖北秭归陈家坝村在前期创新性探索"村湾夜话"议事机制的基础上，以精准议事为导向，进一步完善协商组织网络，细化民主协商层级和议题内容，调动村民适时捕捉与自身利益相关的协商议题，使议事协商更为聚焦和高效。福建常口村村"两委"另辟蹊径，挖掘当地"擂茶"文化传统中蕴含的协商元素，推进现代协商精神和地方传统习俗互嵌互融，构建极具地方特色的"擂茶议事"协商机制，将其载入村规民约之中，以文化引领增进村民对民主协商的价值认同，进而激活潜藏于村庄内部的协商文化基因和能动意识。

  总体而言，协商议事是多元行动主体利益博弈、理性协商、共识凝聚的民主形态，也是吸纳群众参与公共事务治理、提高基层决策合法性的必要途径。行动者广泛而有序的公共参与对于基层协商民主实践不可或缺。倘若无法有效动员行动者投身于民主实践的洪流之中，基层协商民主终将蜕变为无源之水、无本之木。引领动员作为中国基层治理情境下的独特产物，正是依托于中国共产党强大的政治动能和组织优势，以组织嵌入、资源整合和文化培育等多重动员机制，引领基层协商民主的实践细节和发展方向。具体而言，党组织成员介入协商场景之后，能够促成政党组织力与协商实践的深度融合，实质性形塑基层民主运行的组织网络，改造普通村民群众的行为模式；通过衔接和整合多方主体行动，不断供给协商民主运转所需的必备资源，弥补传统协商治理结构科层化、碎片化和运转不畅的既有劣势；此外，着手于乡村地方性知识的发掘和利用，将乡村传统文化转变为推动基层协商民主建设的重要工具，改变个体认知、规训主体行为、凝聚民主共识，使协商过程中的平等交流和包容理解成为一种自觉意识主导下的价值选择和行为惯习。

第二，规则生产型[①]。36%的案例能够依托该前因路径进行解释，且该路径对于其中12%的案例具有唯一解释力，它们是上海市金山区山阳镇中兴村、山西省阳泉市郊区河底镇固庄村和吉林省松原市宁江区伯都乡杨家村。"规则生产型"路径是在程序规范、空间营造等协商系统内部变量共同影响下形成的，意指在基层党组织的统筹领导之下，村级组织基于特定的协商资源，明确农村基层协商议事标准，并制定成文的制度规范，以会议留痕、标准透明、空间规范、过程公开、监督有力、程序正当等规则要素的集中有序生产，进一步提高协商结果的可信度，推进协商结果的顺利执行。

吉林省杨家村探索出"三步七环节"的协商议事工作流程，建立和完善民主提事、议事、理事机制，将规则内化于协商程序以降低协商过程中的不确定性，避免协商随意、议事无序、责任推诿和协商结果难以服众等问题发生。而山西固庄村和上海中兴村则以颁布制度文件的形式将议事协商具体操作步骤和内容确定下来，分别订立了《固庄村村务议事制度》和《中兴村村民议事会制度》《中兴村村民议事实施办法》。这种正式文本使乡村议事协商的目标原则、实践流程、方式方法、预期成效以及保障措施等内容得以清晰呈现。此外，它们通过制定议事空间规范标准，拓展群众监督渠道，并学习借鉴台账管理、专人负责、信息公开等现代化管理方法，为农村基层议事协商提供了明确的制度规范和规则遵循。固庄村还注重运用"互联网+"技术，推行网络微观摩、视频微协商、政事微点评和公众号微表决，借助信息技术的平台和数据优势，推进线上线下议事协商的深度融合，优化完善议题搜集、协商交流、全程跟进、监督执行等多重运行程序。

规则是行为的规范和表意性符码，是在社会实践的实施及再生产活动中运用的技术或可加以一般化的程序[②]。作为协商工作开展的总体框架，一套具体、清晰、完备的程序规则能够提供协商民主得以实现的机制和途径，使协

---

① 虽然组态3路径中"协商资源整合"同样作为辅助变量存在，但基于典型案例的考察发现，政党引领虽在案例背景中有所涉及，但其在协商空间营造和程序规范方面的作用并不凸显。因此，将组态3归纳总结为"规则生产型"，而未将"政党引领"作为该路径的重要特征提炼出来。

② 参见［英］安东尼·吉登斯《社会的构成：结构化理论大纲》，李康、李猛译，王铭铭校，生活·读书·新知三联书店1998年版，第85页。

商治理更具规范性、合理性和认同度。具体和清晰是议事规则的基本要求，规则越清晰具体，则可操作性越强，越容易实施，规则执行效果越佳。无论是作为非正式规则的工作流程方法，还是作为正式规则的制度文件，都为议事主体的行为提供了具体而清晰的程序保障和积极约束，能够在推进协商民主制度化建设的基础之上，实现村务决策、管理和监督的有规可依，有效缓解基层治理场域中服务行政理念与"不出事"逻辑、公众参与治理的意识与服从型政治文化以及公共精神与私利观念之间的张力[①]。在基层公共事务治理规则之中嵌入协商元素，也为聚合公共意志、促进利益调和、实现偏好转换、优化服务质量、降低制度成本、提高制度效能夯实了基础。进入信息时代，数字协商民主的建设能够跨越时间和空间的限制，拓展协商的公共领域，使协商民主像一个"旋转的陀螺"般运转起来。在信息技术的加持下，科学决策更易达成，协商规则也能够在多样化的协商空间中为共同体成员所共享，协商资源也更有望实现空间上的均衡配置，为广泛而平等的协商实践打开制度空间，为基层民主协商带来新的生机。

第六节 农村基层协商民主发展的内在逻辑

深度剖析农村基层协商民主实效提升的内在逻辑，是总结、吸收和推广村级协商民主成功经验的内在要求，也是基于经验总结凝练中国式协商民主独特发展路径的题中之义。从协商系统、治理策略和民主政治发展三个层次分别对农村基层协商民主效能提升路径的内在机理进行阐释，可以发现，"引领动员型"和"规则生产型"的协商实践分别从内外部发力助推协商系统的优化升级，有效推进复杂治理和简约治理均衡的乡村治理现代化建设，实现极具政党特色的中国式政治民主发展。

一 内外共同发力助推协商系统优化

系统思维下的协商民主研究因具备突破规模困境和碎片化分析等优势而

[①] 参见蔡林慧《论正式规则与非正式规则对基层协商治理制度变迁的影响》，《中国行政管理》2015年第12期。

广泛受用，但其"精英化"偏向值得警惕。通常而言，以"系统"为视角展开的讨论总是强调机制流畅、管理科学和结构合理，以效率、质量、效益等实用性工具价值为导向。然而，协商作为一种更具包容性和妥协性的民主形式，在实际操作和运行过程中则更加关注公众参与和公共话语表达，以民主、平等、正义为导向。基于效率标准对协商系统中的要素加以评判，容易导致精英式的追求"品质"的高质量意见进入系统决策进程，而让处在底层的、反映真实偏好的公众话语受到忽视。同时在专家意见的主导下，公众容易陷入被动境地，这就使得公共事务的治理局限于精英抑或是掌权者的圈子里，从而导致参与不平等的境况出现，由此妨碍协商民主的健康成长。尤其在中国特殊的民主建设情境中，如果无法有效抑制协商系统可能出现的"精英化"倾向，那将有悖人民当家作主和基层群众自治的初衷，基层协商民主的良性运转也终将可望而不可即。如何在两者之间找到平衡，是协商系统适用于中国协商民主实践场域的必答之题。

"精英化"情形产生的原因在于协商系统内部要素未能有机整合，公共场域的交流、辩论、决策、监督等环节的连贯性和契合度不高[①]。就此而言，让协商系统运行在内部各要素相互依存、有机组合和功能互补的正确轨道上，以便公众意见的有效表达、充分辩论以及公共意志的形成，就成为优化协商系统的基本目标。这不仅需要尽可能地对协商过程中零散化的公众参与进行强有力的动员整合，还需要为协商议事提供丰富多样的意见表达渠道和开放包容的辩论交流场所，更需要形构系统内部不同要素之间的紧密联系，把握不同"话语线"在协商场域中的流动，以动态复合的方式破除协商系统的"精英化"魔咒。

"引领动员型"的协商民主实践从协商系统外部出发，借助中国共产党全面领导农村基层工作的政治优势，统筹、动员和整合协商主体意见表达，引导和鼓励公开交流辩论，切实保障每一位发言者的基本权利，尤其注重困难群体的话语权行使，为协商民主价值的实现把准方向。在基层党组织的统领之下，村级议事协商组织如雨后春笋般迅速成长起来，以层次分明、结构紧凑、规范有序为特征的组织体系建构，全方位吸纳村民的协商参与和意见表

[①] 参见佟德志、张安冬《当代西方协商民主系统转向的困境及复合趋势》，《天津社会科学》2020年第5期。

达。在湖北陈家坝村，协商体系的建构为村民提供了"个体—村组—村落"分层化的利益表达窗口，通过体系内部结构和权责的合理配置，在不同层级间编织起协商话语流动的纽带，为村民的协商发言和意见流通拓展组织空间。福建常口村则诉之于"喝擂茶"这一传统文化习俗，拓展丰富了"擂茶圆桌""擂茶会""网络协商"等议事协商渠道。尤其是以线上公示、线上民意调查、线上商议为代表的"网络协商"活动，向外出务工者及乡贤征集意见和建议，有效避免了利益相关的异地协商主体表达机会错失和参与空间被挤占的情况发生。

"规则生产型"的协商民主实践则从系统内部运转机制出发，校准各议事协商主体定位，明确程序规则，以法治精神和程序正义保障普通民众的参与权利，避免形式主义民主的滋生。在农村基层，妇女在民生事项和权益维护等方面展现出来的较高敏感度与积极性，通常与其在公共事务治理过程中所处的弱势地位和低度话语权不相匹配[1]。为改善妇女群众政治参与的边缘化处境，山西固庄村设立《固庄村村务议事制度》《固庄村民主管理制度》《固庄村村务监督委员会工作职责》等村级议事协商制度，明确规定保障农村妇女的参政议事权。充分考虑到妇女日常生活的政治化倾向[2]，固庄村还规范建设了大礼堂、会议室、议事走廊等多个议事场所，以便妇女群众意见的畅通表达，同时将"六议两公开"工作方法和具体议事协商程序编成朗朗上口的顺口溜，由此深化妇女理性协商意识，提升妇女群众意见表达质量。两种路径类型分别从系统内外部共同发力，依托政党引领和规则约束优化升级协商系统，提升系统合力效能，回归民主本位，为协商系统的精英化"偏航"问题提供了解决方案。

二　繁简双重导向下的乡村治理策略

简约治理和复杂治理的争辩是中国乡村治理模式研究中最具代表性的论题。早在帝制时代，"皇权不下县，县下皆自治"的简约治理理念就支撑着国家理性早熟而治理能力偏低的传统国家建设。进入近代，国家建构运动则尝

---

[1] 参见焦若水《社会性别视角下的社区治理》，《探索》2017年第1期。
[2] 参见杨善华、柳莉《日常生活政治化与农村妇女的公共参与——以宁夏Y市郊区巴村为例》，《中国社会科学》2005年第3期。

试通过"积极有为"的简约治理模式,建设基层政权,汲取治理资源,实现国家权力对基层社会的控制和渗透①。伴随着乡村社会从"简约"向"复杂"的转变,治理技术的丰富、治理能力的提升以及公共规则的嵌入,使得"复杂治理"一时间成为乡村治理模式的主流。但新时代背景下,社会主要矛盾发生变化,治理精细化和服务精准化要求越来越高,治理负荷过重让"力小责大"的基层政府实难承受,学界又涌现出对简约治理的呼唤②。即使现代社会推行复杂治理,但简约治理在农村基层仍然具备合理性和正当性,具有强大的生命力。新时代简约治理理念号召将乡村公共事务处置权交还给村民,回归基层自治,以此消解乡村社会僵化、活力不足等问题。

推进基层协商民主建设是回归基层自治的关键环节。"引领动员型"协商民主建设路径正是通过群众动员手段,将乡村动员起来、组织起来、发展起来,转变村民"被动接受者"的身份角色,转而以一种主动的、积极的姿态行使权利,形塑村民的"主人翁"意识,真正实现人民当家作主。无论是广西曾村村的节庆式聚客、议题式请客,还是福建常口村的"擂茶议事",抑或是创建村级议事协商理事会的地方性探索,都意图在基层党组织的统领之下,充分利用村庄内部的文化资源和组织资源,引导、组织和带动村民集中处理村庄范围内的公共性纷争。这种直接将公共事务的治理权交还给村民的治理方式,因基层政党引领和群众自治而被赋予决策权威,在激发村庄自治潜能的同时,整合分散无序的治理行动,高效处理纷繁复杂的村庄公共事务。

不过,基层群众自治的简约化定位,倘若没有得到正确的引导和规范,则易于陷入混沌状态。忽视治理规则的建构与应用难以把握治理的内核③。这就需要建构制度和规则,保障村民权利的有效行使和公共事务治理的落地落实。在基层党组织的领导下,"规则生产型"路径将现代化管理方法引入基层治理,通过制度设计和程序制定规范议事流程,借助会议留痕和有效监督约束村民参与行为,以此引导和保障议事协商和村民自治的有序高效推进。"规则生产型"路径所内含的复杂治理精神,蕴含于吉林省杨家村制定民主协商

---

① 参见欧阳静《简约治理:超越科层化的乡村治理现代化》,《中国社会科学》2022 年第 3 期。

② 参见刘伟、黄佳琦《乡村治理现代化中的简约传统及其价值》,《厦门大学学报》(哲学社会科学版) 2020 年第 3 期。

③ 参见狄金华、钟涨宝《从主体到规则的转向——中国传统农村的基层治理研究》,《社会学研究》2014 年第 5 期。

操作流程、规范制度安排的主动调控和积极干预中,潜藏在上海中兴村以网络治理单元划分协商片区、逐级确认协商议题的创新探索中。

不言而喻,复杂化和简约化是乡村治理现代化的双重引擎,"简约化"是内生于乡村治理的历史基因,"复杂化"是现代社会对乡村治理的时代召唤。农村基层协商民主建设既要援引简约治理的传统价值,善于运用非正式治理手段促进乡村善治,又要重视治理要素叠加和要素结构优化,推进国家制度规范和农村内生动力的有机结合,实现历史基因和当代变化的创新性耦合。

三 政党特色鲜明的中国式政治民主发展路径

对于中国这样一个超大规模的后发型现代化国家的民主政治建设而言,如何整合不同民族、不同社会阶层的政治资源和利益诉求,并吸收转化为政治输出,使之统一于政治体系内,是中国共产党治国理政的必修课。当国家难以从社会中充分获取合法性的时候,国家对社会进行有效控制的实际效果势必大打折扣,长期而有力地实施公共事务治理、公共政策执行和社会力量整合也终将成为天方夜谭。由此,协商作为化解冲突、达成共识、获取合法性的重要手段而被中国共产党广泛应用于政治生活的方方面面,构建了多渠道和全方位的复合式协商民主体系制度安排。在中国广袤的农村基层,推进协商民主建设,将群众呼声吸纳并上升为体现公共意志的乡村决策,是中国共产党进一步巩固执政基础的内在要求,也是党长期执政的合法性来源。

党的领导是中国特色社会主义最本质的特征,也是中国特色社会主义制度的最大优势。马克思主义政党的政治领导主要表现在以下两点。一是政党作为特定阶级(阶层)和社会集团利益的代表,处于核心政治领导地位,执政党对国家政权机关和其他政治组织具有明确的领导权。二是政党必须具有严密的组织形式和严格的组织纪律,以保障组织内部自上而下政令统一、令行禁止、行动有力[1]。"引领动员型"民主协商路径就是"把政党带回协商"、实现党领群议的典型写照。它一方面将党的领导权威置于核心地位,强调党通过政治统合、组织嵌入、价值引领等方式对农村基层协商议事"提、议、决、评"的各个环节实施全过程的统筹领导,将党的先进性、纯洁性和代表

---

[1] 参见王锐、倪星《政党引领的权力监督模式:生成逻辑与内在机制》,《政治学研究》2022年第1期。

性渗透其中，确保协商过程和成果与真实民意相吻合；另一方面，恪守走好群众路线的信条，在协商实践中通过有效的动员举措实现群众参与意愿和参与能力的累进性提升。在此过程中，基层党组织虽处于领导地位，但不扮演"裁判者"的权威角色来干涉协商过程与结果，而是以潜移默化、润物无声的方式领导协商于决策之前和决策实施之中，形塑"跨组织共识达成机制"[1]。

在领导基层群众自治的过程中，基层党组织作为基层社会的整合者和基层群众的主心骨，应积极发挥组织协调作用，增强社会号召力，动员社会各方面资源和力量，同时应充分发挥密切联系群众的制度优势，及时了解和有效回应民心民意[2]。"规则生产型"民主协商路径虽将焦点放置在协商规则的制定和实施上，但如果没有基层党组织的官方认定和有力推进，协商规则是无法展露其效能的。党的领导依托规则的生成和运行而贯穿于基层治理的方方面面，在改变和规范社会成员行为习惯的同时，也无形中形塑着基层社会的治理秩序。由此，规则成为中国共产党调适农村社会利益关系和权力格局的中介因素，成为党汲取社会资源、夯实执政基础的重要抓手。一言以蔽之，农村基层协商民主建设是依托于中国共产党组织协商力量、开展协商工作、塑造协商秩序的极具政党底色的协商民主发展路径。

综上所述，农村基层议事协商是活跃在中国农村大地上最广泛的民主实践形式，其效果关乎基层民主建设、全过程人民民主发展和基层群众自治能力。在复杂性和流动性日益剧增的农村社会，基层协商民主建设受到多方面因素的影响和牵制，单维度的因果分析难以准确评判协商质量，因此，有必要引入一种更加全面而系统的分析工具。本章采用模糊集定性比较分析（fsQ-CA）方法，以协商系统理论为理论基点建构分析框架，提炼出文化引导、资源整合、主体参与、空间营造以及程序规范五大变量，从除了港、澳、台以外的其他31个省份中随机抽取案例进行综合讨论，着重分析各变量的组合作用及其影响机制，以此梳理和归纳我国农村基层协商民主建设的主要类型，并深度剖析我国农村基层协商民主建设的内在逻辑。

研究发现，当前我国农村协商民主建设主要形成了"引领动员型"和

---

[1] 黄晓春：《党建引领下的当代中国社会治理创新》，《中国社会科学》2021年第6期。

[2] 参见唐皇凤、李要杰《中国共产党基层组织政治功能的百年演进和基本特征》，《华中科技大学学报》（社会科学版）2021年第3期。

"规则生产型"两种路径。前者通过基层党组织嵌入型引领、整合型引领和文化型引领机制，以组织嵌入激发个体参与意识，以资源整合实现村级协商网络体系化建设，以文化培育形塑特色鲜明的地方协商精神，延伸协商议事的参与广度和深度，使议事过程更具民主意涵，使高信度和高效度的协商结果更易达成。后者则将制度规则视作提升农村基层协商民主建设实效的关键密钥，强调通过规范性制度文件、现代化管理方法以及信息化治理技术将议事协商的流程机制、方法步骤、空间规范等确定下来，推进理性协商，让议事协商过程和结果充分反映公共意志和公共诉求。作为农村基层协商民主建设的主要路径，二者分别从协商系统内外部共同发力，在纠正协商系统"精英化"偏向的同时，进一步优化完善协商系统建设。此外，"引领动员型"和"规则生产型"路径既从村庄内含的简约治理传统中获取能量，又从复杂社会治理实践中获取经验，是繁简双重导向下推进乡村治理现代化和实现基层群众自治的重要举措。而就中国式政治民主发展而言，中国共产党对于村级议事协商组织体系、框架结构、制度设计等多方面的统筹领导，为村级协商民主发展增添了政党特色和红色底蕴。

毋庸置疑，无论哪种类型的实践路径，都是在中国大地上摸索和推进协商民主发展的经验提炼，既体现着国家和政府实现政治文明的决心，更蕴含着极具"中国智慧"的协商实践探索。引领动员是党和政府群众观点立场、群众路线方针以及丰富多样的政党引领机制在基层协商民主建设领域的创新性运用，而规则生产则将程序理性、法治精神等现代化发展元素与民主协商有机结合，为基层议事协商添加法理色彩。在农村群众基础较好，或存在较为浓厚的协商文化传统时，"引领动员型"路径就成为地方建设协商民主的首选。而当村民法治意识较强，或农村社会现代化发展较为成熟时，"规则生产型"路径则更易推进。两条路径各具特色和优势，也存在各自建设和发展的政治土壤和社会环境，但二者并非割裂开来的。在协商民主建设过程中，引领动员和规则生产能够成为开展基层协商民主建设的切口，但真正实现农村基层协商民主建设提效增能，需要同时关注这两个方面，尽可能动员更多的村民积极有序的参与，尽可能地完善规则制度，保障村民议事协商的基本权利，双向推进共促农村基层协商民主实效质的提升。

参考文献

中文专著

《习近平谈治国理政》第四卷,外文出版社2022年版。

费孝通:《乡土中国》,上海人民出版社、世纪出版集团2007年版。

何艳玲:《都市街区中的国家与社会:乐街调查》,社会科学文献出版社2007年版。

胡伟:《政府过程》,浙江人民出版社1998年版。

金耀基:《中国政治与文化(增订版)》,香港:牛津大学出版社2013年版。

林尚立、赵宇峰:《中国协商民主的逻辑》,上海人民出版社2016年版。

林尚立主编:《社区民主与治理:案例研究》,社会科学文献出版社2003年版。

荣敬本、崔之元、王拴正等:《从压力型体制向民主合作体制的转变:县乡两级政治体制改革》,中央编译出版社1998年版。

徐勇:《中国农村村民自治》,生活书店出版有限公司2018年版。

张静:《基层政权——乡村制度诸问题》,浙江人民出版社2000年版。

赵树凯:《乡镇治理与政府制度化》,商务印书馆2018年版。

郑永年:《技术赋权:中国的互联网、国家与社会》,邱道隆译,东方出版社2014年版。

中文译著

[德]斐迪南·滕尼斯:《共同体与社会——纯粹社会学的基本概念》,林荣

远译，北京大学出版社 2010 年版。

［德］尤尔根·哈贝马斯：《作为"意识形态"的技术与科学》，李黎、郭官义译，学林出版社 1999 年版。

［德］韩博天：《红天鹅——中国独特的治理和制度创新》，石磊译，中信出版社 2018 年版。

［德］赫尔穆特·沃尔曼：《德国地方政府》，陈伟、段德敏译，万鹏飞校，北京大学出版社 2005 年版。

［法］埃哈尔·费埃德伯格：《权力与规则——组织行动的动力》，张月等译，格致出版社、上海人民出版社 2017 年版。

［美］W·理查德·斯科特、杰拉尔德·F·戴维斯：《组织理论——理性、自然与开放系统的视角》，高俊山译，中国人民大学出版社 2011 年版。

［美］艾伯特-拉斯洛·巴拉巴西：《爆发：大数据时代预见未来的新思维》，马慧译，中国人民大学出版社 2012 年版。

［美］彼得·布劳、马歇尔·梅耶：《现代社会中的科层制》，马戎、时宪民、邱泽奇译，学林出版社 2001 年版。

［美］哈罗德·D.拉斯韦尔、亚伯拉罕·卡普兰：《权力与社会——一项政治研究的框架》，王菲易译，世纪出版集团、上海人民出版社 2012 年版。

［美］亨利·罗伯特：《罗伯特议事规则》，袁天鹏、孙涤译，格致出版社、上海人民出版社 2008 年版。

［美］简·芳汀：《构建虚拟政府：信息技术与制度创新》，邵国松译，中国人民大学出版社 2004 年版。

［美］兰登·温纳：《自主性技术：作为政治思想主题的失控技术》，杨海燕译，北京大学出版社 2014 年版。

［美］T.帕森斯：《现代社会的结构与过程》，梁向阳译，光明日报出版社 1988 年版。

［美］乔尔·S.米格代尔：《社会中的国家：国家与社会如何相互改变与相互构成》，李阳、郭一聪译，张长东校，江苏人民出版社 2013 年版。

［美］塞缪尔·P.亨廷顿：《变化社会中的政治秩序》，王冠华、刘为等译，沈宗美校，生活·读书·新知三联书店 1996 年版。

［美］詹姆斯·N.罗西瑙主编：《没有政府的治理》，张胜军、刘小林等译，江西人民出版社 2001 年版。

［美］詹姆斯·C. 斯科特：《国家的视角：那些试图改善人类状况的项目是如何失败的》，王晓毅译，胡搏校，社会科学文献出版社 2004 年版。

［英］安东尼·吉登斯：《民族—国家与暴力》，胡宗泽、赵力涛译，王铭铭校，生活·读书·新知三联书店 1998 年版。

［英］安东尼·吉登斯：《社会的构成：结构化理论大纲》，李康、李猛译，王铭铭校，生活·读书·新知三联书店 1998 年版。

中文期刊

北京大学课题组、黄璜：《平台驱动的数字政府：能力、转型与现代化》，《电子政务》2020 年第 7 期。

蔡禾、贺霞旭：《城市社区异质性与社区凝聚力——以社区邻里关系为研究对象》，《中山大学学报》（社会科学版）2014 年第 2 期。

蔡禾、黄晓星：《城市社区二重性及其治理》，《山东社会科学》2020 年第 4 期。

蔡林慧：《论正式规则与非正式规则对基层协商治理制度变迁的影响》，《中国行政管理》2015 年第 12 期。

曹海军：《"三社联动"的社区治理与服务创新——基于治理结构与运行机制的探索》，《行政论坛》2017 年第 2 期。

曹海军：《党建引领下的社区治理和服务创新》，《政治学研究》2018 年第 1 期。

曹海军：《功能、技术、场景：社区公共服务供给侧改革的三维向度》，《求索》2018 年第 1 期。

曹龙虎：《作为国家治理机制的"项目制"：一个文献评述》，《探索》2016 年第 1 期。

陈柏峰：《基层社会治理模式的变迁与挑战》，《学习与探索》2020 年第 9 期。

陈柏峰：《乡镇执法权的配置：现状与改革》，《求索》2020 年第 1 期。

陈成文：《论村规民约与新时代基层社会治理》，《贵州社会科学》2021 年第 8 期。

陈寒非：《嵌入式法治：基于自组织的乡村治理》，《中国农业大学学报》（社会科学版）2019 年第 1 期。

陈家喜、黄卫平：《把组织嵌入社会：对深圳市南山区社区党建的考察》，《马克思主义与现实》2007 年第 6 期。

陈劲、阳镇、朱子钦：《新型举国体制的理论逻辑、落地模式与应用场景》，《改革》2021 年第 5 期。

陈亮、李元：《去"悬浮化"与有效治理：新时期党建引领基层社会治理的创新逻辑与类型学分析》，《探索》2018 年第 6 期。

陈明、刘义强：《交互式群治理：互联网时代农村治理模式研究》，《农业经济问题》2019 年第 2 期。

陈明：《村民自治："单元下沉"抑或"单元上移"》，《探索与争鸣》2014 年第 12 期。

陈鹏：《国家—市场—社会三维视野下的业委会研究——以 B 市商品房社区为例》，《公共管理学报》2013 年第 3 期。

陈鹏：《社区去行政化：主要模式及其运作逻辑——基于全国的经验观察与分析》，《学习与实践》2018 年第 2 期。

陈颀：《"公益经营者"的形塑与角色困境——一项关于转型期中国农村基层政府角色的研究》，《社会学研究》2018 年第 2 期。

陈荣卓、刘亚楠：《城市社区治理信息化的技术偏好与适应性变革——基于"第三批全国社区治理与服务创新实验区"的多案例分析》，《社会主义研究》2019 年第 4 期。

陈剩勇、卢志朋：《信息技术革命、公共治理转型与治道变革》，《公共管理与政策评论》2019 年第 1 期。

陈剩勇、徐珣：《参与式治理：社会管理创新的一种可行性路径——基于杭州社区管理与服务创新经验的研究》，《浙江社会科学》2013 年第 2 期。

陈潭、王鹏：《信息鸿沟与数字乡村建设的实践症候》，《电子政务》2020 年第 12 期。

陈天祥、徐雅倩：《技术自主性与国家形塑：国家与技术治理关系研究的政治脉络及其想象》，《社会》2020 年第 5 期。

陈向军、徐鹏皇：《村民自治中村民政治参与探讨——基于利益与利益机制的视角》，《宁夏社会科学》2014 年第 1 期。

陈晓春、肖雪：《共建共治共享：中国城乡社区治理的理论逻辑与创新路径》，《湖湘论坛》2018 年第 6 期。

陈晓莉、吴海燕：《增权赋能：乡村振兴战略中的农民主体性重塑》，《西安财经学院学报》2019 年第 6 期。

陈亚辉：《政经分离与农村基层治理转型研究》，《求实》2016 年第 5 期。

陈玉生：《细事细治——基层网格化中的科层化精细治理与社会修复》，《公共行政评论》2021 年第 1 期。

陈振明：《政府治理变革的技术基础——大数据与智能化时代的政府改革述评》，《行政论坛》2015 年第 6 期。

程世勇、刘旸：《农村集体经济转型中的利益结构调整与制度正义——以苏南模式中的张家港永联村为例》，《湖北社会科学》2012 年第 3 期。

程同顺、赵一玮：《村民自治体系中的村民小组研究》，《晋阳学刊》2010 年第 2 期。

仇叶：《实体主义与关系主义视角下社区治理研究的分殊与融合》，《南京农业大学学报》（社会科学版）2016 年第 1 期。

仇叶：《行政公共性：理解村级治理行政化的一个新视角》，《探索》2020 年第 5 期。

党亚飞、应小丽：《组织弹性与规则嵌入：农村协商治理单元的建构逻辑——基于天长市农村社区协商实验的过程分析》，《华中师范大学学报》（人文社会科学版）2020 年第 1 期。

邓大才：《村民自治有效实现的条件研究——从村民自治的社会基础视角来考察》，《政治学研究》2014 年第 6 期。

邓大才：《积极公民何以形成：乡村建设行动中的国家与农民——以湖北、山东和湖南五个村庄为研究对象》，《东南学术》2021 年第 1 期。

邓燕华：《中国基层政府的关系控制实践》，《学海》2016 年第 5 期。

狄金华、钟涨宝：《从主体到规则的转向——中国传统农村的基层治理研究》，《社会学研究》2014 年第 5 期。

狄金华：《农村基层政府的内部治理结构及其演变——一个组织理论视角的分析》，《北京大学学报》（哲学社会科学版）2020 年第 2 期。

狄金华：《通过运动进行治理：乡镇基层政权的治理策略 对中国中部地区麦乡"植树造林"中心工作的个案研究》，《社会》2010 年第 3 期。

邸晓星、黎爽：《基层党建与基层治理的双重变奏——党建引领基层治理创新研究综述》，《中共天津市委党校学报》2021 年第 1 期。

定明捷、张梁：《地方政府政策创新扩散生成机理的逻辑分析》，《社会主义研究》2014年第3期。

董雪兵、李霁霞、徐曦磊：《政策创新：来自地方自发试验的力量》，《经济社会体制比较》2020年第2期。

杜姣：《村治主体的缺位与再造——以湖北省秭归县村落理事会为例》，《中国农村观察》2017年第5期。

杜姣：《技术消解自治——基于技术下乡背景下村级治理困境的考察》，《南京农业大学学报》（社会科学版）2020年第3期。

杜姣：《利益分配型治理视角下的村民自治研究》，《南京农业大学学报》（社会科学版）2019年第2期。

杜姣：《重塑治理责任：理解乡村技术治理的一个新视角——基于12345政府服务热线乡村实践的考察与反思》，《探索》2021年第1期。

杜鹏：《乡村治理结构的调控机制与优化路径》，《中国农村观察》2019年第4期。

杜鹏：《一线治理：乡村治理现代化的机制调整与实践基础》，《政治学研究》2020年第4期。

杜月：《制图术：国家治理研究的一个新视角》，《社会学研究》2017年第5期。

杜运周、贾良定：《组态视角与定性比较分析（QCA）：管理学研究的一条新道路》，《管理世界》2017年第6期。

范如国：《复杂网络结构范型下的社会治理协同创新》，《中国社会科学》2014年第4期。

范如国：《平台技术赋能、公共博弈与复杂适应性治理》，《中国社会科学》2021年第12期。

范志海：《论中国制度创新中的内卷化问题》，《社会》2004年第4期。

方亚琴、夏建中：《社区治理中的社会资本培育》，《中国社会科学》2019年第7期。

冯仁：《村民自治走进了死胡同》，《理论与改革》2011年第1期。

付建军、王欣欣：《议题塑造自治：居民持续性参与的形成逻辑——基于一个生活垃圾分类事件的案例研究》，《华中科技大学学报》（社会科学版）2022年第3期。

葛天任、裴琳娜：《高风险社会的智慧社区建设与敏捷治理变革》，《理论与改革》2020 年第 5 期。

耿敬、姚华：《行政权力的生产与再生产——以上海市 J 居委会直选过程为个案》，《社会学研究》2011 年第 3 期。

管兵、夏瑛：《政府购买服务的制度选择及治理效果：项目制、单位制、混合制》，《管理世界》2016 年第 8 期。

桂勇、崔之余：《行政化进程中的城市居委会体制变迁——对上海市的个案研究》，《华中理工大学学报》（社会科学版）2000 年第 3 期。

郭明：《互联网下乡：国家政权对乡土社会的"数字整合"》，《电子政务》2020 年第 12 期。

郭于华、沈原：《居住的政治——B 市业主维权与社区建设的实证研究》，《开放时代》2012 年第 2 期。

郭雨佳、张等文：《中国基层协商民主可持续发展——动力来源、阻力因素与路径选择》，《社会科学研究》2022 年第 2 期。

郭湛、桑明旭：《话语体系的本质属性、发展趋势与内在张力——兼论哲学社会科学话语体系建设的立场和原则》，《中国高校社会科学》2016 年第 3 期。

韩鹏云：《乡村治理现代化的实践检视与理论反思》，《西北农林科技大学学报》（社会科学版）2020 年第 1 期。

韩庆龄：《规则混乱、共识消解与村庄治理的困境研究》，《南京农业大学学报》（社会科学版）2016 年第 3 期。

韩瑞波、唐鸣：《基层社会治理智能化的潜在风险与化解防范——基于 Y 市 Z 区的案例研究》，《宁夏社会科学》2021 年第 1 期。

韩瑞波、唐鸣：《社区治理去内卷化的创新路径与逻辑审视》，《改革》2021 年第 7 期。

韩瑞波、唐鸣：《组织韧性视阈下的乡镇管理体制改革及其逻辑》，《社会主义研究》2020 年第 6 期。

韩瑞波：《政策试点与村民自治的有效实现形式》，《理论与改革》2020 年第 3 期。

韩万渠：《政民互动平台推动公众有效参与的运行机制研究——基于平台赋权和议题匹配的比较案例分析》，《探索》2020 年第 2 期。

韩旭东、王若男、郑风田：《能人带动型合作社如何推动农业产业化发展?——基于三家合作社的案例研究》,《改革》2019年第10期。

韩兆柱、翟文康:《西方公共治理前沿理论述评》,《甘肃行政学院学报》2016年第4期。

韩志明、李春生:《城市治理的清晰性及其技术逻辑——以智慧治理为中心的分析》,《探索》2019年第6期。

韩志明:《从"互联网+"到"区块链+":技术驱动社会治理的信息逻辑》,《行政论坛》2020年第4期。

韩志明:《技术治理的四重幻象——城市治理中的信息技术及其反思》,《探索与争鸣》2019年第6期。

何包钢、陈承新:《中国协商民主制度》,《浙江大学学报》(人文社会科学版)2005年第3期。

何海兵:《我国城市基层社会管理体制的变迁:从单位制、街居制到社区制》,《管理世界》2003年第6期。

何慧丽、邱建生、高俊等:《政府理性与村社理性:中国的两大"比较优势"》,《国家行政学院学报》2014年第6期。

何绍辉:《目标管理责任制:运作及其特征——对红村扶贫开发的个案研究》,《中国农业大学学报》(社会科学版)2010年第4期。

何欣峰:《社区社会组织有效参与基层社会治理的途径分析》,《中国行政管理》2014年第12期。

何艳玲、蔡禾:《中国城市基层自治组织的"内卷化"及其成因》,《中山大学学报》(社会科学版)2005年第5期。

何艳玲、王铮:《统合治理:党建引领社会治理及其对网络治理的再定义》,《管理世界》2022年第5期。

贺东航、孔繁斌:《公共政策执行的中国经验》,《中国社会科学》2011年第5期。

贺东航:《中国村民自治制度"内卷化"现象的思考》,《经济社会体制比较》2007年第6期。

贺海波:《村民自治的社会动力机制与自治单元——以湖北秭归双层村民自治为例》,《华中农业大学学报》(社会科学版)2018年第6期。

贺雪峰:《本土化与主体性:中国社会科学研究的方向——兼与谢宇教授商榷》,《探索与争鸣》2020年第1期。

贺雪峰：《规则下乡与治理内卷化：农村基层治理的辩证法》，《社会科学》2019 年第 4 期。

贺雪峰：《论半熟人社会——理解村委会选举的一个视角》，《政治学研究》2000 年第 3 期。

贺雪峰：《农民组织化与再造村社集体》，《开放时代》2019 年第 3 期。

贺雪峰：《行政还是自治：村级治理向何处去》，《华中农业大学学报》（社会科学版）2019 年第 6 期。

侯利文、文军：《科层为体、自治为用：居委会主动行政化的内生逻辑——以苏南地区宜街为例》，《社会学研究》2022 年第 1 期。

侯利文：《去行政化的悖论：被困的居委会及其解困的路径》，《社会主义研究》2018 年第 2 期。

侯志阳：《强化中的弱势："放管服"改革背景下乡镇政府公共服务履职的个案考察》，《中国行政管理》2019 年第 5 期。

胡重明：《再组织化与中国社会管理创新：以浙江舟山"网格化管理、组团式服务"为例》，《公共管理学报》2013 年第 1 期。

黄冬娅：《组织化利益表达：理论假设与经验争论》，《中山大学学报》（社会科学版）2013 年第 1 期。

黄六招、顾丽梅：《超越"科层制"：党建何以促进超大社区的有效治理——基于上海 Z 镇的案例研究》，《经济社会体制比较》2019 年第 6 期。

黄其松、刘强强：《论国家治理结构的技术之维》，《探索》2021 年第 1 期。

黄晓春、嵇欣：《技术治理的极限及其超越》，《社会科学》2016 年第 11 期。

黄晓春：《党建引领下的当代中国社会治理创新》，《中国社会科学》2021 年第 6 期。

黄晓春：《技术治理的运作机制研究 以上海市 L 街道一门式电子政务中心为案例》，《社会》2010 年第 4 期。

黄新华、陈宝玲：《政府规制的技术嵌入：载体、优势与风险》，《探索》2019 年第 6 期。

黄徐强、张勇杰：《技术治理驱动的社区协商：效果及其限度——以第一批"全国社区治理和服务创新实验区"为例》，《中国行政管理》2020 年第 8 期。

黄宗智：《集权的简约治理——中国以准官员和纠纷解决为主的半正式基层行

政》,《开放时代》2008 年第 2 期。

黄宗智:《认识中国——走向从实践出发的社会科学》,《中国社会科学》2005 年第 1 期。

黄祖辉:《准确把握中国乡村振兴战略》,《中国农村经济》2018 年第 4 期。

季乃礼、阴玥:《微信群、理性与社区治理——以 T 市 A 小区道路维权为例》,《学习与探索》2020 年第 12 期。

姜晓萍、吴宝家:《警惕伪创新:基层治理能力现代化进程中的偏差行为研究》,《中国行政管理》2021 年第 10 期。

姜晓萍、张璇:《智慧社区的关键问题:内涵、维度与质量标准》,《上海行政学院学报》2017 年第 6 期。

蒋英州:《内卷与外舒:乡村社会稳态式发展的一种机制解释框架——基于 A 村的十年观察》,《江西师范大学学报》(哲学社会科学版)2018 年第 4 期。

焦若水:《社会性别视角下的社区治理》,《探索》2017 年第 1 期。

金江峰:《服务下乡背景下的基层"治理锦标赛"及其后果》,《中国农村观察》2019 年第 2 期。

金江峰:《乡村治理中的"包干责任制"及其影响》,《探索》2020 年第 2 期。

金祖睿、金太军:《基层政府治理的碎片化困境及其消解》,《江汉论坛》2020 年第 1 期。

景跃进:《将政党带进来——国家与社会关系范畴的反思与重构》,《探索与争鸣》2019 年第 8 期。

景跃进:《数字时代的中国场景:数字化改革的政治意义》,《浙江社会科学》2023 年第 1 期。

景跃进:《中国农村基层治理的逻辑转换——国家与乡村社会关系的再思考》,《治理研究》2018 年第 1 期。

郎晓波:《"人口倒挂"混居村的自治组织边界重建》,《西北农林科技大学学报》(社会科学版)2016 年第 5 期。

郎友兴、万莼:《基层协商民主的系统构建与有效运行——小古城村"众人的事由众人商量"的经验与扩散》,《探索》2019 年第 4 期。

郎友兴:《走向总体性治理:村政的现状与乡村治理的走向》,《华中师范大学学报》(人文社会科学版)2015 年第 2 期。

雷晓康、汪静:《基于社会动员的新冠肺炎疫情精准防控体系研究》,《山东社会科学》2020年第9期。

黎昕、高鸿：《社区微治理：社会治理创新的重要载体》，《福建论坛》（人文社会科学版）2015年第9期。

李春生：《大数据驱动社区公共服务精准化：问题面向、运行机制及其技术逻辑》，《湖北社会科学》2021年第6期。

李大宇、章昌平、许鹿：《精准治理：中国场景下的政府治理范式转换》，《公共管理学报》2017年第1期。

李华胤：《走向治理有效：农村基层建制单元的重组逻辑及取向——基于当前农村"重组浪潮"的比较分析》，《东南学术》2019年第4期。

李建：《十八大以来中共对协商治理资源的开发》，《云南社会科学》2016年第1期。

李利文：《软性公共行政任务的硬性操作——基层治理中痕迹主义兴起的一个解释框架》，《中国行政管理》2019年第11期。

李棉管：《"村改居"：制度变迁与路径依赖——广东省佛山市N区的个案研究》，《中国农村观察》2014年第1期。

李明：《受众视角下的公共政策执行及其效果——基于中国村民村委会选举参与的分析》，《学术月刊》2016年第7期。

李齐：《信息社会简约高效基层管理体制的构建》，《中国行政管理》2018年第7期。

李强：《社区治理研究在我国社会学学科建设上的创新意义》，《社会发展研究》2021年第4期。

李强彬、廖业扬：《中国语境下协商民主的发展：理由、可能与路径》，《求实》2012年第8期。

李朔严、王名：《政党统合与基层治理中的国家—社会关系》，《经济社会体制比较》2021年第2期。

李松玉：《当代中国乡村社会治理的制度化转型》，《东岳论丛》2013年第2期。

李文钊：《理解中国城市治理：一个界面治理理论的视角》，《中国行政管理》2019年第9期。

李文钊：《重构简约高效基层治理体系的中国经验——一个内外平衡机制改革的解释性框架》，《河南师范大学学报》（哲学社会科学版）2020年第2期。

李向振、张博：《国家视野下的百年乡村建设历程》，《武汉大学学报》（哲学社会科学版）2019 年第 4 期。

李永萍：《基层小微治理的运行基础与实践机制——以湖北省秭归县"幸福村落建设"为例》，《南京农业大学学报》（社会科学版）2016 年第 5 期。

李勇华：《乡村治理与村民自治的双重转型》，《浙江社会科学》2015 年第 12 期。

李友梅：《基层社区组织的实际生活方式——对上海康健社区实地调查的初步认识》，《社会学研究》2002 年第 4 期。

李友梅：《中国社会治理的新内涵与新作为》，《社会学研究》2017 年第 6 期。

李友梅：《中国现代化新征程与社会治理再转型》，《社会学研究》2021 年第 2 期。

李增元、王岩：《农村社区协商治理：实践动因及有效运转思路》，《行政论坛》2018 年第 5 期。

李紫娟：《农村治理新范式：构建基层互动治理》，《学海》2017 年第 1 期。

李祖佩、杜姣：《分配型协商民主："项目进村"中村级民主的实践逻辑及其解释》，《中国行政管理》2018 年第 3 期。

李祖佩：《项目制的基层解构及其研究拓展——基于某县涉农项目运作的实证分析》，《开放时代》2015 年第 2 期。

林尚立：《协商政治：对中国民主政治发展的一种思考》，《学术月刊》2003 年第 4 期。

林学达：《从"主体分层"到"效应叠加"：基层协商机制运行实践研究》，《社会政策研究》2022 年第 2 期。

刘安：《网格化管理：城市基层社会治理体制的运行逻辑与实践特征——基于 N 市 Q 区的个案研究》，《江海学刊》2015 年第 2 期。

刘碧、王国敏：《新时代乡村振兴中的农民主体性研究》，《探索》2019 年第 5 期。

刘炳辉：《党政科层制：当代中国治体的核心结构》，《文化纵横》2019 年第 2 期。

刘成良：《微自治：乡村治理转型的实践与反思》，《学习与实践》2016 年第 3 期。

刘春荣：《国家介入与邻里社会资本的生成》，《社会学研究》2007 年第 2 期。

刘凤、杜宁宁：《数字社会转型背景下城市基层治理逻辑变革研究》，《湖北民族大学学报》（哲学社会科学版）2020年第4期。

刘辉：《管治、无政府与合作：治理理论的三种图式》，《上海行政学院学报》2012年第3期。

刘金海：《乡村治理模式的发展与创新》，《中国农村观察》2016年第6期。

刘俊祥、曾森：《中国乡村数字治理的智理属性、顶层设计与探索实践》，《兰州大学学报》（社会科学版）2020年第1期。

刘培伟：《基于中央选择性控制的试验——中国改革"实践"机制的一种新解释》，《开放时代》2010年第4期。

刘伟、黄佳琦：《乡村治理现代化中的简约传统及其价值》，《厦门大学学报》（哲学社会科学版）2020年第3期。

刘伟：《政策试点：发生机制与内在逻辑——基于我国公共部门绩效管理政策的案例研究》，《中国行政管理》2015年第5期。

刘筱红、柳发根：《乡村自主治理中的集体搭便车与志愿惩罚：合约、规则、群体规范——以江西Y乡修路事件为例》，《人文杂志》2015年第5期。

刘学：《回到"基层"逻辑：新中国成立70年基层治理变迁的重新叙述》，《经济社会体制比较》2019年第5期。

刘永谋、兰立山：《大数据技术与技治主义》，《晋阳学刊》2018年第2期。

刘永谋：《技术治理、反治理与再治理：以智能治理为例》，《云南社会科学》2019年第2期。

卢福营：《论农村基层社会治理创新的扩散》，《学习与探索》2014年第1期。

罗梁波：《公共性的本质：共同体协作》，《政治学研究》2022年第1期。

罗廷锦、茶洪旺：《"数字鸿沟"与反贫困研究——基于全国31个省市面板数据的实证分析》，《经济问题探索》2018年第2期。

吕德文：《基层政权机构改革要义》，《长春市委党校学报》2018年第2期。

吕德文：《属地管理与基层治理现代化——基于北京市"街乡吹哨、部门报到"的经验分析》，《云南行政学院学报》2019年第3期。

吕德文：《乡村治理70年：国家治理现代化的视角》，《南京农业大学学报》（社会科学版）2019年第4期。

吕德文：《乡村治理空间再造及其有效性——基于W镇乡村治理实践的分析》，《中国农村观察》2018年第5期。

吕德文：《治理技术如何适配国家机器——技术治理的运用场景及其限度》，《探索与争鸣》2019 年第 6 期。

吕方、梅琳：《"复杂政策"与国家治理——基于国家连片开发扶贫项目的讨论》，《社会学研究》2017 年第 3 期。

吕普生：《数字乡村与信息赋能》，《中国高校社会科学》2020 年第 2 期。

吕源、彭长桂：《话语分析：开拓管理研究新视野》，《管理世界》2012 年第 10 期。

马卫红：《内卷化省思：重解基层治理的"改而不变"现象》，《中国行政管理》2016 年第 5 期。

梅赐琪、汪笑男、廖露等：《政策试点的特征：基于〈人民日报〉1992—2003 年试点报道的研究》，《公共行政评论》2015 年第 3 期。

孟天广、赵娟：《大数据驱动的智能化社会治理：理论建构与治理体系》，《电子政务》2018 年第 8 期。

孟天广：《数字治理生态：数字政府的理论迭代与模型演化》，《政治学研究》2022 年第 5 期。

孟天广：《政府数字化转型的要素、机制与路径——兼论"技术赋能"与"技术赋权"的双向驱动》，《治理研究》2021 年第 1 期。

苗延义：《能力取向的"行政化"：基层行政性与自治性关系再认识》，《社会主义研究》2020 年第 1 期。

闵学勤：《社区协商：让基层治理运转起来》，《南京社会科学》2015 年第 6 期。

闵学勤：《社区营造：通往公共美好生活的可能及可为》，《江苏行政学院学报》2018 年第 6 期。

倪星、王锐：《权责分立与基层避责：一种理论解释》，《中国社会科学》2018 年第 5 期。

欧阳静：《"维控型政权"多重结构中的乡镇政权特性》，《社会》2011 年第 3 期。

欧阳静：《简约治理：超越科层化的乡村治理现代化》，《中国社会科学》2022 年第 3 期。

欧阳静：《论基层运动型治理——兼与周雪光等商榷》，《开放时代》2014 年第 6 期。

欧阳静：《运作于压力型科层制与乡土社会之间的乡镇政权 以桔镇为研究对象》，《社会》2009 年第 5 期。

潘家恩、温铁军：《三个"百年"：中国乡村建设的脉络与展开》，《开放时代》2016 年第 4 期。

潘于旭：《认同、共识及其价值论建构的意义》，《江苏社会科学》2014 年第 1 期。

彭勃、付建军：《城市基层治理中的清单制：创新逻辑与制度类型学》，《行政论坛》2017 年第 4 期。

彭勃、赵吉：《从增长锦标赛到治理竞赛：我国城市治理方式的转换及其问题》，《内蒙古社会科学》2019 年第 1 期。

彭亚平：《技术治理的悖论：一项民意调查的政治过程及其结果》，《社会》2018 年第 3 期。

邱泽奇：《技术化社会治理的异步困境》，《社会发展研究》2018 年第 4 期。

邱泽奇：《技术与组织的互构——以信息技术在制造企业的应用为例》，《社会学研究》2005 年第 2 期。

邱泽奇：《乡镇企业改制与地方威权主义的终结》，《社会学研究》1999 年第 3 期。

邱泽奇：《智慧生活的个体代价与技术治理的社会选择》，《探索与争鸣》2018 年第 5 期。

曲甜、黄蔓雯：《数字时代乡村产业振兴的多主体协同机制研究——以 B 市 P 区"互联网＋大桃"项目为例》，《电子政务》2022 年第 1 期。

渠敬东、周飞舟、应星：《从总体支配到技术治理——基于中国 30 年改革经验的社会学分析》，《中国社会科学》2009 年第 6 期。

渠敬东：《项目制：一种新的国家治理体制》，《中国社会科学》2012 年第 5 期。

冉冉：《中国环境政治中的政策框架特征与执行偏差》，《教学与研究》2014 年第 5 期。

任剑涛：《国家治理的简约主义》，《开放时代》2010 年第 7 期。

任路：《文化相连：村民自治有效实现形式的文化基础》，《华中师范大学学报》（人文社会科学版）2014 年第 4 期。

容志、孙蒙：《党建引领社区公共价值生产的机制与路径：基于上海"红色物业"的实证研究》,《理论与改革》2020 年第 2 期。

容志、张云翔:《从专业生产到共同生产:城市社区公共服务供给的范式转型》,《甘肃行政学院学报》2020 年第 6 期。

容志:《结构分离与组织创新:"城市大脑"中技术赋能的微观机制分析》,《行政论坛》2020 年第 4 期。

沈费伟、叶温馨:《基层政府数字治理的运作逻辑、现实困境与优化策略——基于"农事通""社区通""龙游通"数字治理平台的考察》,《管理学刊》2020 年第 6 期。

沈费伟:《乡村技术赋能:实现乡村有效治理的策略选择》,《南京农业大学学报》(社会科学版) 2020 年第 2 期。

盛明科、陈廷栋:《"痕迹主义"的产生机理与防治对策——以行政责任为视角》,《行政论坛》2019 年第 4 期。

石晋昕、杨宏山:《政策创新的"试验—认可"分析框架——基于央地关系视角的多案例研究》,《中国行政管理》2019 年第 5 期。

史亚峰:《规模与利益:中国农村村民自治基本单元的空间基础》,《东南学术》2017 年第 6 期。

孙柏瑛、胡盼:《党建引领的精准扶贫与乡村社会的再组织》,《南京大学学报》(哲学·人文科学·社会科学) 2021 年第 3 期。

孙柏瑛、于扬铭:《网格化管理模式再审视》,《南京社会科学》2015 年第 4 期。

孙柏瑛、张继颖:《解决问题驱动的基层政府治理改革逻辑——北京市"吹哨报到"机制观察》,《中国行政管理》2019 年第 4 期。

孙柏瑛:《城市社区居委会"去行政化"何以可能?》,《南京社会科学》2016 年第 7 期。

孙伟平、赵宝军:《信息社会的核心价值理念与信息社会的建构》,《哲学研究》2016 年第 9 期。

孙宇凡、蔡弘:《政府文本中的"机制"——基于历史化与理论化分析范式的研究》,《社会发展研究》2018 年第 1 期。

谈火生:《基层协商中的空间维度初探》,《治理研究》2021 年第 4 期。

谭景辉:《论新型城镇化中的经济发达镇行政管理体制改革》,《中国行政管理》2019 年第 10 期。

汤玉权、徐勇：《回归自治：村民自治的新发展与新问题》，《社会科学研究》2015年第6期。

唐皇凤、李要杰：《中国共产党基层组织政治功能的百年演进和基本特征》，《华中科技大学学报》（社会科学版）2021年第3期。

唐皇凤、王豪：《可控的韧性治理：新时代基层治理现代化的模式选择》，《探索与争鸣》2019年第12期。

唐皇凤：《数字利维坦的内在风险与数据治理》，《探索与争鸣》2018年第5期。

唐鸣、陈荣卓：《论探索不同情况下村民自治的有效实现形式》，《当代世界社会主义问题》2014年第2期。

唐鸣、魏来：《协商民主的生长逻辑——中国经验的整体性视角和理论研究的整合性表述》，《江苏社会科学》2016年第5期。

唐鸣、尤琳：《村委会选举中选民登记标准的变迁逻辑：动因、发展方向和条件——兼评新〈村民委员会组织法〉》，《中南民族大学学报》（人文社会科学版）2011年第3期。

唐鸣：《从试点看以村民小组或自然村为基本单元的村民自治——对国家层面24个试点单位调研的报告》，《中国农村观察》2020年第1期。

唐睿、刘红芹：《从GDP锦标赛到二元竞争：中国地方政府行为变迁的逻辑——基于1998—2006年中国省级面板数据的实证研究》，《公共管理学报》2012年第1期。

唐文玉：《行政吸纳服务——中国大陆国家与社会关系的一种新诠释》，《公共管理学报》2010年第1期。

唐亚林、钱坤：《"找回居民"：专家介入与城市基层治理模式创新的内生动力再造》，《学术月刊》2020年第1期。

唐宗焜：《合作社功能和社会主义市场经济》，《经济研究》2007年第12期。

田先红：《政党如何引领社会？——后单位时代的基层党组织与社会之间关系分析》，《开放时代》2020年第2期。

田心铭：《论马克思主义的理论自觉和理论自信》，《马克思主义研究》2012年第10期。

田毅鹏：《村落过疏化与乡土公共性的重建》，《社会科学战线》2014年第6期。

仝志辉、温铁军：《资本和部门下乡与小农户经济的组织化道路——兼对专业合作社道路提出质疑》，《开放时代》2009年第4期。

仝志辉：《村委会选举的村庄治理本位：从户内委托辩难走向选举权利祛魅》，《中国农村观察》2016年第1期。

佟德志、张安冬：《当代西方协商民主系统转向的困境及复合趋势》，《天津社会科学》2020年第5期。

汪卫华：《群众动员与动员式治理——理解中国国家治理风格的新视角》，《上海交通大学学报》（哲学社会科学版）2014年第5期。

王春城：《政策精准性与精准性政策——"精准时代"的一个重要公共政策走向》，《中国行政管理》2018年第1期。

王春光：《乡村建设与全面小康社会的实践逻辑》，《中国社会科学》2020年第10期。

王迪：《智慧社区发展的未来趋势：从设计本位到生活本位》，《福建论坛》（人文社会科学版）2020年第8期。

王刚、白浩然：《脱贫锦标赛：地方贫困治理的一个分析框架》，《公共管理学报》2018年第1期。

王刚、宋锴业：《治理理论的本质及其实现逻辑》，《求实》2017年第3期。

王汉生、王一鸽：《目标管理责任制：农村基层政权的实践逻辑》，《社会学研究》2009年第2期。

王汉生、吴莹：《基层社会中"看得见"与"看不见"的国家——发生在一个商品房小区中的几个"故事"》，《社会学研究》2011年第1期。

王红艳：《中国协商民主为什么真？——以标准、条件和效能为视角的分析》，《政治学研究》2022年第2期。

王江伟：《中国社区治理创新的特征、动因与绩效——基于"中国社区治理创新成果"的多案例分析》，《求实》2017年第12期。

王丽惠：《控制的自治：村级治理半行政化的形成机制与内在困境——以城乡一体化为背景的问题讨论》，《中国农村观察》2015年第2期。

王露璐：《经济能人·政治权威·道德权威——以HH村为个案的苏南村庄领袖权威获得与延续之实证研究》，《道德与文明》2010年第2期。

王名、蔡志鸿、王春婷：《社会共治：多元主体共同治理的实践探索与制度创新》，《中国行政管理》2014年第12期。

王南湜：《理论与实践关系问题的再思考》，《浙江学刊》2005年第6期。

王浦劬、汤彬：《当代中国治理的党政结构与功能机制分析》，《中国社会科学》2019年第9期。

王浦劬、汤彬：《基层党组织治理权威塑造机制研究——基于T市B区社区党组织治理经验的分析》，《管理世界》2020年第6期。

王浦劬、臧雷振：《中国社会科学研究的本土化与国际化探讨——兼论中国政治学的建设和发展》，《行政论坛》2021年第6期。

王锐、倪星：《政党引领的权力监督模式：生成逻辑与内在机制》，《政治学研究》2022年第1期。

王绍光：《学习机制与适应能力：中国农村合作医疗体制变迁的启示》，《中国社会科学》2008年第6期。

王诗宗、胡冲：《社会治理共同体建设路径：多重网络的再组织——基于舟山市"东海渔嫂"案例的研究》，《治理研究》2021年第6期。

王诗宗：《治理理论与公共行政学范式进步》，《中国社会科学》2010年第4期。

王小映：《农业产业化经营的合约选择与政策匹配》，《改革》2014年第8期。

王欣亮、任斅、刘飞：《基于精准治理的大数据安全治理体系创新》，《中国行政管理》2019年第12期。

魏娜：《我国志愿服务发展：成就、问题与展望》，《中国行政管理》2013年第7期。

温铁军、董筱丹：《村社理性：破解"三农"与"三治"困境的一个新视角》，《中共中央党校学报》2010年第4期。

文丰安、王星：《新时代我国基层社会治理现代化之理性审视》，《重庆工商大学学报》（社会科学版）2019年第4期。

文军、高艺多：《技术变革与我国城市治理逻辑的转变及其反思》，《江苏行政学院学报》2017年第6期。

文小勇：《协商民主与社区民主治理——罗伯特议事规则的引入》，《河南社会科学》2021年第7期。

吴昊、郑永君：《规则落地与村民自治基本单元的选择》，《南京农业大学学报》（社会科学版）2018年第2期。

吴金鹏：《公民共同生产行为：文献评述、研究框架与未来展望》，《公共管理与政策评论》2022年第6期。

吴理财:《乡镇改革与后税费时代乡村治理体制的构建》,《中共福建省委党校学报》2007年第1期。

吴理财:《中国农村社会治理40年:从"乡政村治"到"村社协同"——湖北的表述》,《华中师范大学学报》(人文社会科学版)2018年第4期。

吴晓林、郝丽娜:《"社区复兴运动"以来国外社区治理研究的理论考察》,《政治学研究》2015年第1期。

吴晓林、谢伊云:《房权意识何以外溢到城市治理?——中国城市社区业主委员会治理功能的实证分析》,《江汉论坛》2018年第1期。

吴晓林、谢伊云:《国家主导下的社会创制:城市基层治理转型的"凭借机制"——以成都市武侯区社区治理改革为例》,《中国行政管理》2020年第5期。

吴晓林:《党建引领与治理体系建设:十八大以来城乡社区治理的实践走向》,《上海行政学院学报》2020年第3期。

吴晓林:《党如何链接社会:城市社区党建的主体补位与社会建构》,《学术月刊》2020年第5期。

吴晓林:《结构依然有效:迈向政治社会研究的"结构—过程"分析范式》,《政治学研究》2017年第2期。

吴晓明:《论当代中国学术话语体系的自主建构》,《中国社会科学》2011年第2期。

吴晓霞:《基层治理现代化中的协商民主》,《科学社会主义》2018年第2期。

吴旭红、章昌平、何瑞:《技术治理的技术:实践、类型及其适配逻辑——基于南京市社区治理的多案例研究》,《公共管理学报》2022年第1期。

吴旭红:《智慧社区建设何以可能?——基于整合性行动框架的分析》,《公共管理学报》2020年第4期。

夏建中:《中国公民社会的先声——以业主委员会为例》,《文史哲》2003年第3期。

夏显力、陈哲、张慧利等:《农业高质量发展:数字赋能与实现路径》,《中国农村经济》2019年第12期。

项继权、李增元:《经社分开、城乡一体与社区融合——温州的社区重建与社会管理创新》,《华中师范大学学报》(人文社会科学版)2012年第6期。

项继权、鲁帅：《中国乡村社会的个体化与治理转型》，《青海社会科学》2019 年第 5 期。

项继权、王明为：《村民理事会：性质及其限度》，《福建论坛》（人文社会科学版）2017 年第 9 期。

项继权、王明为：《村民小组自治的实践及其限度——对广东清远村民自治下沉的调查与思考》，《江汉论坛》2019 年第 3 期。

项继权：《农村社区建设：社会融合与治理转型》，《社会主义研究》2008 年第 2 期。

肖滨、方木欢：《寻求村民自治中的"三元统一"——基于广东省村民自治新形式的分析》，《政治学研究》2016 年第 3 期。

肖滨、费久浩：《政策过程中的技治主义：整体性危机及其发生机制》，《中国行政管理》2017 年第 3 期。

肖唐镖：《基层治理亟待走向系统性改革》，《国家行政学院学报》2015 年第 4 期。

谢伏瞻：《加快构建中国特色哲学社会科学学科体系、学术体系、话语体系》，《中国社会科学》2019 年第 5 期。

熊万胜、方垚：《体系化：当代乡村治理的新方向》，《浙江社会科学》2019 年第 11 期。

熊万胜：《合作社：作为制度化进程的意外后果》，《社会学研究》2009 年第 5 期。

熊易寒：《国家助推与社会成长：现代熟人社区建构的案例研究》，《中国行政管理》2020 年第 5 期。

徐嘉鸿、贾林州：《从"村社理性"到"村社制度"：理解村庄治理逻辑变迁的一个分析框架》，《西北农林科技大学学报》（社会科学版）2014 年第 2 期。

徐建宇、纪晓岚：《治理能力与合法性的双重建构：城市社区协商民主的行动框架研究》，《暨南学报》（哲学社会科学版）2022 年第 4 期。

徐建宇：《村庄党建嵌入村民自治的功能实现机制：一种实践的主张——基于上海 J 村"巷邻坊"党建服务点的分析》，《南京农业大学学报》（社会科学版）2018 年第 5 期。

徐明强、许汉泽：《村落复权、政党拓展与耦合调整》，《华南农业大学学报》

（社会科学版）2018年第5期。

徐选国、吴佳峻、杨威威：《有组织的合作行动何以可能？——上海梅村党建激活社区治理实践的案例研究》，《公共行政评论》2021年第1期。

徐珣：《社会组织嵌入社区治理的协商联动机制研究——以杭州市上城区社区"金点子"行动为契机的观察》，《公共管理学报》2018年第1期。

徐勇、赵德健：《找回自治：对村民自治有效实现形式的探索》，《华中师范大学学报》（人文社会科学版）2014年第4期。

徐勇：《"法律下乡"：乡土社会的双重法律制度整合》，《东南学术》2008年第3期。

徐勇：《"行政下乡"：动员、任务与命令——现代国家向乡土社会渗透的行政机制》，《华中师范大学学报》（人文社会科学版）2007年第5期。

徐勇：《"政党下乡"：现代国家对乡土的整合》，《学术月刊》2007年第8期。

徐勇：《村民自治的成长：行政放权与社会发育——1990年代后期以来中国村民自治发展进程的反思》，《华中师范大学学报》（人文社会科学版）2005年第2期。

徐勇：《基层民主：社会主义民主的基础性工程——改革开放30年来中国基层民主的发展》，《学习与探索》2008年第4期。

徐勇：《在社会主义新农村建设中推进农村社区建设》，《江汉论坛》2007年第4期。

徐勇：《政权下乡：现代国家对乡土社会的整合》，《贵州社会科学》2007年第11期。

薛澜、赵静：《走向敏捷治理：新兴产业发展与监管模式探究》，《中国行政管理》2019年第8期。

严宏：《村民理事会与村级协商民主建设的探索——以安徽省H村为例》，《中共福建省委党校学报》2016年第7期。

颜昌武、杨华杰：《以"迹"为"绩"：痕迹管理如何演化为痕迹主义》，《探索与争鸣》2019年第11期。

燕继荣：《协同治理：社会管理创新之道——基于国家与社会关系的理论思考》，《中国行政管理》2013年第2期。

杨宝：《嵌入结构、资源动员与项目执行效果——政府购买社会组织服务的案例比较研究》，《公共管理学报》2018年第3期。

杨帆、李星茹：《社区治理中痕迹主义与内卷化的共因及互构》，《甘肃行政学院学报》2020 年第 4 期。

杨华：《"制造流动"：乡镇干部人事激励的一个新解释框架》，《探索》2020 年第 4 期。

杨华：《农村基层治理事务与治理现代化：一个分析框架》，《求索》2020 年第 6 期。

杨华：《县域治理中的党政体制：结构与功能》，《政治学研究》2018 年第 5 期。

杨健民：《理论自觉视域下中国哲学社会科学学术体系构建》，《南昌大学学报》（人文社会科学版）2021 年第 1 期。

杨敏：《作为国家治理单元的社区——对城市社区建设运动过程中居民社区参与和社区认知的个案研究》，《社会学研究》2007 年第 4 期。

杨善华、柳莉：《日常生活政治化与农村妇女的公共参与——以宁夏 Y 市郊区巴村为例》，《中国社会科学》2005 年第 3 期。

杨雪冬：《建构、互通与自主：当代中国政治学的话语体系建设》，《浙江社会科学》2017 年第 7 期。

杨雪冬：《压力型体制：一个概念的简明史》，《社会科学》2012 年第 11 期。

杨一介：《我们需要什么样的村民自治组织？》，《首都师范大学学报》（社会科学版）2017 年第 1 期。

杨正喜：《中国乡村治理政策创新扩散：地方试验与中央指导》，《广东社会科学》2019 年第 2 期。

姚华：《政策执行与权力关系重构 以 S 市 2003 年市级居委会直选政策的制订过程为个案》，《社会》2007 年第 6 期。

叶敬忠：《乡村振兴战略：历史沿循、总体布局与路径省思》，《华南师范大学学报》（社会科学版）2018 年第 2 期。

叶娟丽、韩瑞波：《吸纳式合作机制在社区治理中为何失效？——基于 H 小区居委会与物业公司的个案分析》，《南京大学学报》（哲学·人文科学·社会科学）2019 年第 2 期。

叶娟丽、徐琴：《移动互联网·大数据·智能化：人工智能时代权力的规训路径》，《兰州大学学报》（社会科学版）2020 年第 1 期。

叶敏：《政党组织社会：中国式社会治理创新之道》，《探索》2018 年第 4 期。

印子：《乡村基本治理单元及其治理能力建构》，《华南农业大学学报》（社会科学版）2018 年第 3 期。

印子：《项目制背景下基层政权建设的定位与路径选择》，《中国法律评论》2018 年第 4 期。

应小丽、钱凌燕：《"项目进村"中的技术治理逻辑及困境分析》，《行政论坛》2015 年第 3 期。

余敏江：《整体智治：块数据驱动的新型社会治理模式》，《行政论坛》2020 年第 4 期。

俞可平：《治理和善治引论》，《马克思主义与现实》1999 年第 5 期。

郁建兴、樊靓：《数字技术赋能社会治理及其限度——以杭州城市大脑为分析对象》，《经济社会体制比较》2022 年第 1 期。

郁建兴、任杰：《社会治理共同体及其实现机制》，《政治学研究》2020 年第 1 期。

郁建兴、任杰：《中国基层社会治理中的自治、法治与德治》，《学术月刊》2018 年第 12 期。

袁方成、侯亚丽：《赋权的协商民主：绩效及其差异性——来自社区的经验分析》，《江汉论坛》2018 年第 11 期。

原超、李妮：《地方领导小组的运作逻辑及对政府治理的影响——基于组织激励视角的分析》，《公共管理学报》2017 年第 1 期。

张必春、黄诗凡：《社区公益何以持续》，《社会科学研究》2020 年第 5 期。

张大维：《高质量协商如何达成：在要素—程序—规则中发展协商系统——兼对 5 个农村社区协商实验的评量》，《华中师范大学学报》（人文社会科学版）2021 年第 3 期。

张大维：《社区治理中协商系统的条件、类型与质量辨识——基于 6 个社区协商实验案例的比较》，《探索》2020 年第 6 期。

张等文、郭雨佳：《乡村振兴进程中协商民主嵌入乡村治理的内在机理与路径选择》，《政治学研究》2020 年第 2 期。

张帆：《共同体重建：新世纪中国乡村自治政策的演进与升级》，《社会科学战线》2019 年第 11 期。

张付强：《我国社区自治改革的内卷化分析——一种空间模型的视角》，《公共管理学报》2009 年第 3 期。

张贵群：《社区服务精准化的实践困境与实现机制》，《探索》2018年第6期。

张厚安：《乡政村治——中国特色的农村政治模式》，《政策》1996年第8期。

张虎祥、仇立平：《社会治理辨析：一个多元的概念》，《江苏行政学院学报》2015年第1期。

张建军：《构建中国特色的乡村社会治理机制》，《农业·农村·农民》（A版）2014年第5期。

张紧跟、颜梦瑶：《激活社会：党组织引领社区治理的新逻辑》，《郑州大学学报》（哲学社会科学版）2021年第1期。

张紧跟、周勇振：《以治理现代化深化基层政府机构改革》，《华南师范大学学报》（社会科学版）2018年第6期。

张紧跟：《党建引领：地方治理的本土经验与理论贡献》，《探索》2021年第2期。

张紧跟：《主体、制度与文化：基层协商民主建设的三维审视》，《云南大学学报》（社会科学版）2021年第2期。

张静：《国家政权建设与乡村自治单位——问题与回顾》，《开放时代》2001年第9期。

张来明、刘理晖：《新中国社会治理的理论与实践》，《管理世界》2022年第1期。

张兰、刘建军：《能人政治与公共规则：业主自治何以迈向两个极端？——以上海市Y小区和S小区的比较研究为例》，《甘肃行政学院学报》2021年第6期。

张磊、刘丽敏：《物业运作：从国家中分离出来的新公共空间 国家权力过度化与社会权利不足之间的张力》，《社会》2005年第1期。

张立伟：《我国农村社区协商治理的现状、困境及发展对策——基于全国7个农村社区治理实验区的分析》，《行政论坛》2019年第3期。

张平、贾晨阳、赵晶：《城市社区协商议事的推进难题分析——基于35名社区书记的深度访谈调查》，《东北大学学报》（社会科学版），2018年第2期。

张平、吴子靖、侯德媛：《中国城市社区治理创新：动力因素与类型阐释——基于42个实验区案例的模糊集定性比较分析》，《社会主义研究》2020年第2期。

张勤、宋青励:《以新发展理念引领社区治理创新》,《中国行政管理》2021年第8期。

张文显、徐勇、何显明等:《推进自治法治德治融合建设,创新基层社会治理》,《治理研究》2018年第6期。

张文显:《新时代中国社会治理的理论、制度和实践创新》,《法商研究》2020年第2期。

张新文:《典型治理与项目治理:地方政府运动式治理模式探究》,《社会科学》2015年第12期。

张兴宇、季中扬:《新乡贤:基层协商民主的实践主体与身份界定》,《江苏社会科学》2020年第2期。

张艺、陈洪生:《村民理事会:以社会资本理论为分析视角——以江西省幸福社区为例》,《甘肃行政学院学报》2008年第3期。

张跃然:《反映社会还是塑造社会?——国外社会学讨论"政党—社会关系"的两条路径》,《社会学研究》2018年第3期。

章荣军:《从精英主政到协商治理:村民自治转型的路径选择》,《中国行政管理》2015年第5期。

赵鼎新:《社会科学研究的困境:从与自然科学的区别谈起》,《社会学评论》2015年第4期。

赵琼、徐建牛:《再组织化:社会治理与国家治理的联结与互动——基于对浙江省社区社会组织调研的思考》,《学术研究》2022年第3期。

赵晓峰、魏程琳:《行政下乡与自治下沉:国家政权建设的新趋势》,《华中农业大学学报》(社会科学版)2018年第4期。

赵晓峰:《"双轨政治"重构与农村基层行政改革——激活基层行政研究的社会学传统》,《北京社会科学》2016年第1期。

赵秀玲:《"微自治"与中国基层民主治理》,《政治学研究》2014年第5期。

赵秀玲:《协商民主与中国农村治理现代化》,《清华大学学报》(哲学社会科学版)2016年第1期。

赵秀玲:《中国城乡治理的升级再造》,《东南学术》2021年第5期。

折晓叶、陈婴婴:《项目制的分级运作机制和治理逻辑——对"项目进村"案例的社会学分析》,《中国社会科学》2011年第4期。

折晓叶:《村庄边界的多元化——经济边界开放与社会边界封闭的冲突与共

生》,《中国社会科学》1996年第3期。

郑风田、阮荣平、程郁:《村企关系的演变:从"村庄型公司"到"公司型村庄"》,《社会学研究》2012年第1期。

郑杭生:《促进中国社会学的"理论自觉"——我们需要什么样的中国社会学?》,《江苏社会科学》2009年第5期。

郑卫东:《"国家与社会"框架下的中国乡村研究综述》,《中国农村观察》2005年第2期。

郑永君、吴春来:《基层党建统合与乡村治理创新——都江堰市"党引民治"实践案例分析》,《南京农业大学学报》(社会科学版) 2020年第5期。

周波、陈绍玖:《探析新农村建设长效发展的一个有益载体——村民理事会》,《农业经济问题》2006年第11期。

周飞舟:《从汲取型政权到"悬浮型"政权——税费改革对国家与农民关系之影响》,《社会学研究》2006年第3期。

周飞舟:《分税制十年:制度及其影响》,《中国社会科学》2006年第6期。

周飞舟:《锦标赛体制》,《社会学研究》2009年第3期。

周黎安:《中国地方官员的晋升锦标赛模式研究》,《经济研究》2007年第7期。

周庆智:《改革与转型:中国基层治理四十年》,《政治学研究》2019年第1期。

周庆智:《论中国基层政府治理现代化》,《武汉大学学报》(哲学社会科学版) 2016年第3期。

周少来:《"权力过密化":乡村治理结构性问题及其转型》,《探索》2020年第3期。

周少来:《乡镇政府体制性困局及其应对》,《甘肃社会科学》2019年第6期。

周铁涛:《村规民约的历史嬗变与现代转型》,《求实》2017年第5期。

周望:《"政策试验"解析:基本类型、理论框架与研究展望》,《中国特色社会主义研究》2011年第2期。

周雪光、练宏:《中国政府的治理模式:一个"控制权"理论》,《社会学研究》2012年第5期。

周雪光、赵伟:《英文文献中的中国组织现象研究》,《社会学研究》2009年第6期。

周雪光:《"逆向软预算约束":一个政府行为的组织分析》,《中国社会科学》2005年第2期。

周雪光:《基层政府间的"共谋现象"——一个政府行为的制度逻辑》,《社会学研究》2008年第6期。

周雪光:《权威体制与有效治理:当代中国国家治理的制度逻辑》,《开放时代》2011年第10期。

周雪光:《项目制:一个"控制权"理论视角》,《开放时代》2015年第2期。

周雪光:《运动型治理机制:中国国家治理的制度逻辑再思考》,《开放时代》2012年第9期。

周志忍:《论行政改革动力机制的创新》,《行政论坛》2010年第2期。

朱光磊:《全面深化改革进程中的中国新治理观》,《中国社会科学》2017年第4期。

朱健刚:《城市街区的权力变迁:强国家与强社会模式——对一个街区权力结构的分析》,《战略与管理》1997年第4期。

朱健刚:《以理抗争:都市集体行动的策略 以广州南园的业主维权为例》,《社会》2011年第3期。

朱婉菁、刘俊生:《技术赋权适配国家治理现代化的逻辑演展与实践进路》,《甘肃行政学院学报》2020年第3期。

朱亚鹏、丁淑娟:《政策属性与中国社会政策创新的扩散研究》,《社会学研究》2016年第5期。

祝灵君:《党领导基层社会治理的基本逻辑研究》,《中共中央党校学报》2020年第4期。

英文文献

André Bächtiger, John S. Dryzek, Jane Mansbridge, et al., *The Oxford Handbook of Deliberative Democracy*, Oxford: Oxford University Press, 2018.

Anthony Giddens, *The Consequences of Modernity*, Cambridge: Polity Press, 1990.

Brian Walker, Lance Gunderson, Ann Kinzig, et al., "A Handful of Heuristics and Some Propositions for Understanding Resilience in Social-ecological Systems", *Ecology & Society*, Vol. 11, No. 1, 2006, pp. 80 – 94.

C. S. Holling, "Resilience and Stability of Ecological Systems", *Annual Review of Ecology and Systematics*, Vol. 4, 1973, pp. 1 – 23.

Cancan Wang, Rony Medaglia, Lei Zheng, "Towards A Typology of Adaptive Governance in the Digital Government Context: The Role of Decision-making and Accountability", *Government Information Quarterly*, Vol. 35, No. 2, 2018, pp. 306 – 322.

Charles C. Ragin, *The Comparative Method: Moving beyond Qualitative and Quantitative Strategies*, Berkeley Los Angeles and London: University of California Press, 1987.

Cynthia A. Lengnick-Hall, Tammy Beck, Mark L. Lengnick-Hall, "Developing A Capacity for Organizational Resilience through Strategic Human Resource Management", *Human Resource Management Review*, 2011, Vol. 21, No. 3, pp. 243 – 255.

David E. Booher, Judith E. Innes, "Governance for Resilience: CALFED as A Complex Adaptive Network for Resource Management", *Ecology & Society*, Vol. 12, No. 3, 2010, pp. 631 – 643.

Dennis F. Thompson, "Deliberative Democratic Theory and Empirical Political Science", *Annual Review of Political Science*, Vol. 11, 2008, pp. 497 – 520.

Edwine W. Barasa, Rahab Mbau, Lucy Gilson, "What is Resilience and How can It be Nurtured? A Systematic Review of Empirical Literature on Organizational Resilience", *International Journal of Health Policy and Management*, Vol. 7, No. 6, 2018, pp. 491 – 503.

Elke Herrfahrdt-Pähle, Claudia Pahl-Wostl, "Continuity and Change in Social-ecological Systems: The Role of Institutional Resilience", *Ecology & Society*, Vol. 17, No. 2, 2012, p. 8.

Friedrich A. Hayek, *The Rule of Law*, CA: Institute for Humane Studies, 1975.

Ines Mergel, Gong Yi Wei, John C. Bertot, "Agile Government: Systematic Literature Review and Future Research", *Government Information Quarterly*, Vol. 35, No. 2, 2018, pp. 291 – 298.

Ines Mergel, Sukumar Ganapati, Andrew B. Whitford, "Agile: A New Way of Governing", *Public Administration Review*, Vol. 81, No. 1, 2020, pp. 161 –

165.

J. Park, T. P. Seager, P. S. C. Rao, et al., "Integrating Risk and Resilience Approaches to Catastrophe Management in Engineering System", *Risk Analysis*, Vol. 33, No. 3, 2013, pp. 356 – 367.

John Dewey, *Experience and Nature*, Chicago: Open Court Publishing Company, 1926.

John Parkinson, *Conceptualising and Mapping the Deliberative Society*, Political Studies Association 60th Anniversary Conference, Edinburgh, 2010.

John Parkinson, *Democratizing Deliberative Systems*, Cambridge: Cambridge University Press, 2012.

Kang Xiaoguang, Han Heng, "Administrative Absorption of Society: A Further Probe into the State-Society Relationship in Chinese Mainland", *Social Sciences in China*, No. 2, 2007, pp. 116 – 128.

Karl K. Larsson, "Digitization or Equality: When Government Automation Covers Some, but not All Citizens", *Government Information Quarterly*, Vol. 38, No. 1, 2021, pp. 1 – 10.

Lawrence C. Walters, James Aydelotte, Jessica Miller, "Putting More Public in Policy Analysis", *Public Administration Review*, Vol. 60, No. 4, 2000, pp. 349 – 359.

Martin Christopher, Helen Peck, "Building the Resilient Supply Chain", *International Journal of Logistics Management*, Vol. 15, No. 2, 2004, pp. 1 – 13.

Micheal Mann, *The Sources of Social Power*, Volume 2: *The Rise of Classes and Nation-states, 1760—1914*, Cambridge: Cambridge University Press, 1993.

Rhys Andrews, "Social Capital and Public Service Performance: A Review of the Evidence", *Public Policy and Administration*, Vol. 27, No. 1, 2011, pp. 49 – 67.

Sebastian Heilmann, "From Local Experiments to National Policy: The Origins of China's Distinctive Policy Process", *The China Journal*, No. 59, 2008, pp. 1 – 30.

Shi Fayong, Cai Yongshun, "Disaggregating the State: Network and Collective Resistance in Shanghai", *The China Quarterly*, No. 186, 2006, pp. 314 – 335.

Sonia McManus, Erica Seville, et al., "Facilitated Process for Improving Organizational Resilience", *Natural Hazards Review*, Vol. 9, No. 2, 2008, pp. 81 – 90.

Steve Carpenter, "From Metaphor to Measurement: Resilience of What to What", *Ecosystems*, 2001, Vol. 4, No. 8, 2001, pp. 765 – 781.

Thomas M. Vogl, Cathrine Seidelin, Bharath Ganesh, et al., "Smart Technology and the Emergence of Algorithmic Bureaucracy: Artificial Intelligence in UK Local Authorities", *Public Administration Review*, Vol. 80, No. 6, 2020, pp. 946 – 961.

Tomasz Janowski, "Digital Government Evolution: From Transformation to Contextualization", *Government Information Quarterly*, Vol. 32, No. 3, 2015, pp. 221 – 236.

William A. Kahn, Michelle A. Baryon, "The Geography of Strain: Organizational Resilience as A Function of Intergroup Relations", *The Academy of Management Review*, Vol. 48, No. 3, 2018, pp. 509 – 529.